성공어학연수 가이드
캐나다 맞짱뜨기

우리는 지금 캐나다로 간다!

| 양우영 지음 |

www.ithinkbook.co.kr

성공어학연수 가이드
캐나다 맞짱뜨기 - 우리는 지금 캐나다로 간다!

[만든 사람들]
기　　　획　　　실용기획부
진　　　행　　　한 수 정
집　　　필　　　양 우 영
표지 디자인　　　김 경 옥
편집 디자인　　　디자인 MOA 김정현

[책 내용 문의]
도서의 내용에 대한 궁금한 사항이 있으시면,
디지털북스 홈페이지의 게시판을 통해 해결하실 수 있습니다.
디지털북스 홈페이지 | www.digitalbooks.co.kr

[각종 문의]
영업 관련　　　hi@digitalbooks.co.kr
기획 관련　　　digital@digitalbooks.co.kr
전화 번호　　　(02)447-3157~8

※ 잘못된 책은 구입하신 서점에서 교환해 드립니다.
※ 이 책의 일부 혹은 전체 내용에 대한 무단 복사, 복제, 전재는 저작권법에 저촉됩니다.
※ 책 판매에 따른 저자 인세 전액을 컴패션에 기부합니다.

머리말

 한 해 28만 명 이상의 대학생들이 유학을 떠나고 있으며, 해마다 증가하는 추세입니다. 지난 10년 동안 대학생 어학연수의 규모(Quantity)는 가파른 상승세를 보였지만 어학연수의 질적(Quality)인 측면은 10년 전의 수준을 벗어나지 못하고 있습니다. 어학연수 성과가 좋지 않아 어학연수를 '비추' 하는 경험자들도 많습니다. 1년에 2~3천 만원 정도의 큰 비용을 투자한 만큼 성과를 얻지 못했기 때문입니다.

 어학연수는 가치중립적입니다. 어학연수가 '좋다', '나쁘다'를 결정하는 것은 어떤 목표를 가지고 얼마나 체계적으로 준비해서 어떤 결과를 성취하는가에 달려있습니다. 큰 비용을 들이고도 성과가 좋지 않은 이유는 무엇일까요? 잡화점에서 물건을 구입하듯 연수기관과 프로그램의 가격만 훑어보고 어학연수를 결정하기 때문입니다. 또한, 어학연수 성패의 50%를 좌우한다고 해도 과언이 아닌 어학연수 전 영어공부를 체계적으로 준비하지 않았기 때문입니다. 어학연수는 각자의 진로계획을 기준 삼아 목적과 목표에 맞는 개인별 맞춤 설계가 필요합니다.

 이 책에는 어학연수를 설계하는데 도움이 되도록 다양한 정보뿐만 아니라 준비 과정마다 선택하고 결정하는데 필요한 기준과 원칙이 제시되어 있습니다. 국내 발간된 어학연수 가이드북 중 최초로 캐나다 주요 연수기관의 어학연수 프로그램에 대한 커리큘럼을 종합적으로 분석하여 부록으로 실었습니다. 더불어 성공적인 어학연수 생활과 귀국 후 지속적인 영어실력을 향상하는데 도움이 되는 가이드도 담겨 있습니다.

 마지막으로 어학연수 준비학습의 중요성은 아무리 강조해도 지나치지 않습니다. 이 책에서 제시한 어학연수 전 영어공부 방법론에 따라 성공적인 어학연수를 준비하시길 바랍니다.

 이 책이 나오기까지 그리고 지금의 제가 있기까지 한 분 한 분 감사드릴 분들이 많지만 이 모든 것을 허락하신 하나님께 감사와 영광을 올려드리는 것으로 그 분들께 감사의 마음을 전해드립니다.

METROPOLIS 유학연구소 연구소장 양우영

차례

Part 01 출국 준비부터 캐나다 입성까지

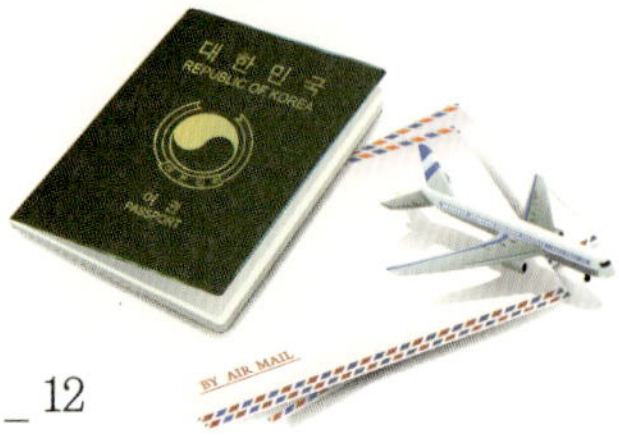

머리말

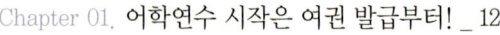

Chapter 01. 어학연수 시작은 여권 발급부터! _ 12
Chapter 02. 학생비자 발급 절차 _ 17
Chapter 03. 출국 준비 절차 _ 23
Chapter 04. 공항에서 캐나다까지 이렇게만 하면 OK! _ 36
Chapter 05. 캐나다 입국 절차 알아보기 _ 39

Part 02 어학연수, 제대로 이해하고 준비하면 성공이 보인다!

Chapter 01. 영어 실력 향상을 위한 연수 전 영어공부법 _ 48
Chapter 02. 어학연수 프로그램 확실히 이해하기 _ 52
Chapter 03. 대형사설과 대학부설기관 알아보기 _ 54
Chapter 04. 어학연수 기관 환경, 이것만은 알아두자! _ 56

연수프로그램 철저 분석! 내게 맞는 연수기관을 찾자!

Chapter 01. 캐나다 도시별 특징 알아보기 _ 62
Chapter 02. 연수기관 한 눈에 살펴보기 _ 64

다양한 숙박 유형 알아보기

Chapter 01. 어학연수생에게 가장 적합한 숙소는 홈스테이 _ 92
Chapter 02. 규칙적인 생활은 기숙사 _ 97
Chapter 03. 자유로운 생활은 쉐어하우스 & 렌트 _ 98
Chapter 04. 유스호스텔 _ 101

캐나다는 이런 나라!

Chapter 01. 한 눈으로 들여다보는 한국과 캐나다 _ 106
Chapter 02. 캐나다 행정구역 _ 107
Chapter 03. 캐나다 공휴일 _ 108
Chapter 04. 캐나다의 화폐는? _ 109

캐나다 생활 적응기

Chapter 01. 캐나다는 물론, 한국으로 전화할 때는 이렇게!
　　　　　　통신 수단 이용법 _ 114
Chapter 02. 대중교통 이용하기 _ 116
Chapter 03. 자동차 렌트하기 _ 130
Chapter 04. 캐나다 쇼핑 Point _ 132
Chapter 05. 캐나다 마트 알아보기 _ 133
Chapter 06. 캐나다 병원 및 약국 이용법 _ 136
Chapter 07. 캐나다 은행과 지불 방식 알아보기 _ 138
Chapter 08. 캐나다 영화관 살펴보기 _ 140
Chapter 09. 캐나다 지역별 맛집을 찾아서 _ 141

공부하듯 여행하기

Chapter 01. 북미 대표 여행 포털 사이트로 여행 계획 세우기 _ 152
Chapter 02. 공연, 문화체험은 특별활동+ticketmaster.ca _ 154
Chapter 03. 자원봉사는 Volunteer.ca _ 155
Chapter 04. 월별 캐나다 페스티벌 _156
Chapter 05. 캐나다 액티비티와 볼거리 및 온천 즐기기 _ 165
Chapter 06. 캐나다 추천 관광지 _ 173

귀국 후 영어공부를 위한 알짜배기 학습법

Chapter 01. 영어 공부의 습관화 공식 _ 190

Chapter 02. 최고급 영어 컨퍼런스 무료 동영상 TED.com _ 191

Chapter 03. CBC, The National 동영상 뉴스로
캐나다 시사상식 넓히기 _ 191

Chapter 04. 영문 잡지 온라인 구독 &
세계 최대 영어책 온라인(중고)서점 _ 192

Chapter 05. 미국 명문대학 동영상 강의를 무료로 수강하는
Academicearth.org _ 193

Chapter 06. 미드 & 토크쇼로 재미와 영어,
두 마리 토끼를 잡아라! _ 194

Chapter 07. '긍정의 힘' 과 '긍정의 생활 영어' Joelosteen.com _ 196

부록

• 첫 단추를 잘 끼워야 마무리까지의 과정이 좋습니다. 허술한 준비는 엉망인 결과를 낳기 십상입니다. 여권 신청과 비자 준비, 항공권 예약과 연수기관선정까지... 이것저것 신경 쓸 일이 많습니다. 작은 것부터 꼼꼼하게 확실한 정보를 가지고 세심히 준비한다면 성공적인 어학연수로 가는 길은 어렵지 않을 것입니다. 지금부터 꼭 알아야만 하는! 출국 전 철저한 준비를 위한 모든 것을 알려드리겠습니다.

Part 01

출국 준비부터 캐나다 입성까지

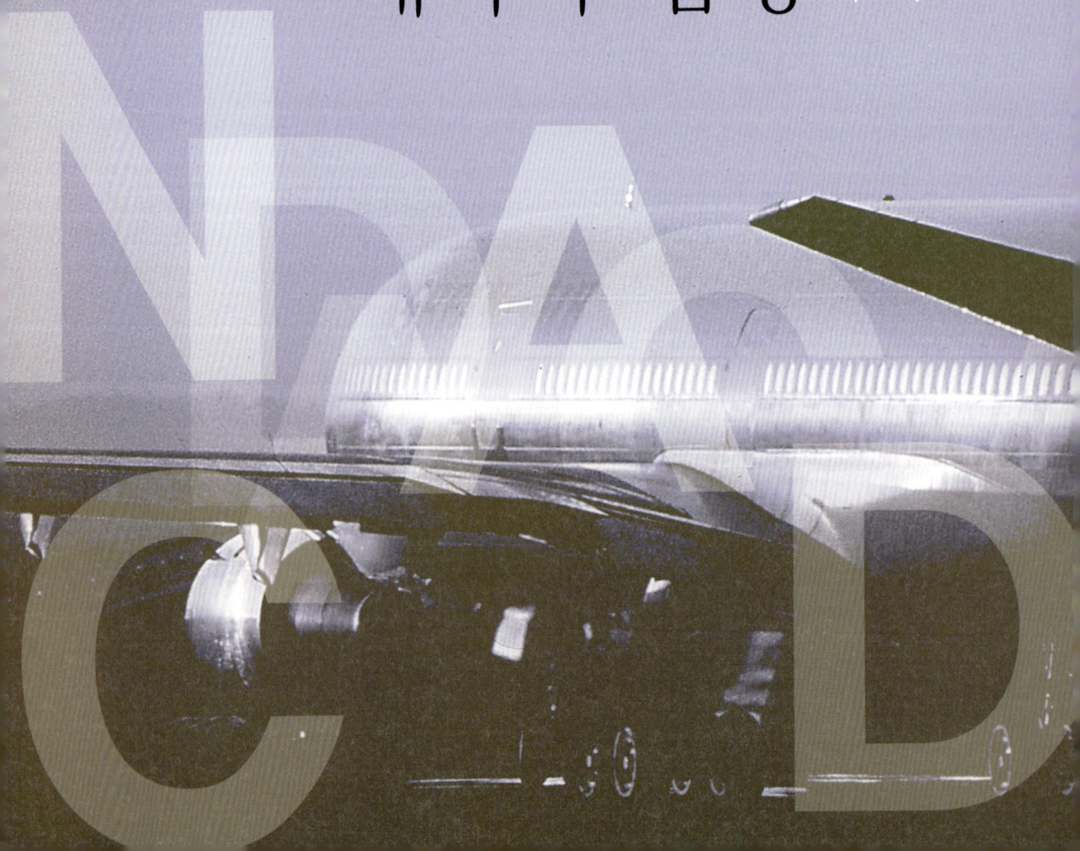

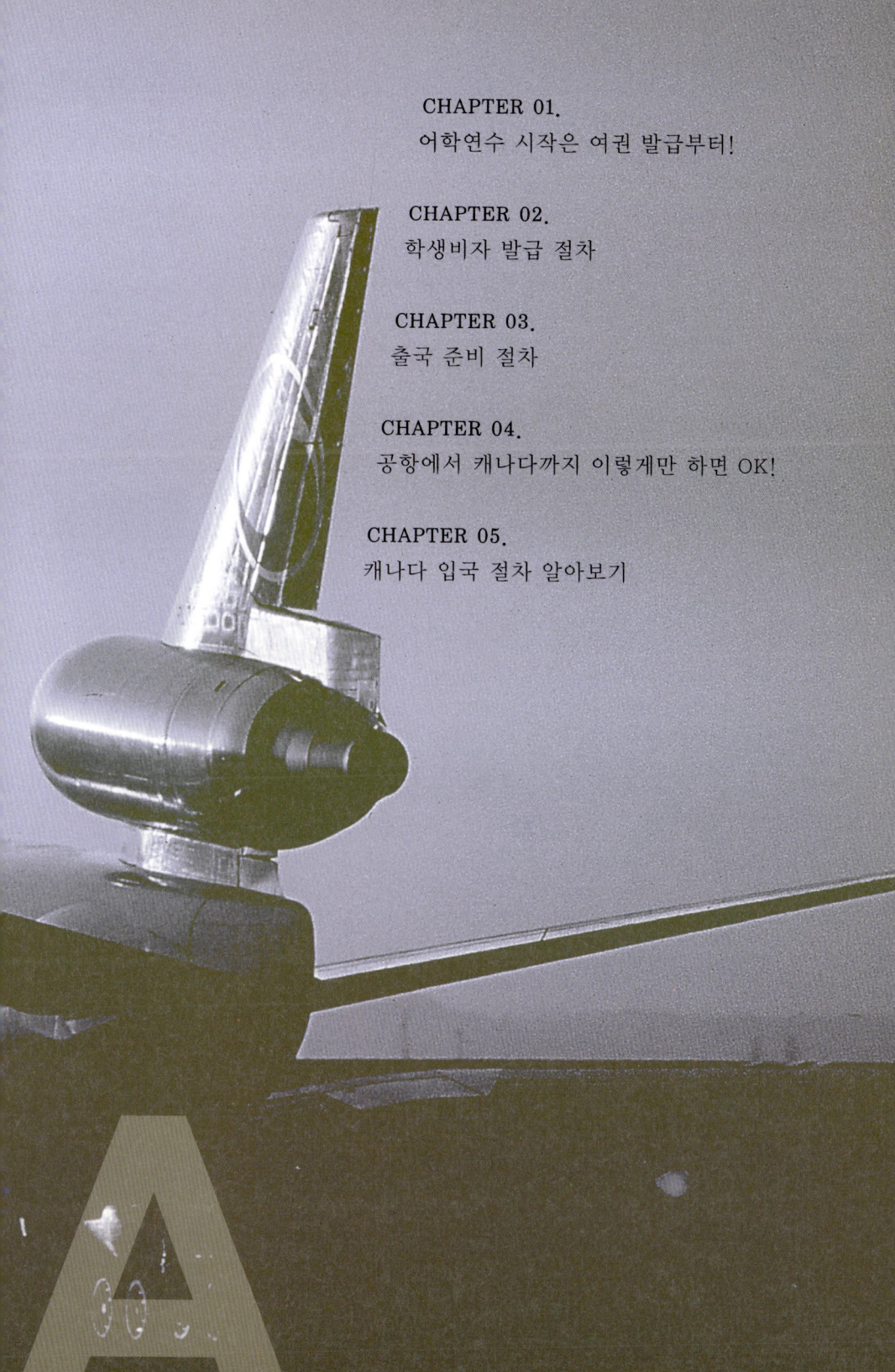

CHAPTER 01.
어학연수 시작은 여권 발급부터!

CHAPTER 02.
학생비자 발급 절차

CHAPTER 03.
출국 준비 절차

CHAPTER 04.
공항에서 캐나다까지 이렇게만 하면 OK!

CHAPTER 05.
캐나다 입국 절차 알아보기

CHAPTER 01. 어학연수 시작은 여권 발급부터!

> **memo** 어학연수 준비 절차 중 가장 먼저 해야 할 일은 여권 발급이다.

여권 발급은 어학연수 준비절차 중 가장 쉽게 할 수 있는 일이며, 가장 먼저 해야 할 일이다. 주민등록증이나 운전면허증과 마찬가지로 여권은 외국에서 대한민국 국민이라는 신분을 증명하는 증명서이므로 해외여행 중에는 항상 휴대해야 한다.

1. 전자여권 및 여권용 표준 사진

우리나라는 2008년 8월 25일부터 전자여권이 도입되어 여권을 신청하면 전자여권을 발급받게 되는데 여권 뒷면에 내장된 IC칩에 성명, 여권번호, 생년월일 등의 기본적인 신원정보와 지문 등의 바이오 인식 정보(Biometric data)를 저장하고 있다.

2. 여권 사진의 조건

★ 6개월 내 촬영한 천연 정면 사진.
★ 귀 부분이 드러나야 하고 어깨까지만 나올 것.
★ 사진 바탕은 흰색 무배경.
★ 모자, 제복 흰색 계통 의상 착용 불가.
★ 머리카락이 눈을 가리지 말 것.
★ 색안경은 착용 금지이며, 얇은테 안경 착용할 것.
★ 수정된 사진 역시 금지.
★ 즉석사진과 저품질 디지털 사진은 고해상도나 고품질로 바꿀 것.

Q. 여권은 어디에 사용될까?
A. 여권은 아래와 같은 다양한 분야에서 사용됩니다.

- 환전   - 국제운전면허증 발급   - 비자 신청   - 여행자수표 사용
- 병무 신고   - 렌터카 이용   - 출입국 수속   - 호텔 투숙
- 항공기 탑승   - 해외 은행업무   - 면세점 이용

memo — 여권은 본인만이 신청 가능!

예전에 여권 발급은 여행사 등을 통해 대행이 가능했었다. 하지만 전자여권이 도입되면서부터 여권 발급 대행이 불가능하며, 본인만이 신청할 수 있다. 다만 12세 미만 어린이의 경우는 대리 신청이 가능하다.

1. 신청은 어디에서?

여권은 주민등록지와 관계없이 구청/군청/시청/도청 등에서 발급신청을 할 수 있으며, 외교통상부 해외안전여행 사이트 (www.0404.go.kr) 여권사무대행기관 연락처에서 전국 발급기관의 위치와 연락처를 확인할 수 있다. 여권신청에서 발급까지 휴일을 제외하고 통상적으로 4~5일이 소요되나 신청기관마다 조금씩 차이가 있으니 발급받을 기관에 문의해야 한다.

(외교통상부 해외안전여행 사이트)

2. 잠깐! 여권의 종류를 알고 신청하자!

여권은 단순한 여권 하나만 존재하는 것이 아니다! 여권의 기간과 받을 수 있는 신분에 따라 종류가 다양하게 나뉜다. 때문에 자신이 얼마나 해외에 거주하며 무슨 목적으로 출국하는지를 염두에 두고 여권의 종류를 선택해야 한다.

◇ 일반 복수여권(PM)
+ 여권유효기간 만료까지 횟수에 제한 없이 출국 가능.
+ 5년 또는 10년 이내의 유효기간 부여.

◇ 일반 단수여권(PS)
+ 1회 사용할 수 있는 여권.
+ 1년의 유효기간 부여. (발급일로부터 6개월 이내 출국)

① 일반거주여권 – 해외 이주 및 영주권자에게 발급되는 여권.
② 관용여권 – 공무로 국외 여행하는 공무원에게 발급되는 여권.
③ 외교관여권 – 외교관 신분인 자에게 국외여행시 발급되는 여권.
④ 여행증명서 – 여권의 분실 또는 유효기간 만료 중에 여권 발급을 기다릴 여유가 없는 경우 긴급하게 발급되는 증명서.

Advice

특별한 경우가 아니라면 10년 복수여권!
18세 미만이나 군미필자는 5년 이내 여권만 발급되지만 해당되지 않으시면 10년 복수여권을 발급 받아 연장이나 재발급의 번거로움을 피하세요! 특별한 경우가 아니라면 10년 복수여권을 준비하셔서 여권 관련 문제는 없도록 대비하시기 바랍니다.

3. 여권 발급 수수료를 알아보자!

여권에 따른 발급 수수료는 여권의 종류에 따라 각기 다르기 때문에 신청하는 여권에 해당하는 수수료를 지불해야 한다.

여권종류	유효기간	발급 수수료	국제교류 기여금	합계	대상
일반 복수여권	10년	40,000원	15,000원	55,000원	18세이상
	5년	35,000원	12,000원	47,000원	8~17세
		35,000원	면제	35,000원	7세이하
		25,000원	면제	25,000원	유효기간 연장 재발급 (5년 이내)
	5년 미만	15,000원	면제	15,000원	18세~24세 병역미필자
일반 단수여권	-	15,000원	5,000원	20,000원	외국여행 1회가능
기재사항 변경	-	5,000원	면제	5,000원	동반자녀 분리, 사증란 추가(1회)
여권무효 확인서	-	1,000원	면제	1,000원	-

안산시 24시간 여권 발급 접수 서비스

안산시에서 연중 무휴 여권 발급 서비스를 시행하고 있습니다. 이는 늘어난 여권 발급 수요에 더욱 빠르게 대처하고 언제든지 신청자들이 필요로 하는 시간에 원하는 서비스를 제공 받을 수 있도록 365일 연중 무휴 여권 발급 서비스를 제공하고 있습니다.

- 사이트 경로 : 안산시청 홈페이지(http://www.iansan.net) → 민원 창구 → 종합민원안내 → 시민감동센터
- 운영기관 : 시본청 시민감동센터
- 운영시간 : 연중무휴(평일 08:00~24:00 / 휴일 09:00~18:00)
- 처리업무 : 여권 접수 및 교부(주민등록등 초본 발급 / 인감증명 발급도 가능)
- 여권발급(신규 및 재발급)
  여권은 주소지에 관계없이 가까운 접수처에서 신청하고 발급 받으실 수 있습니다.
- 처리절차

- 시청주소 : 안산시 단원구 고잔동 화랑로 387
- 전화번호 : 031)481-2000, 2114

Q&A

Q. 여권 발급 절차는?
A 여권은 신분, 국적을 증명하고 상대국에 그 보호를 의뢰하는 문서입니다. 한마디로 해외에서 통용되는 신분증명서라고 할 수 있죠. 여권은 다음과 같은 절차를 거쳐 신청자에게 발급됩니다.

1. 신청서 작성 〉 2. 접수 〉 3.신원 조사 의뢰 〉 4. 각 지방 경찰청에서 신원 조사 〉 5. 결과 회보 〉 6. 여권 서류 심사 〉 7.여권 제작 〉 8. 여권 교부

Q. 병역 미필자도 복수여권이 가능할까?
A. 병무청에서 발급하는 국외 여행 허가서의 허가 기간이 6개월~1년 미만이면 1년 유효한 복수여권 발급이 가능합니다. 허가 기간이 6개월 미만이라면 1년 단수 여권만 가능하지요.

Q. 국외 여행 허가를 받고 일정과 여행 국가 변경이 가능할까?
A. 가능합니다. 단, 출국 전에 지방 병무청이나 인천 공항 병무신고 사무소에 변경 신청을 해야 합니다. 제출서류는 다음과 같습니다.

여권 발급 시 : 국외 여행 허가증명서 제출.
여권 미발급 시 : 국외 여행 허가서, 국외 여행 허가 증명서 제출.

- 부득이하게 국외 여행 허가기간 시작 30일전에 미리 출국해야 한다면 공/항만 병무 신고 사무소에서 허가기간과 여행국을 정정 후 출국 가능합니다.
- 허가기간 만료 15일전까지 체재 지역 관할 재외 공관이나 병무청 홈페이지(www.mma.go.kr)에서 국외 해외 연장허가 신청서를 다운해 제출합니다.
- 신청 구비 서류 : 입학허가서, 재학증명서, 재학 사실 확인서

Q. 병역 미필자로 24세 전에 출국해 25세 이후에도 계속 해외에 있을 경우는?
A. 25세가 되는 해의 1월 15일까지 체재 지역 관할 재외 공관이나 병무청 홈페이지에서 국외 여행 연장 허가 신청서를 다운받아 제출합니다.

- 연장 허가 신청 구비서류 : 체재 목적 인정 증명서 1부, 입학허가서, 재학증명서, 재학사실 확인서

쏙 들어오는 구비서류! 이것만 챙겨 가면 여권 발급 OK!

본인(18세 이상)
1. 여권 발급 신청서
   (신청기관에 비치)
2. 여권용 사진 1매
   + 가로 3.5cm, 세로 4.5cm
   + 흰색 무배경, 상반신 정면 탈모
   + 6개월 내 촬영한 사진
3. 신분증
   + 주민등록증이나 운전면허증 등

미성년자(18세 미만)
1. 여권 발급 신청서
   + 법정대리인 란에 신청인 인적사항 기재
   + 미성년자 여권 발급 신청은 부,모,2촌 이내 친족
     (할아버지, 할머니,형,누나)만 가능
   + 이혼 등으로 친권자가 등록되어 있다면
     친권자가 대리 신청 가능!
2. 2촌 이내 친족이 신청할 때는…
   + 친권자의 인감 증명서,여권 발급 동의서
     (친권자의 인감 도장 날인이 찍힌 것), 가족관계증명서
3. 여권용 사진 1매
   + 가로 3.5cm, 세로 4.5cm
   + 흰색 무배경, 상반신 정면 탈모
   + 6개월 내 촬영한 사진
4. 신분증
   + 신청인의 주민등록증이나 운전면허증

병역 미필자
1. 여권 발급 신청서(신청기관에 비치)
2. 국외 여행 허가서 (병무청 발행)
   + 허가서는 병무청 홈페이지나 주소지 관할
     병무청에서 다운 가능
   + 어학연수/유학일 경우 입학허가서가 필요
   + 군인/군무원의 경우 초속부대장이 발행하고
     대체의무복무자는 병무청에서 발행
   + 병역 미필자의 발급기간은 병무청의 국외
     여행 허가기간에 따라 결정
3. 여권용 사진 1매
   + 가로 3.5cm, 세로 4.5cm
   + 흰색 무배경, 상반신 정면 탈모
   + 6개월 내 촬영한 사진
4. 신분증
   + 주민등록증이나 운전면허증 등

2개월 이내 전역 예정자
1. 여권 발급 신청서(신청기관에 비치)
2. 전역 예정일이 표시된 병무청장 발행의 병적
   증명서나 소속 부대장 발행의 전역 예정서
3. 여권용 사진 1매
   + 가로 3.5cm, 세로 4.5cm
   + 흰색 무배경, 상반신 정면 탈모
   + 6개월 내 촬영한 사진
4. 신분증
   + 주민등록증이나 운전면허증 등

4. 여권 수령은 이렇게!

발급된 여권을 수령 시에는 접수증과 신분증 등을 지참해야 하며, 대리인 수령 시에는 접수증과 여권명의인의 신분증(사본가능), 대리인신분증, 대리수령위임장이 필요하다. 택배교부 제도를 운영하는 발급기관에서는 택배를 통해 여권을 받을 수 있다. 여권을 수령할 때 준비해야 할 서류들 또한 다르다는 것을 명심해야 한다.

5. 여권 연장과 재발급은 이렇게!

유효기간이 6개월 이상 남은 일반여권을 소지한 경우 전자여권을 다시 발급받을 필요는 없으며, 해외 체류 시 여권갱신은 소재지 관할 공관을 통해서만 신청이 가능하다. 2008년 6월 28일 이전에 발급받은 복수 일반여권의 유효기간이 10년 미만인 경우 종전의 규정대로 최초 발급일부터 10년이 되는 날까지 유효기간을 연장할 수 있으며, 유효기간 연장신청은 여권의 유효기간 만료일 1년 전부터 만료일 1년 후까지 가능하다.

CHAPTER 02. 학생비자 발급 절차

memo 캐나다는 6개월이상 어학연수의 경우에만 학생비자가 필요하다.

1. 6개월 이내의 어학연수는 학생비자(유학허가서)가 필요 없다.

　캐나다는 6개월 이내 어학연수의 경우 유학허가서를 신청할 필요 없이 연수기관에서 발급받은 입학허가서를 지참하고 입국하면 된다. 94년 5월 1일부로 한국과 캐나다간 무비자방문협정이 발효되어 관광이나 6개월 이내 어학연수 목적의 방문은 무비자 입국이 가능하기 때문이다. 주한캐나다 대사관에서 발급하는 것은 캐나다 유학을 허가한다는 유학허가서이다. 유학허가서를 지참하고 캐나다 공항에 도착하면 이민국에서 간단한 인터뷰 후 학생비자를 발급받게 된다.

　6개월 이상의 어학연수를 위해서는 주한캐나다대사관에서 유학허가서를 발급받아야 하는데 신체검사 재검 판정, 방학 성수기 항공권 예약 등 여러 상황은 돌발 상황을 유발 할 수 있다. 이에 안정적으로 대응하기 위해서 개강일 기준 3~4개월 전에 연수기관을 선정하고 유학허가서를 신청하는 것이 좋다. 이제 주한캐나다대사관 유학허가서 신청을 위한 상세한 절차를 확인해보자.

check 주한캐나다대사관은 어학연수 개강일로부터 최소 8주 전에 유학허가서를 신청하도록 권고하고 있습니다.

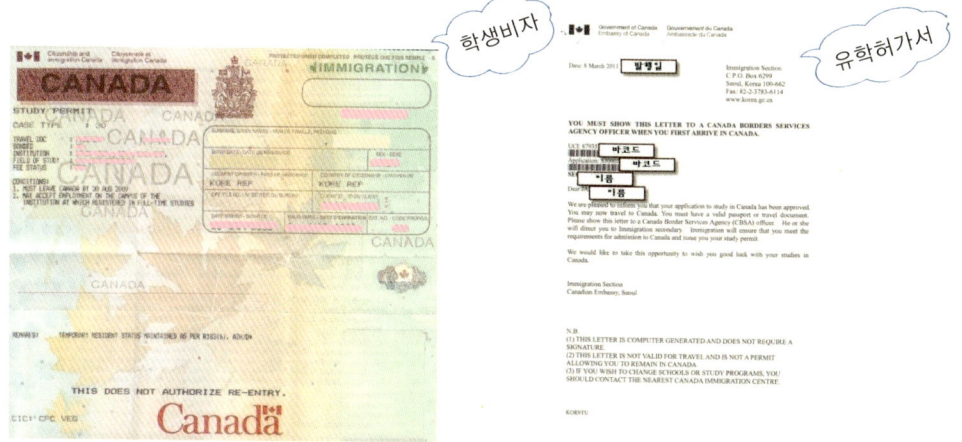

학생비자　　　유학허가서

2. 캐나다 학생비자 발급절차 살펴보기

① 입학허가서 신청

주한캐나다대사관에 유학허가서를 신청하기 위해서는 어학연수기관에서 발급한 입학허가서가 필요하다. 입학허가서를 발급받기 위해서는 연수기관, 어학연수 프로그램, 수강기간, 개강일 등을 먼저 선정하자. 그 다음 유학원을 통해 등록하거나 연수기관의 홈페이지에서 등록신청서(Application Form)를 작성하여 접수할 수 있다. 연수기관의 홈페이지에서 등록신청서를 다운받아 작성 후 국제우편으로 접수할 수도 있지만, 국제우편이 도착하는데 시간이 많이 소요되므로 온라인을 통해 접수하는 것이 좋다.

입학허가서 발급 절차

check ▸ 입학허가서를 신청하기 위해서는 캐나다에서 어떤 연수기관과 어학연수 프로그램으로 얼마동안 수강할지의 기간과, 개강일 등을 알아두셔야 합니다.

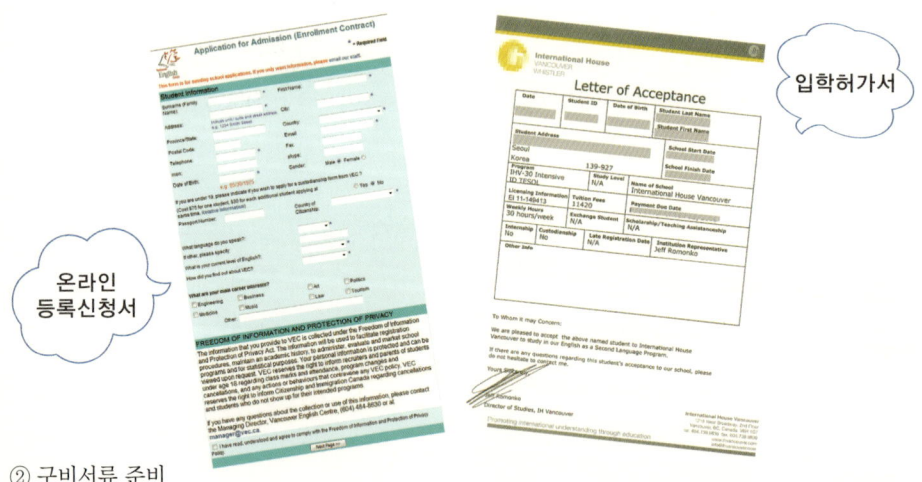

② 구비서류 준비

유학허가서 발급을 위한 모든 구비서류는 유학허가 신청서 접수일 기준 2개월 이내에 영문으로 발급된 서류만 유효하며 국문으로만 발급되는 서류는 영문으로 번역해서 국문 서류와 함께 제출하면 된다.

유학허가서 구비서류 살펴보기

① 체크리스트
- 주한캐나다대사관 홈페이지에서 양식 다운!
- 제출 시 모든 구비서류의 맨 위에 놓을 것!

② 유학허가서 신청서(IMM1294) 및 가족정보신청서(IMM5645)
- 주한캐나다대사관 홈페이지에서 양식을 다운받아 작성

③ 여권 및 주민등록증 고해상도 컬러 복사본, 여권사진 2매
- 여권은 최초 두 페이지
- 어학연수 기간 이상의 유효기간 필수 확인
- 캐나다 출입국 경력이 있는 경우 출입국 관련 기록이 기재된 페이지의 사본도 제출!
- 여권 사진 뒷면에 영문 이름과 생년월일 기입

④ 개인경력서 (IMM5257-Schedule1)
- 영문으로 작성할 것!
- 주한캐나다대사관 홈페이지에서 양식을 다운받아 작성

⑤ 수속료 납입영수증 원본
- 가까운 시중은행에서 아래 주한캐나다대사관 계좌로 송금!
- 주한캐나다대사관 계좌정보
  HSBC(홍콩상하이)은행 서울지점, 캐나다대사관, 계좌번호 002-709806-296
- 한국 거주 신청자는 반드시 원화로 수속료 납부!
  캐나다대사관의 공식 환율 기준에 따라 책정된 금액을 납부

⑥ 입학허가서 원본, 사본 각 1부
- 입학허가서는 사본 1부를 추가로 보관하여 출국시 지참할 것!

Advice
인터넷뱅킹이나 텔레뱅킹 등으로 송금된 영수증 혹은 대사관에서의 직접 납부는 불가한 점을 염두에 두시기 바랍니다.

check
대사관 공식 환율은 사전 공고 없이 변경될 수 있어 대사관 웹사이트의 수속료 안내를 반드시 확인 후 납부해야 합니다. 주한캐나다대사관 수속료납부는...
- 2011년 9월 기준 유학허가 수속료는 143,750원/125 캐나다 달러 (1달러 1,150원 캐나다대사관 공식 환율)
- 입금 은행에서 발행한 무통장 송금영수증 원본 제출할 것!

⑦ 대학 재학증명서 및 성적증명서
- 영문으로 발급받을 것! 졸업생의 경우 졸업증명서

⑧ 유학계획서
- 반드시 영문으로 작성할 것!
- 정해진 양식이 없다! A4 용지에 유학 목적 및 계획을 구체적으로 서술할 것!

⑨ 재정보증 증빙서류 (영문발급)
- 본인, 부모, 배우자만이 재정보증 가능
- 보증인의 재직증명서 또는 사업자등록증 사본, 소득금액증명원
  (최소한 최근 3년간의 내역, 세무서 발급),
- 잔액증명원(은행계좌/증권계좌/저축성 보험 계좌), 가족관계 증명서

⑩ 기본 증명서, 가족관계 증명서, 혼인관계 증명서
- 국문으로 발급받은 것을 영문으로 번역해 제출!
- 동사무소에서 본인을 기준으로 한 가족관계 증명서를 발급
- 결혼을 하지 않았더라도 혼인관계 증명서를 제출해야 한다.

⑪ 신청자가 직장인일 경우 제출서류 (영문발급)
- 최근 5년간의 모든 활동사항에 관련된 증빙서류 구비
- 세무서 소득금액 증명원(인터넷 발급)
- 국민연금 가입이력요약(국민연금관리공단 발급)
- 재직 증명서

⑫ 택배 신청서
- 대사관 이민과 창구 접수 상자 옆에 비치
- 지정된 택배 신청서가 없을 시, 정확한 배달 주소와 전화번호를 종이에 적어 제출

> **Advice**
> 소득 금액 증명원과 국민연금 가입이력요약 서류를 제출할 수 없는 경우, 사유서와 함께 경력 및 재직증명서, 소속회사의 사업자등록증 사본, 월급통장 사본(급여 입금 내역에 형광펜 표시)을 제출하세요!

③ 유학허가 신청서 접수

모든 구비서류가 완비되면 대봉투에 담아 주한캐나다대사관 우편접수 주소로 보내면 된다.

◇ [주한캐나다대사관] 우편접수 주소
서울특별시 중앙우체국 사서함 6299 주한캐나다대사관 비자/이민과
우편번호 100-662

Advice
캐나다대사관은 어학연수 개강일로부터 **최소 8주 전**에 유학허가서를 신청하도록 권고하고 있습니다. 비자신청서 접수 후 **6주 이내**에는 어떤 문의에 대한 답변도 하지 않습니다. 단, 6주가 지났는데도 비자가 발급되지 않은 경우에만 진행 상황에 대한 답변을 받을 수 있습니다.

④ 지정병원 신체검사

주한캐나다대사관에 유학허가 신청서를 접수하면 신체검사 지시서와 신체검사서 양식(IMM1017)을 안내문과 함께 이메일로 받게 된다. 안내 메일을 받으면 2주 이내(공휴일 포함)에 지정병원에서 신체검사를 받아야 한다. 여성의 경우 생리기간이 끝나야 신체검사를 받을 수 있다.
신체검사 지정병원에 사전예약 여부를 전화로 확인하는 것이 좋으며, 신체검사 지정병원 방문 시 여권, 여권사진 4장, 여권 및 주민등록증 컬러 복사본, 주한캐나다대사관 신체검사 이메일 첨부서류, 택배비 18,000원(현금), 신체검사료 17만원(현금/카드)을 준비하면 된다.

Advice
신체검사 관련 변경 제도
주한캐나다대사관은 당일 공지를 통해 유학허가서 신청서 양식과 구비서류 및 접수 절차를 변경하는 경우가 많은데 신체검사 절차도 2011년 5월 1일부로 변경되어 유학허가 신청서 접수 후 대사관에서 이메일로 발송하는 Medical Form에 안내된 지정병원에서 신체검사를 받아야 합니다. 때문에 유학허가서 신청을 위한 신체검사 절차와 구비서류는 주한캐나다대사관의 홈페이지 당일공지를 꼼꼼히 살펴보셔야 합니다.
METROPOLIS 유학연구소 홈페이지(www.metropolis100.com) 〉캐나다 어학연수 〉 '학생비자신청 GUIDE' 를 통해 최신 양식과 안내를 확인하셔도 됩니다.

주한캐나다대사관 신체검사 지정병원

병원명	주소	전화번호
(신촌) 세브란스병원	서울 서대문구 신촌동 134	02) 2228-5815
삼육의료원	서울 동대문구 휘경2동 29-1	02) 2210-3511
(강남) 세브란스 병원	서울 강남구 도곡동 146-92	02) 2019-2804
삼성 서울병원	서울 강남구 일원동 50	02) 3410-0227
인제대학교 해운대백병원	부산광역시 해운대구 좌동 1435번지	051) 797-0370

⑤ 유학허가서 발급과 신청

주한캐나다대사관 접수 후 8주 이내에 유학허가서를 이메일로 받을 수 있으며, 방학 전후는 발급기간이 더 늘어나기도 한다. 안정적인 수속을 위해서는 출국일 3개월 전에 학생비자 수속을 시작하는 것이 좋다. 캐나다 입국 시 유학허가서와 입학허가서를 이민국에 제출해야 하므로 유학허가서가 도착하면 입학허가서 사본과 함께 잘 챙겨놓아야 한다.

check
주한캐나다대사관 찾아가기

현재 주한캐나다대사관은 시청역 1번 출구 방향 예원학교 옆 새로 지은 대사관 전용 건물에 위치합니다.
주한캐나다대사관로 가는 길은 이렇습니다.
지하철 1호선 시청역 1번 출구에서 덕수궁 돌담길을 따라 300미터 정도 올라가면 나오는 갈림길에서 정동극장 방향으로 직진합니다. 정동극장을 지나 예원학교 옆에 눈에 띄는 외형을 가진 건물이 주한캐나다대사관입니다.
자동차를 이용하는 경우 내비게이션에 '서울특별시 중구 정동 16-1번지'를 입력하면 됩니다.

| 덕수궁 돌담길 | 〉 | 정동극장 | 〉 | 주한캐나다대사관 |

3. 유학허가서 발급 소요일

주한캐나다대사관 접수 후에는 4주~8주 지나서 유학허가서를 받을 수 있으며, 방학 전후는 발급까지 8주~12주 정도 소요되기도 한다. 캐나다 입국 시 유학허가서와 입학허가서를 이민국에 제출해야 하므로 유학허가서가 도착하면 입학허가서 사본과 함께 잘 챙겨놓아야 한다.

CHAPTER 03. 출국 준비 절차

memo 출국일이 성수기일 경우에는 항공권 예약을 서둘러야 한다.

1. 항공권 예약

항공권 예약은 항공업계의 성수기인 여름방학과 겨울방학 전후, 설/추석/크리스마스 연휴, 연말/연초에는 좌석확보에 어려움이 많을 수 있다. 출국일은 수업 시작일에서 최소 2일, 최대 7일 전으로 잡는 것이 적절하며, 유학허가서를 발급받은 경우 편도티켓만 구입해도 무방하다. 유학허가서를 발급받지 않은 경우는 입국심사 시 귀국항공권을 확인하므로 왕복티켓을 구입해야 한다.

항공권은 크게 오픈(Open)티켓과 픽스(Fix)티켓으로 구분되는데, 오픈티켓은 1개월~12개월 유효기간 내에 귀국날짜를 자유롭게 변경할 수 있는 티켓이며, 픽스티켓은 발권 후 귀국 날짜 변경이 불가능하거나 변경 시 추가비용이 부과되는 티켓이다. 항공권 예약 시에는 여권과 동일한 영문이름, 여권번호, 출발일 정보만 있으면 되며, 예약 후 발권기간 내에 결제하면 된다. 발권기간은 'OO월OO일까지 발권, 예약 후 3일내 발권, 출발 30일전 발권' 등으로 정해져있다. 초행의 경우 경유편보다는 되도록 직항편을 이용하여 안정적인 일정으로 이동하는 것을 권한다. 경유항공편은 경유지에서 대기시간이 항공사에 따라 다르므로 예약 시 확인이 필요하다.

Advice 항공권 구매 시 유류할증료/TAX 등이 별도로 표기된 경우가 많으므로 가격 비교를 하실 때 주의하셔야 합니다. 별도 표기된 금액을 미처 살펴보지 못하고 덜컥 구입했다가 예상했던 금액보다 지불 금액이 더욱 많이 나온 경우 낭패를 볼 수 있습니다.
일반적으로 오픈티켓이 픽스티켓보다 비싸며, 유효기간이 길수록 가격이 비쌉니다. 귀국일을 지정하지 않고 발권하는 경우 성수기에 좌석확보가 어렵기 때문에 오픈티켓이라도 귀국일을 지정하여 발권하는 것이 좋습니다.

memo 항공권을 구입할 때는 3~5곳의 온라인과 여행사를 통해 비교견적을 하자.

2. 항공권 비교견적은 온라인이 핵심!

저렴하게 항공권을 구입하고 싶다면 각 항공사의 정보를 수집하는 수고로움이 필요하다.
일반적으로 항공권은 온라인을 통해 구입하는 것이 저렴하며, 인터넷과 전화를 통해 여러 여행사의 요금을 비교하는 것이 좋다. 특히, 비수기에는 여행사마다 할인 항공권과 할인 이벤트를 진행하니 최소 3~5개 여행사에 문의를 해서 가격을 비교하고, 마일리지 적립/날짜변경/환불/유효기간/(주말)추가요금/경유정보 등을 꼼꼼히 확인하자! 웹투어의 '실시간 항공권 예약'을 통해 요금을 확인 후 이 요금을 기준으로 다른 여행사에 요금 문의를 하면 보다 쉽게 가격비교가 가능하다. 웹투어는 요금 표시에 예상 TAX를 포함하고 있어, 항공권 구매 시 최종적으로 지불해야 할 총액이 얼마인지 쉽게 확인할 수 있다.

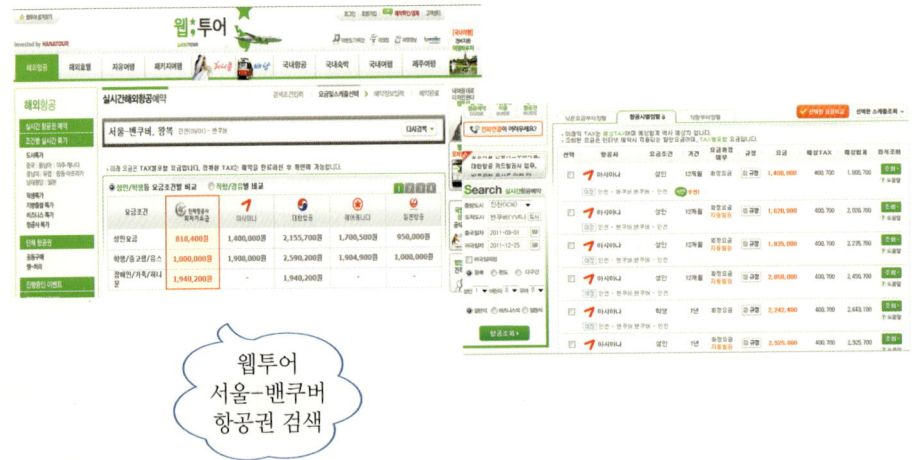

★ 항공권 가격비교 시 확인사항
+ 날짜변경 및 환불 조건
+ 항공권 유효기간
+ 경유정보
+ 주말 추가요금
+ 유류할증료/TAX
+ 학생할인요금

항공권 온라인 판매 여행사 홈페이지

하나투어	http://www.hanatour.co.kr
넥스투어	http://www.nextour.co.kr
웹투어	http://www.webtour.com
탑항공	http://www.toptravel.co.kr
투어익스프레스	http://www.tourexpress.com
인터파크 투어	http://tour.interpark.com
온라인투어	http://www.onlinetour.co.kr

웹투어
서울-밴쿠버
항공권 검색

memo 유학생 보험은 상해/질병치료 보상한도가
5천만원 이상인 플랜에 가입하는 것이 좋다.

3. 보험은 어디서나 필수! 유학생 보험으로 든든하게!

유학생 보험은 어학연수 또는 유학 중 발생할 수 있는 사고 및 질병 등을 담보하는 보험이다. 캐나다 어학연수 중 감기나 복통 등 비교적 가벼운 질병으로 진료를 받더라도 100달러 이상의 의료비를 지출해야 하며, 입원이나 수술을 받는 경우에는 수 천에서 수 만 달러까지 의료비가 청구될 수 있다. 보험의 가장 기본적인 목적이 위험회피(Risk Hedge)라는 사실을 상기한다면, 어학연수 중 질병이나 사고의 위험으로부터 보호받기 위한 유학생 보험 가입은 필수적이다.

> **memo** 보험 가입 시 캐나다 각각의 주에 적용되는
> **자격과 기간을 확인하자!**

캐나다 BC 주, 앨버타 Alberta 주, 사스캐츠완 Saskatchewan 주는 유학생에게도 의료보험을 무료로 제공하는 주정부 의료보험 가입자격을 부여한다. 하지만 나머지 주에서는 유학생의 주정부 의료보험 가입을 허용하지 않아 현지에서 사설 보험에 가입하거나 한국에서 출국 전에 유학생 보험에 가입해야 한다.

유학생 보험을 가입하기 전에 어학연수 예정인 연수기관의 보험관련 최소보상한도 규정을 미리 확인하여 이에 적합한 보험상품을 가입해야 한다.

유학생 보험은 1개월 단위로 1년까지 가입이 가능하며, 1년 이후는 기간 연장을 하면 된다. 보장기간은 출국일부터 귀국일까지이며, 보통 만 1세 이상부터 만 64세 이하로 가입대상이 제한되어 있다.

> **memo** 보험 상품도 **비교견적**이 필수!

유학생 보험에 가입할 때는 보험사별 비교견적을 받는 것이 좋다. 이 때 상해치료와 질병치료 보상한도가 최소 5천만원 이상인 플랜을 기준삼아 보험료 견적을 비교하면 된다. 보험사별로 처방조제, 국내 치료, 특별비용 등의 보상한도에 사소한 차이가 있다. 무엇보다 유학생 보험을 가입하는 중요 이유가 상해와 질병 발생 시 발생하는 의료비에 대처하기 위한 것이므로 상해와 질병에 대한 보상한도를 기준으로 삼는 것이 합리적이다.

> **Advice** 보험료가 싸다고 해서 보상한도가 낮은 유학생 보험을 가입하는 것은 현명하지 않을 수 있습니다. 저렴한 만큼 보장되는 범위가 적어지기 때문입니다. 상해와 질병치료 시에 최소 5천만원 이상 보상하는 상품에 가입하는 것이 좋습니다.

check

비교견적을 받을 때는 인터넷에서 '유학생 보험' 키워드로 검색해서 보험사별 보험료를 비교하면 됩니다.
23세 남자를 기준으로 ACE 보험사의 유학생 보험료를 확인해보면, 상해치료와 질병치료에 대해 5만 달러(약 5천6백만 원) 보상한도로 6개월 437.52달러, 12개월 625.03달러입니다.

▲ [ACE 보험사] 유학생 보험료표 (23세 남자 기준)

memo 보험금 청구는 확실한 증빙서류를 첨부할 것!

현지에서 상해나 질병으로 병원 진료를 받을 경우에는 접수 시 보험증을 제시하여 보험처리 의사를 표시하고, 본인이 먼저 의료비를 지불한 후 보험회사에 의료비 영수증과 구비서류를 제출해서 지불한 의료비를 나중에 돌려받게 된다. ACE 등 글로벌 보험사의 경우 현지 지사에서 병원으로 의료비 지급을 요구할 수도 있다.

Advice 유학생 보험 vs 주정부 의료보험 장단점
+ 유학생 보험 : 가입기간 중 어느 나라에서나 보상이 가능.
　　　　　　보상한도가 제한되어 있다는 단점.
+ 주정부 의료보험 : 보상한도의 제한이 없다는 장점.
　　　　　　　　주 내에서만 의료보험을 적용받을 수 있다는 단점.
마지막으로, 캐나다의 경우 치과 진료비가 한국에 비해 비쌉니다. 게다가 유학생 보험과 주정부 의료보험 모두 치과 진료에 대한 보장은 하지 않아 어학연수 출국 전에 한국에서 치과 치료를 받으시길 권합니다.

memo 어딜가도 증이 있어야 통한다!

 **국제학생증**

국제학생증은 중/고등학교, 대학교/대학원 등에 재학 중인 14세 이상 학생은 누구나 발급받을 수 있으며, 미술관이나 공연 등을 관람하거나 항공권 및 기차표 구매시 학생할인을 받을 수 있어 비용을 절감하는데 도움이 된다.

check 국제학생증 종류와 유효기간

국제학생증은 KISES(http://www.isic.co.kr)에서 발급하는 ISIC와 ISEC(http://www.isecard.co.kr)에서 발급하는 ISEC 두 종류가 있습니다. 두 카드는 국제학생증으로써 큰 차이가 없어 개인의 선호에 따라 선택하시면 됩니다. 다만, 두 카드는 유효기간 산정방식에 있어서는 조금 차이가 있음을 알아두세요.
+ ISEC : 유효기간이 발급일로부터 1년.
+ ISIC : 유효기간이 매년 12월에 시작하여 다다음해 3월 말까지.
예를 들면, ISIC는 2010년 1월에 발급받던 5월에 발급받던 2009년 12월부터 2011년 3월까지 유효한 국제학생증을 발급받는 방식입니다.

ISIC는 전국 124개 대학교와 서울 종로 YMCA빌딩 505호 사무실(02-519-0121)과 부산진구 부전동 삼정기업빌딩 1108호 사무실(070-7500-7350)에서 신청 즉시 발급받을 수 있다. ISEC는 서울 ISEC본사에서는 온라인 발급만 가능하며 서류접수 및 입금일로부터 2일안에 배송받을 수 있다.

ISEC 즉시발급 대리점

지역	대리점명	전화
서울	하나투어 삼성역점	02) 558-7650
삼육의료원	블루항공 압구정점	02) 514-0585
(강남) 세브란스 병원	하나유스 여행사 종각역점	1577-2285
삼성 서울병원	내일여행 시청역점	02) 6262-5353
대구	부산광역시 해운대구 좌동 1435번지	1644-2685
광주	우리은행 금남로점	062) 227-3141
부산	우리은행 중앙로점	051) 462-3271

국제학생증 발급용 구비서류

1. 발급수수료 : 14,000원
2. 증명사진 1매
3. 학생증명서류
    · 재학생 : 최근 1개월 이내 발급 받은 재학증명서
        (중 / 고등학생은 학생증으로 가능)
    · 휴학생 : 최근 1개월 이내 발급 받은 휴학증명서
    · 유학 / 어학연수생 : 학생비자 또는 해외 교육기관에 등록한 증명서
        (입학허가서+학비송금영수증)
4. 신분증 : 주민등록증, 운전면허증, 여권 등

★ 국제운전면허증

어학연수 중 자동차를 렌트해서 운전하는 경우가 있으므로 국제운전면허증을 발급받는 것이 좋으며, 현지에서 운전할 경우 반드시 국제운전면허증, 한국운전면허증, 여권을 함께 지참하고 운전해야 한다. 전국운전면허시험장에 방문 신청하면, 신청 후 1시간 이내에 현장 발급된다. 신청자가 몰리는 경우를 제외하고는 대부분 30분 이내 발급된다.

캐나다의 경우 한국운전면허증을 별도의 면허시험 없이 캐나다 운전면허증으로 교환하는 것이 가능하다는 것을 참고로 알아두자.

더불어 전국운전면허시험관리단(www.dla.go.kr) 홈페이지에 들어가면 전국운전면허시험장 전화번호 및 주소를 알 수 있으므로 해당 지역에서 가까운 곳을 찾아 방문 신청하면 된다.

국제운전면허증 발급 요약정보

구비서류	여권, 운전면허증, 여권용 사진 또는 칼라반명함판(3×4cm) 1매 - 대리인 신청 시 대리인 신분증과 위임장 추가 제출
유효기간	발급일로부터 1년
발급 수수료	7,000원
접수/발급처	전국운전면허시험장 - 접수 후 1시간 이내 발급 - 사설 학원 시험장에서는 발급 불가
주의사항	- 여권과 동일한 영문 이름과 서명 사용 - 현지에서 운전 시 국제운전면허증, 한국면허증, 여권 지참 - 해외 체류 중에는 대리인을 통한 재발급 불가

✦ 유스호스텔 회원증 발급받기

　유스호스텔 회원증은 해외뿐만 아니라 국내에서도 통용되며, 유스호스텔 숙박 시 할인을 받을 수 있는 상섬이 있나. 유스호스텔은 저렴한 비용과 일정한 수준의 서비스를 유지하므로 여행자들에게 인기가 높다. 일부 유스호스텔의 경우 회원증이 있어야만 숙박이 가능한 경우도 있다. 회원증 발급은 한국유스호스텔연맹 홈페이지(http://www.kyha.or.kr)에서 신청하거나 발급처를 방문하면 즉시발급이 가능하다. 웹 사이트에서 신청하면 택배 배송일+1일이 소요된다.

유스호스텔 회원증 종류 및 가입비

종류	가입비	대상
청소년	18,000원/1년 30,000원/2년 45,000원/3년	만 24세 이하
성인	25,000원/1년 40,000원/2년 60,000원/3년	만 24세 이상
가족	40,000원/1년 70,000원/2년 105,000원/3년	– 부부 및 16세 이하의 자녀 – 부부(2장)에게 발급 – 가족관계증명서를 이메일 혹은 팩스로 전송 (Fax. 02.725.3113. e-mail. member@kyha.or.kr)
지도자	60,000원/1년 100,000원/2년 150,000원/3년	– 교사 및 청소년 지도자가 24세 이하의 학생 및 청소년을 인솔시(10인 기준) – 교사자격증 사본을 이메일 혹은 팩스로 전송 (Fax. 02.725.3113. e-mail. member@kyha.or.kr)
평생	250,000원	만 25세 이상

유스호스텔 회원증 발급처

지역	발급처	주소	전화번호
서울	중앙연맹	송파구 방이동 40-6 세민빌딩 6층	02) 725-3031
	올림픽파크텔 유스호스텔	송파구 방이동 88-8 올림픽공원	02) 410-2144
	서울국제 유스호스텔	중구 예장동 산 4-5번지	02) 319-1318
	내일여행	중구 서소문동 60-1 외환은행빌딩 4층	02) 777-3900
	허클베리핀	종로구 관철동 계원빌딩 13층 1305호	02) 778-6778
대전	대전충남연맹	동구 중동 64-15 수덕관광	042) 252-9775
광주	광주전남연맹	동구 서석동 375번지 조선대학교 복지관1층	062) 227-8255
대구	여행클럽	중구 동인동 2가 20-5	053) 431-6677
부산	부산유스호스텔 아르피나	해운대구 우동 해변로 45번지	051) 731-9800

> **memo**
> 유학생 계좌 등록인 거래외국환은행 지정은
> 연수 준비의 필수과정!

4. 유학생 계좌 등록은 송금 환율 우대 은행에서!

 어학연수 학비 및 현지 생활비 송금을 위해서는 거래외국환은행 지정이 필요한데, 통상적으로 이를 유학생 계좌 등록이라 한다.
 1,000달러 이하의 금액을 송금할 때는 거래외국환은행 지정을 하지 않아도 되지만, 일반적으로 어학연수 학비가 1,000달러 이상이므로 거래외국환은행 지정은 어학연수준비의 필수절차라

> **Q/A**
> Q. 외국환은행과 거래외국환은행 지정이란?
> A. 외국환은행 : 외국환거래법이 정하는 바에 따라 인가를 받아 외국환업무를 하는 은행.
> 거래외국환은행 지정 : 송금 등의 외국환 거래를 위한 은행을 사전에 지정하는 것.

고 할 수 있다. 유학생 계좌를 등록하면, 송금액에 제한 없이 환전 및 송금이 가능하지만, 연금 송금액이 10만 달러를 초과하는 경우에는 국세청에 통보된다.
 송금액이 10만 달러를 초과하더라도 정당한 소득액을 학업을 목적으로 송금한 것이라면 국세청 통보에 신경 쓸 필요는 없다.

> **check**
> **유학생 계좌 등록 구비 서류는?**
> 유학생 계좌 등록 구비 서류 중에서 통장, 도장, 여권, 입학허가서 또는 수업료 고지서 등의 유학 사실을 증명하는 서류를 챙기셔야 합니다!
> 어학연수를 위한 송금은 거래외국환은행 지정에 필요한 서류를 준비하여 가까운 은행에 방문하여 거래외국환은행으로 지정 후 송금할 수 있습니다. 통장이 없는 경우는 새로 개설하면 됩니다. 거리외국환은행 지정 시 본인의 주거래은행이 외환거래에 특별한 혜택을 제공하지 않는다면, 송금 환율 우대나 송금수수료 면제 등의 혜택을 제공하는 은행을 선택하는 것이 좋습니다. 은행에서는 외환을 팔 때와 살 때 적용하는 환율이 다른데, 송금환율 우대는 팔 때와 살 때의 환율 차액을 10%~80%까지 조정 받을 수 있습니다.

> **memo**
> 송금할 때는 수취인과 은행 계좌의
> 정확한 정보를 알아두기!

> **check**
> **외화송금 시 필요정보**
> + 수취인 정보
> 수취인 이름, 주소, 전화번호
> + 은행계좌 정보
> 은행식별 코드(SWIFT BIC Code),
> 은행명, 지점명, 계좌번호, 지점주소, 전화번호

 한국에서 캐나다 은행계좌로 송금을 하면, 캐나다 은행계좌에서 입금을 확인하는데 2~3일이 소요되므로, 필요한 시기보다 일주일 정도 여유를 두고 송금하는 것이 안정적이다. 송금을 할 때는 송금 받는 수취인의 정보와 은행 계좌 정보를 알아야 한다. 모든 정보를 바르게 기재하고 송금했을 경우 2~3일(은행 영업일 기준) 후 송금 받는 측의 계좌로 송금액이 입금된다.

> **Advice**
> 송금수수료는 온라인 외환송금을 이용할 경우 대부분의 은행에서 면제해 주고 있으며, 중개은행수수료나 수취은행수수료, 전신료는 송금수수료 면제와 관계없이 외환송금 과정에서 발생되는 비용에 부과되는 항목입니다.

> **memo**
> 캐나다에서 초반 생활 유지에 필요한 비용으로
> 500달러 정도를 현금으로 환전!

출국 시 필요한 적절한 환전액은 개인차가 있겠지만 500달러 정도가 적절하다. 신용카드, 직불카드, 개인수표 사용이 활성화된 캐나다에서는 100달러 지폐로 지불하는 경우가 흔하지는 않으므로 50달러 4매, 20달러 10매, 5달러 10매 정도로 환전하면 된다.

> **memo**
> 여행자 수표와 신용카드도 현금 분실에 대비해
> 챙겨두는 센스!

여행자 수표는 여행 중 현금 대신 사용할 수 있는 수표로 해외 여행자의 여비 휴대의 편의와 현금 분실 위험을 방지하기 위해 고안된 것이다. 캐나다는 다민족 다문화 국가로 여행자들이나 유학생, 이민자들이 많아 환전 체계가 잘 잡혀있어 여행자 수표나 신용카드도 이용하기 편리하다.

Q&A

Q. 여행자 수표의 장단점은 뭐지?
A. 여행자 수표는 영구적 사용이 가능하고, 분실했더라도 위험이 적으며 구입시에 수수료가 저렴합니다. 구입 시에는 수수료 0.5~0.7% 정도로 환전수수료 보다는 낮아요! 다만, 캐나다에서 작은 상점들은 여행자 수표를 잘 받지 않는 다는 것을 알아두세요!

Q. 여행자 수표를 분실했을 때는 어떡하죠?
A. 여행자 수표를 구입 후 여행자 수표 발행 일련 번호를 메모하세요!
 1. 여행자 수표를 분실했을 때 즉시 가까운 경찰서에 신고합니다.
 2. 분실증명서를 발급 받아 여행자 수표의 발행 일련 번호와 여권을 지참합니다.
 3. 은행으로 가셔서 분실신고를 하세요.

> **memo**
>
> 6개월~1년 어학연수에는
> **중대형 캐리어 1개** 분량으로 짐을 꾸릴 것!

5. 짐 챙기는 데도 법칙이 있다!

짐을 꾸리기 위해 필요한 가방 개수는 개인마다 다르다. 일반적으로 6개월에서 1년 사이의 어학연수에는 **중대형 캐리어** 1개 분량으로 짐을 꾸리는 것이 적당하다. 천소재 캐리어와 흔히 이민가방이라 부르는 천가방에 짐을 나눠 담아가면 귀국할 때 늘어난 짐을 가지고 돌아오는데 무리가 없다. 최근에는 이민가방 대신 바퀴가 달린 다기능 배낭도 많이 사용하고 있는데 이민가방의 확장성에는 뒤쳐지지만 이동성과 활용성이 높다. 화물용 캐리어 1개와 기내용 가방(휴대수하물) 1개 정도로 짐을 꾸리면 현지에 도착해서 생활하는데 불편하지 않을 정도의 필수품을 담을 수 있다.

이민가방은 이렇게 꾸리자!
흐물럭 거리며 형체가 잘 잡히기 어려워 많은 '짐을 넣을 수 있다는 장점에도 충격에 약하다는 점을 보완하며 이민가방을 꾸리는 방법을 소개합니다.

1. 충격 완화용으로 쓰일 두꺼운 박스를 잘라 이민가방의 뼈대를 만들자!
이 두꺼운 박스로 뼈대를 만들어 두면 가방에 대한 외부의 충격흡수와 동시에 흐물럭 거리기 쉬운 가방의 틀을 잡아줍니다.

2. 유리나 플라스틱 제품은 비닐봉지로 포장하고 옷으로 말아 두자!
두툼한 천일수록 효과 만점입니다. 바로 이 천이 깨지기 쉬운 유리나 플라스틱이 외부로부터 받는 충격을 완화 시켜주는 보호막 역할을 합니다.

3. 무거운 짐을 아래에 두어 무게 중심을 잡자!
무거운 물건일수록 아래 무게 중심을 잡을 수 있도록 가방을 정리합니다. 가방을 한 번 세워 둔 채 지켜보세요. 가벼운 물건부터 넣었다면 아마도 무게를 지탱하지 못해 이리저리 흐물럭 거리는 여러분의 가방을 보시게 될 겁니다.

4. 주변으로 담요나 쿠션 같은 것으로 벽을 만들면 파손 확률이 준다!
마지막으로 짐들을 전부 꾸리고 한 번 더 보호막을 치세요. 외부 충격 완화제로써의 역할을 톡톡히 해 줄 겁니다.

5. 부피가 큰 옷들은 수납 팩이나 진공 팩으로 포장하고 공기를 제거한 뒤 포장하자!
여러분이 생각하는 것 이상으로 공기는 상당한 공간을 차지하는 요소가 될 수 있습니다. 공기가 잔뜩 들어간 빵빵한 상태에서 짐 챙기는 것 역시 쉬운 일은 아닙니다.

6. 짐의 맨 위에 가급적 검열에 대비해 검열 대상 품목들을 놓을 것!
검열에 걸리게 된다면 물건을 보여주느라 가방을 열어 어렵게 정리한 짐을 모두 꺼내야 합니다! 때문에 검열 대상 품목들을 다시 짐을 꾸릴 수고를 덜 수 있도록 가방의 위쪽에 놓아 두세요.

수하물은 반입 양이 정해져 있어 항공사 수하물
규정을 초과하면 추가요금을 지불!

　항공사 수하물은 위탁(화물칸) 2개와 휴대(기내반입) 1개로 제한되어 있으며, 일반적으로 미주노선 일반석의 경우 위탁수하물은 23kg 2개, 휴대수하물 10kg 1개로 제한되어 있다. 항공사마다 좌석등급에 따른 수하물 규정이 다르므로 항공권을 구입한 항공사의 홈페이지에서 정확한 수하물 규정을 확인 후 짐을 꾸려야 한다. 노트북 가방, 카메라 가방, 핸드백 등은 휴대수하물 1개와 별도로 기내로 가져갈 수 있다. 집에서 짐의 무게를 잴 때 가정용 저울에 가방만 올려놓으면 짐이 한쪽으로 쏠려서 무게가 정확하게 측정되지 않을 경우가 많으므로 가방을 들고 측정한 무게에서 몸무게를 빼면 된다.

수하물의 처리기준
+ 위탁수하물 – 가로 90cm, 폭 45cm, 높이 75cm, 무게 50kg이내의 수하물
+ 대형수하물 – 가로 120cm, 폭 75cm, 높이 75cm, 무게 70kg 이내의 수하물

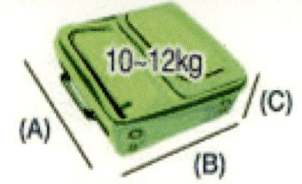

> **memo**
> 짐을 꾸리기 위한 출국물품은
> 출국 일주일 전까지 준비할 것!

짐을 꾸리기 위한 출국물품은 출국 일주일 전까지 준비해 둬야 여유를 갖고 빠뜨린 것은 없는지 다시 한번 수하물과 기타 사항을 점검할 수 있는 시간을 가질 수 있다. 가방에 물품을 넣을 때는 무거운 것은 아래에 가벼운 것은 위에 단단한 물건은 바깥쪽에 깨지기 쉬운 물건은 안쪽에 배치하는 것이 좋다.

◇ 기내 수하물 Check list

출,입국 관련 품목

품목	이래서 필요해!	직접 Check!	참고사항
여권	- 여권 캐나다 입국 심사시 제출에 사용.	O , X	원본, 사본
항공권	- 없으면 비행기 못 타요!	O , X	-
현금	- 돈 없으면 아무것도 못해! - 돈이 있어도 환전한 돈이 아니면 꽝! - 500달러 내외 50달러 4매, 20달러 10매, 5달러 10매 정도로 환전하고 여행자 수표도 챙기기!	O , X	현금과 여행자 수표 절반으로 환전해 두자!
신용카드	- 현지에서 쓸 수 있는 Visa나 Master 카드로 준비하기	O , X	신용카드번호 및 유효기간 메모
국제전화 선불카드	- 한국으로 전화할 때 필수 아이템	O , X	-
유학생 보험	- 병원 이용 시 부담금 손해 최소화 - 원본 1부는 부모님, 1부는 본인 소지	O , X	원본 2부, 사본1부
국제학생증, 한국운전면 허증/국제운전면허증, 유스호스텔 회원증	- 항공권 예약 및 기타 숙박 시설과 여가 시설에서 할인 가능!	O , X	
입학허가서	- 6개월 이상 연수는 이게 있어야 비자 발급이 가능!	O , X	원본, 사본
픽업자/ 유학원 정보	- 공항 픽업자나 유학원 정보 혹은 도움 받을 수 있는 현지 한국인 연락처	O , X	메모 작성

어학연수 학습 관련 품목

품목	이래서 필요해!	직접 Check!
전자사전	- 영영, 한영, 영한 모두 지원 가능한 것!	O , X
각종 필기구 (볼펜, 샤프심, 노트, 포스트잇, 커터, 가위, 풀, 스카치테이프, 스탬플러, 3공 파일 및 내지 등)	- 현지에서도 구입 가능. - 다만 가격이 비싸니 한국에서 사가기!	O , X
영어 문법책	- 영어공부 중 모르는 부분을 확인, 복습할 때 유용! - 두껍지 않고 얇아도 좋다!	O , X
MP3	- 많이 듣는 것 만큼 최상의 효과는 없다!	O , X
노트북	- 각종 인터넷과 현지 정보 검색에 유용! - 캐나다는 110V 전압을 사용. 해당 전압으로 사용 가능한 지 확인!!	O , X

의류

품목	이래서 필요해!	직접 Check!
일상복 / 일상화	- 10일 정도 입을 수 있도록 챙기기! - 홈스테이에서는 일주일 간의 빨랫감을 모아 한 번에 세탁! - 겨울 의류는 방수 기능이 있는 아웃도어 의류나 패딩류를 1~2벌 챙기기!	O , X
속옷	- 개인에 따라 맞춰 챙기기 - 그래도 하루에 한 벌 입을 수량!	O , X
양말 / 스타킹 / 레깅스	- 개인에 따라 달라! - 면양말로 준비하되, 3켤레 정도!	O , X
운동복 / 운동화	- 신기 편하고 오래 신을 수 있는 것으로 준비.	O , X
수영복	- 남자수영복은 삼각 형태보다 트렁크 형태 챙기기! - 캐나다에서는 수영장이나 해수욕장에서 삼각 수영복을 입는 경우가 거의 없다!	O , X
런닝화 / 부츠 / 슬리퍼 / 비치샌들	-	O , X
선글라스	- 캐나다는 자외선이 강해서 꼭! 챙겨두기	O , X
모자	-	O , X
액세서리 및 손거울	- 각자 엣지있는 스타일로 개성에 맞게!	O , X
정장 및 구두	- 현장학습을 하는 비즈니스 프로그램을 수강 시 정장 2벌과 구두는 필수!	O , X

구급약품

품목	이래서 필요해!	직접 Check!
종합감기약	- 연수 초기 피로와 긴장으로 아플 수 있다! - 캐나다 현지에서는 처방전 없이 약을 구하기 어렵다! - 개개인에게 알맞은 약 구하기도 힘들다! - 위탁수하물(화물칸에 싣는 가방)에 넣어 입/출국 수속 시 검문과 같은 돌발 상황을 벗어나자!	O , X
복통약 / 소화제		O , X
진통제(두통, 치통, 생리통)		O , X
대일밴드		O , X
후시딘 / 마데카솔		O , X
물파스		O , X

한국 음식 및 기념품

품목	이래서 필요해!	직접 Check!
햇반 / 김 / 참치 / 라면 / 포장 김치	- 현지 도착 당일에 한 끼를 해결할 분량만! - 한국인은 역시 한국 음식! 챙겨간 음식으로 체력 Up!	O , X
열쇠고리 / 책갈피 / 한국엽서	- 멋진 한국 기념품으로 캐나다 친구 사로잡기! - 가장 한국적인 기념품을 챙겨라! - 가장 무난한 것이 열쇠고리나 책갈피! 한국엽서로 친구의 생일이나 기념일에 편지를 쓰는 센스!	O , X

세면도구, 화장품 및 전자제품

품목	이래서 필요해!	직접 Check!
수건 5장 / 샤워 타월	- 홈스테이에서는 수건을 제공! - 그래도 여분을 챙기자!	O , X
치약 / 칫솔 / 샴푸 / 린스 / 비누 / 바디 클린저 등 세면용품	- 각종 세면용품들은 여행용 용기나 미니 사이즈로 판매되는 제품을 사용하자! - 이후 현지에서 구입해도 큰 차이가 없어! - 비행중 기내에서 사용하기 위해 여행용 용기에 든 치약이나 물비누를 기내용 가방에 넣지 말자! - 액체류는 기내반입에 제한돼, 무조건 화물용 가방에 넣는 것이 안전! - 액체류 욕실용품은 비닐팩에 담아 파손에 대비 할 것!	O , X
자외선 차단제	- 캐나다의 강한 자외선으로부터 나를 지키자! - 선글라스와 함께 세트로 챙겨둬야할 아이템!	O , X
여성용 위생용품	- 여성용 위생용품은 소량만! - 나머지는 현지에서 구입해도 무방!	O , X
한국 화장품	- 현지에서 한국 브랜드 화장품은 구입하기 어렵다! - 비싸기 때문에 충분하게 챙겨두기! - 외국 브랜드 화장품이라면 소량만! 나머지는 현지에서 구입해도 괜찮아!	O , X
디카, 충전기, 아답터, 알람시계, 콘센트 변환플러그, 소형변압기등 전자제품	- 캐나다는 건전지가 많이 비싸다! - 110V 충전기와 충전지를 챙겨가기! - 콘센트 변환플러그는 현지에서 최소 2달러 이상!. - 한국에서 사용하는 멀티탭을 가져가자! 멀티탭에 콘센트 변환플러그를 꽂아 사용해도 가능!	O , X

일상용품 및 기타

품목	이래서 필요해!	직접 Check!
접이식 우산 / 귀이개 손톱깎이 / 반짇고리	-	O , X
안경 / 렌즈/ 식염수	- 캐나다에서는 안경/렌즈값이 한국보다 비싸요! - 여분의 안경/렌즈를 구입해서 챙겨 갈 것!	O , X

기타

품목	이래서 필요해!	직접 Check!
증명사진	- 여권사진 여분을 가져가자! - 현지에서 각종 증을 만들 때 사용 돼! (학생증 같은 것!!!)	O , X
여행 가이드북	- 공부만 할 수 없지! 캐나다를 몸소 체험하고 싶다면 챙기는 센스!	O , X
젓가락 / 숟가락	- 너무 당연하다고 빼놓지 말자! - 숟가락은 홈스테이에서 제공한다! 캐나다인들은 젓가락을 거의 사용하지 않아! - 렌트나 기숙사 생활시 젓가락을 두 벌 정도 챙기는 센스!	O , X

CHAPTER 04. 공항에서 캐나다까지 이렇게만 하면 OK!

여권 발급, 비자 신청, 항공권 예약과 티켓 발급, 이학원 등록 등 어학연수를 위한 모든 준비를 마치고 공항으로 향하는 일만 남았다. 수하물은 어떻게 처리하는지, 또 티켓 발권은 어떻게 하는 것인지부터 공항에서 캐나다 도착까지의 과정을 지금부터 소개한다.

memo
가장 먼저 할 일은 항공기 탑승 수속 및 수하물 처리!

구입한 비행기 티켓의 해당 항공사의 탑승 수속 창구(Check-in 카운터)로 향한다. 탑승 수속 창구는 인천국제공항 3층 출국장에 있으며 해당 항공사 탑승수속카운터 직원에게 여권, 항공권, 마일리지 카드 등을 제시한다. 이어 탑승 수속 창구에서 기내에 반입할 수 있는 품목을 제외한 것을 모두 위탁 수하물로 처리한다.

기내 반입 허용 품목은 일반적으로 가로 55cm, 세로 40cm, 높이 20cm(도합 115cm), 무게 10kg 이내 품목만 반입이 허용된다. 수화물 위탁/처리가 끝나면 탑승권과 수하물 택을 받는다. 더불어 수화물을 실을 때 잃어버리지 않도록 갖고 온 가방에 이름표(이름, 연락처, 주소)를 부착하도록 하자.

Q&A
Q. 도심 공항 터미널에서 탑승 수속을 마쳤을 때는?
A. 도심 공항 터미널은 강남/센트럴시티/김포공항/서울역을 이릅니다. 이곳에서 탑승 수속을 마치고 공항에 도착하셨다면 가까운 출국장 측면에 마련된 전용 출입구를 이용해 출국 수속을 받으세요!
· 도심공항터미널 문의처 : 02)551-0077~8

Advice
2006년부터 변경된 제도?!
2006년 8월부터 출입국 신고서 작성이 폐지되었습니다. 때문에 복잡하고 번거롭게 느껴지던 신고서 작성에 부담을 느끼셨다면 이제부터는 덜으셔도 좋을 듯 합니다.

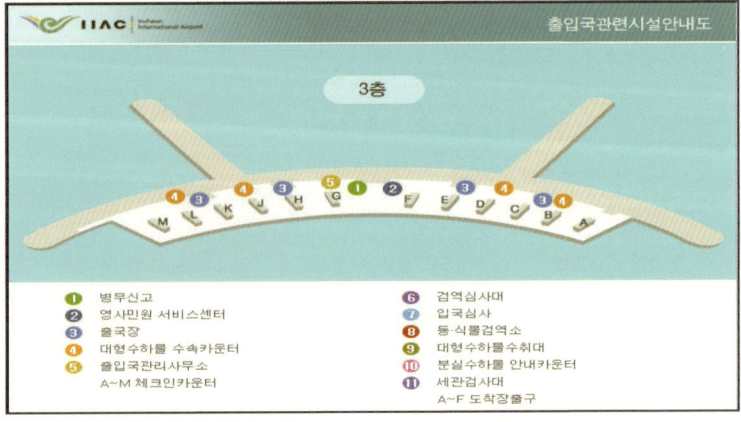

memo 보안 검색 후에는 각종 신고 사항 Check하기!

일반적으로 비행기 탑승 고객의 생명과 안전에 위협이 되는 물품은 반입이 불가하도록 규정하고 있다. 항공사 탑승 수속 카운터에서 탑승 수속을 마친 후에는 출국장으로 이동하면 세관반출신고를 위해 휴대품 세관 반출 신고대에서 신고를 해야 한다.

Advice
위탁수하물 중에서 세관 신고가 필요할 때는 대형 수하물 전용 카운터 옆에 위치하는 세관 신고대에서 신고하세요.
더불어 대형 수하물은 대형 수하물 전용 카운터에서 처리합니다.

세관 신고

귀국 시 다시 가져올 고가품은 세관에 신고하여 휴대물품반출신고서를 받아야 하며 미화 1만 불을 초과하는 현금 및 여행자 수표는 외환신고대에 신고해야 한다.
만약 물품을 신고하지 않고 출국하면 귀국할 때 외국에서 구입한 것으로 인정되어 과세의 불이익이 있을 수 있다.

Q&A

Q. 휴대반입물품을 다시 한번 갖고 나가려면?
A. 일시적으로 입국하는 분들 중에서 휴대반입물품을 재반출 할 때도 입국 시 세관에서 주는 '재반출조건일시반입물품확인서'와 반입물품을 세관에 제시합니다.
단, 신고한 물품을 갖고 출국하지 않을 경우 출국 수속이 지연될 수 있으니 반드시 휴대하세요! 물품을 잃어버렸거나 휴대하지 않고 출국한다면 세금을 납부하거나, 일정 담보금을 예치해야 출국이 허가됩니다.

Q. 예치/유치해 둔 물품은 어떻게 받죠?
A. 출국 시 세관에 예치/유치된 물품을 받을 때는 비행기 출발 1시간 전에 출국장 내의 세관 반송품 인도장(28번 게이트 맞은편)의 직원에게 신청하세요!

Q. 면세품은 어떻게 인도받나요?
A. 국내 면세점에서 구입한 물품은 출국 시에 면세품 인도장(28번 게이트 맞은편)에서 받습니다.

> **memo** 캐나다로 향하기 위한 마지막 출국 심사!

면역이나 세관 신고 내역이 없다면 정면에 있는 보안검색대에서 보안요원에게 여권과 탑승권을 확인받은 후 검색대로 이동하여 검색절차에 따라 검색을 받으면 된다. 보안 검새대에서는 대기 순서에 따라 휴대물품은 X-ray 검색장비 컨베이어 위에 두고 각종 소지품은 바구니에 넣어 금속 탐지기를 통과시켜야 한다. 이런 보안 검색 절차를 마치면 소지 휴대 물품을 갖고 출국 심사 지역으로 이동한다.

보안 검색 절차

| 1. 출국장에서 보안 요원에게 여권, 탑승권 제시 | | 2. 보안 검색 전, 휴대품 세관 신고 | | 3. 휴대 물품은 (가방, 코트, 핸드백) X-레이 검색대에 넣기 |

| | 4. 소지품은 (동전, 휴대전화 등) 바구니에 넣기 | | 5. 문형 탐지기 통과 |

Advice 보안 검색대를 통과하실 때 노트북은 가방에서 꺼내 X-레이 검색대 벨트 위에 놓아야 합니다.

검색대 통과 후에는 출국심사대로 이동하여 여권과 탑승권을 제시하면 심사관은 여권에 출국 확인을 해주며 여권을 돌려준다. 출국심사를 받은 후 항공기 출발 40분 전까지 탑승게이트로 이동하여 항공기에 탑승하면 된다. 출국심사대 통과 후에는 출국장 밖으로 나올 수 없으며 출국심사대를 통과하면 나오는 면세지역에는 현금인출기가 없으므로 입국장에 들어오기 전에 현금인출기 이용이나 핸드폰 로밍서비스 신청을 마쳐야 한다.

25세 이상 병역미필 병역의무자의 경우 출국심사 시 병무청에서 발급하는 '국외여행허가증명서'를 제출해야 한다.

check 이건 휴대 안 돼요! 기내 반입 금지 품목!

항공사 탑승수속카운터에서 탑승수속을 하기 전에 휴대 수하물에 기내반입 금지물품이 없는지 다시 한번 확인해야 합니다. 비행기 안으로 갖고 들어 갈 수 없는 것들은 다음과 같습니다.

+ 폭발 가능성이 있는 라이터, 스프레이 등
+ 흉기로 사용 가능한 맥가이버 칼, 커터, 가위 등
+ 액체 및 젤 형태의 화장품 등

> **memo** 모든 준비 완료! 남은 건 비행기 탑승!

　소지하고 있는 탑승권에 표시된 탑승구 근처에서 기다리거나 공항 내부에 위치하는 각종 다양한 편의 시설을 이용하여 시간을 보내며 비행기 탑승을 기다리자. 단, 해당 항공기 출발 40분 전에 승무원의 안내에 따라 항공기에 탑승이 시작되니 면세점 등 편의 시설에서 지나친 시간 허비로 탑승 시각을 놓치지 않도록 주의한다.

CHAPTER 05. 캐나다 입국 절차 알아보기

　밴쿠버국제공항은 캐나다의 관문공항으로 한국에서 캐나다 어느 도시로 가든지 밴쿠버국제공항에서 환승하도록 되어 있다. 기내에서 캐나다 입국신고서를 미리 작성해 놓고 밴쿠버국제공항에 도착하면 사람들을 따라 입국심사장으로 이동하면 된다.

> **Advice** 앞서 말씀드린 바와 같이 2006년부터 출입국 신고서 작성이 폐지되었습니다. 대신 비행기 내에서 착륙하기 전에 나눠주는 세관신고서를 작성하셔야 합니다.

> **memo** 입국하면 캐나다 세관신고서 작성하기!

　긴 시간을 지나 캐나다에 항공기가 착륙하기 전, 기내에서는 캐나다 세관신고서(Canade Customs Declaration)를 나눠주는데, 이 세관신고서가 입국신고서의 역할도 함께 하므로 신중하게 보관해야 한다. 세관신고서는 캐나다에서 불어와 영어 2개를 사용하기 때문에 두 가지 언어로 모두 작성이 가능하며 인적사항(본인의 이름, 생년월일, 주소, 국적)과 항공편, 방문 목적 등을 적어야 한다.

Declaration Card

Canada Border Services Agency / Agence des services frontaliers du Canada

– For Agency Use Only –

PAX R   U.S. V   OV   Cr   O

Instructions

All travellers must be identified on a Canada Border Services Agency (CBSA) Declaration Card. You may list up to four people living at the **same address** on one card. **Each traveller is responsible for his or her own declaration.**

Under the law, failure to properly declare goods, currency and/or monetary instruments brought into Canada may result in seizure action, monetary penalties and/or criminal prosecution.

Information from this declaration will be used for CBSA control purposes, and may be shared with other government departments to enforce Canadian laws. For more information see *Info Source* (ref. no. CBSA PPU 018), at a public library or visit http://infosource.gc.ca

Part B – Visitors to Canada

The following duty-free allowances apply to each visitor entering into Canada:

- Gifts (excludes alcohol and tobacco) valued at no more than CAN$60 **each**.
- 1.5 L of wine **or** 1.14 L of liquor **or** 24 x 355 ml cans or bottles (8.5 L) of beer or ale.
- 200 cigarettes, 200 tobacco sticks, 50 cigars or cigarillos **and** 200 grams of manufactured tobacco.

Part C – Residents of Canada

Each resident returning to Canada is entitled to **one of the following personal exemptions** based on his/her time absent from Canada (include all goods and/or gifts purchased or received abroad):

- **24 hours: CAN$50**
  Not claimable if goods exceed $50. Alcohol and tobacco cannot be claimed.
- **48 hours: CAN$400**
  This includes alcohol and tobacco (see table below).
- **7 days: CAN$750**
  This includes alcohol and tobacco (see table below).

Alcohol and tobacco exemption table

1.5 L of wine **or** 1.14 L of liquor **or** 24 x 355 ml cans or bottles (8.5 L) of beer or ale. (You must be of legal age in the province of importation.)

200 cigarettes, 200 tobacco sticks, 50 cigars or cigarillos **and** 200 grams of manufactured tobacco (Special Duty may apply).

Detach instructions

Part A — All travellers (living at the same address) – Please print in capital letters.

① 1. Last name, first name and initials
   Date of birth: Citizenship:

2. Last name, first name and initials
   Date of birth: Citizenship:

3. Last name, first name and initials
   Date of birth: Citizenship:
   동반자

4. Last name, first name and initials
   Date of birth: Citizenship:

② **HOME ADDRESS** – Number, street, apartment No.   City/Town
Prov./State   Country   Postal/Zip code

③ Arriving by: Air   Rail   Marine   Highway
Airline/flight No., train No. or vessel name

④ Purpose of trip: Study / Personal / Business

⑤ Arriving from: U.S. only / Other country direct / Other country via U.S.

⑥ **I am/we are bringing into Canada:**   Yes
- Firearms or other weapons (e.g. switchblades, Mace or pepper spray).
- Commercial goods, whether or not for resale (e.g. samples, tools, equipment).
- Meat/meat products; dairy products; fruits; vegetables; seeds; nuts; plants and animals or their parts/products; cut flowers; soil; wood/wood products; birds; insects.
- Currency and/or monetary instruments of a value totalling CAN$10,000 or more per person.

I/we have shipped goods that are not accompanying me/us.

I/we have visited a farm and will be going to a farm in Canada.

Part B | Visitors to Canada

⑦ Duration of stay in Canada _____ days
Do you or any person listed above exceed the duty-free allowances per person? (See instructions on the left.)   Yes

Part C | Residents of Canada

Do you or any person listed above exceed the exemptions per person? (See instructions on the left.)   Yes

Complete in the same order as Part A

	Date left Canada YY - MM - DD	Value of goods – CAN$ purchased or received abroad (including gifts, alcohol & tobacco)	Date left Canada YY - MM - DD	Value of goods – C... purchased or received a... (including gifts, alcohol & to...)
1			3	
2			4	

Part D | Signatures (age 16 and older): I certify that my declaration is true and complete.

⑨ 1.
2.
3.
4.
⑧ Date ▶

E311 (09)   Protected A when completed   BSF311   Canada

Do not fold Declaration Card

캐나다 세관신고서 작성

① 영문성명 / 생년월일 / 국적
- 본인 이름을 처음에 적기!
- 가족 동반자가 있을 경우 3명까지 차례대로 쓰자!

② 거주 주소
현재 한국에서 살고 있는 주소, 도시, 국가 작성

③ 탑승 편명

④ 방문 목적
  본인이 온 목적을 학업 / 개인 / 사업 카테고리 가운데서 해당 1개 선택

⑤ 출발한 경로 기록!
어디를 거쳐왔는지의 출발지점을 기록하자!
- 미국으로부터(US Only)
- 기타 국가 직항편(Other Country Direct)
- 기타 국가 출발 미국 경유(Other Country Via U.S.)

⑥ 세관 항목
본인이 갖고 있는 항목에 대한 해당사항에 Yes/No를 선택 표기하자!
  ★ 무기류의 소지 여부
  ★ 상업적 판매용 상품 소지 여부
  ★ 10,000달러 이상 갖고 있는가?
  ★ 소지하지 않고 보낸 물건의 여부
  ★ 외국에서 농장 방문 여부와 캐나다의 농장 방문 예정 여부

Advice
각 소지 여부 란에서 ⑥번 질문 란의 소지 여부를 묻는 질문들은 모두 NO로 표시하세요!
저런 물건들을 소지했을 때 입국은 당연히 불가합니다!

⑦ 체류기간
캐나다에 얼마나 있을 예정인지의 정확한 기간을 기록하자!

⑧ 캐나다 입국일
캐나다에 도착한 날짜를 적자!

⑨ 본인 서명
본인이 직접 서명하고 가족 동반자가 동시에 작성할 때는 번호 순에 맞추어 서명하자!

> **memo** 비자 종류에 따라 입국 절차가 다르다!

세관신고서를 작성하고 비행기에서 내리면 입국심사대에서 줄을 선 대기자들을 볼 수 있다. 앞서 온 대기자들의 수가 많다면 3시간 이상의 시간이 소요될 수 있다. 캐나다 공항에 있는 안내판을 따라가면 입국심사대가 보인다. 입국심사대는 캐나다인을 위한 곳과 외국인을 위한 줄로 구분되므로 외국인을 위한 대기줄에 선다.

이민국 오피스

✦ 학생비자의 경우

입국심사대를 거치지 않고 이민국 오피스 전용통로를 따라 이민국 오피스로 이동하여 이민국 심사관에게 여권, 입학허가서, 유학허가서를 제출하고 간단한 질문에 답을 하면 학생비자를 발급해준다. 학생비자를 발급받은 후에는 짐을 찾아 출구(Exit) 이정표를 따라가다 세관직원에게 출입국신고서를 제출하고 출구로 나가면 된다.

Advice 학생비자나 Co-up비자(인턴십비자)를 받으신 분이 입국심사대에서 입국심사를 받았다면 다시 이민국으로 가게 됩니다. 만약 가는 길을 모르겠다면 한국에서 받으신 비자레터를 주변에 있는 공항직원이나 경찰복장을 하신 분에게 보여주면 이민국쪽으로 안내를 합니다.

✦ 방문(관광)비자의 경우

입국심사대로 이동하여 여권, 캐나다 출입국신고서, 귀국항공권 등을 제출하고 입국 목적, 체류 기간, 밴쿠버 숙소 및 연락처 등을 묻는 간단한 질문에 답을 하면 여권 비자면에 입국도장을 찍어준다. 방문비자의 경우 귀국항공권을 확인하므로 왕복항공권을 구매해야 하며, 입국심사관의 판단에 따라 이민국 오피스에서 추가심사를 받을 수도 있다.
여권과 캐나다 출입국신고서를 받은 후 수하물을 찾아 출구(Exit) 이정표를 따라가다 세관직원에게 출입국신고서를 제출하고 출구로 나가면 된다.

비자에 따른 인터뷰 질문은 뭐가 있을까?

◇ **학생비자, 인턴십비자일 경우**

1. 어디서 머무를 것인지 물을 때
기숙사나 홈스테이 주소, 렌트하는 곳의 주소에서 머물 것을 밝히자!

2. 얼마 동안 공부할 것인지 물을 때
비자를 받기위해 등록한 프로그램을 말하고 그 기간에 귀국할 것임을 밝히자!

◇ **방문(관광)비자의 경우**

1. 입국 목적이 무엇인지 물을 때
머무르는 기간 동안 어학연수와 관광의 의사를 밝히자!

2. 어디서 머무를 것인지 물을 때
홈스테이 주소나 렌트하는 곳의 주소에서 머물 것을 밝히자!

3. 사용할 경비를 물을 때
여행할 기간만큼 충분한 구체적인 액수를 말하고 신용카드도 보여주자!

4. 일은 어디서 할 예정인지 물을 때
· 심사관의 함정질문이니 절대로 넘어가지 말자!
· 잘못해서 대답했다가는 거절당할 수도 있다.
· 무조건! 절대로 일은 하지 않을 것이라고 말하자!

check

캐나다 입국 거절 사례?!

+ 입국목적이 분명치 않을 때
+ 입국심사 인터뷰 때 거짓말을 할 때
+ 체류할 장소가 분명치 않을 때
+ 현금이 너무 많거나 너무 적을 때
+ 여권이 지나치게 훼손 되었을 때
+ 유학생이 비자 없이 입국 했을 때
+ 6개월 이상 장기유학생의 경우 본국에서 유학비자 없이 입국 했을 때
+ 세관신고를 허위로 했을 때
+ 미국에서 범법사실(위법행위)이 있을 때
+ 입국심사 인터뷰에서 동행자간의 말이 다를 때
+ 제 3국이나 본국에서 미국비자를 신청했다가 거부당했을 때

이야기가 있는 캐나다 어학연수

— 알고보니 할로윈 Halloween은 종교개혁일(Reformation Day)?

매년 10월 31일, 할로윈(Halloween)에는 호박 속을 파내서 만든 잭-오-랜턴(Jack-o'-lantern)과 다양하거나 기괴한 장식들로 꾸민 집들을 곳곳에서 볼 수 있다. 대부분 잭-오-랜턴 정도만 집 앞에 놓는 정도로 장식을 하거나 장식을 아예 하지 않는 집들이 많지만, 할로윈 장식을 위해 몇 주 전부터 준비하는 집들도 있다.

그렇다면 미국사람들은 할로윈에 얼마나 많은 돈을 쓸까?

미국소매점연합에 따르면 2005년 소비자의 53.3%가 할로윈 복장을 사기위해 평균 38.11달러(2005년 10월말 환율기준, 약 3만9천원)를 쓸 계획이며, 약 3.3억 달러(약 3천4백억원)가 할로윈 관련 소비비용이라고 한다.

미국 NBC 방송국의 'The Tonight Show'로 유명한 Jay Leno는 "독감 백신에 쓸 돈은 없다는 미국이 할로윈에는 3억 달러나 쓴다" 며 할로윈 소비풍조를 꼬집었다.

할로윈이면 가족들이 둘러앉아 호박 속을 파내 잭-오-랜턴을 만드는데 잭-오-랜턴은 영국(The United Kingdom) 아일랜드 공화국(Ireland)의 게으르고 약은 농부, 잭(Jack) 전설에서 유래됐다.

잭이 십자가를 이용해 마왕을 붙잡고 자신을 지옥에 보내지 않겠다고 약속할 때까지 풀어주지 않을 것이라고 협박하자 마왕은 약속을 하고 풀려난다. 잭이 죽자 천당에서는 죄가 많은 잭을 받아주지 않았다. 지옥의 마왕도 약속 때문에 잭을 거부했다. 갈 곳 없는 잭은 순무 뿌리의 속을 파서 양초를 꽂아 들고 정처없이 떠돌아 다니게 됐고, 잭의 이런 모습이 훗날 사람들에게 '잭 오브 더 랜턴(Jack of the Lantern)' 또는 '잭-오-랜턴(Jack-o-Lantern)'으로 알려졌다.

할로윈이 되면 저녁 6시 무렵부터 아이들이 준비한 할로윈 복장을 차려입고 집집마다 돌아다니며 Trick-or-treat를 외치고 사탕과 초콜릿을 수금(?)한다. 자루가 두툼해질 때까지 이집저집 문을 두드리는데 미리 준비한 사탕이나 초콜릿으로 찾아온 아이들을 대접하는 것이 이웃으로서 예의이다.

Trick-or-treat는 영국(U.K.)의 가우징(Guising)에서 유래되었는데, 변장을 하고 복장을 갖춘 아이들이 다른 집들을 찾아가 자신의 재주(trick)을 보여 집주인을 만족시켜야만 대접(treat)을 받을 수 있었다. 간단한 농담을 하거나 노래를 부르고 재미있는 시를 낭독하는 등의 재주(trick)를 보였다고 한다. 오늘날의 Trick-or-treat는 재주(trick)를 보여주지 않고 대접(treat)만 받고 가니, 앞부분(trick)은 사라지고 뒷부분(treat)만 남아있는 형태로 바뀐것이다.

자, 그렇다면 여기서 10월 31일과 기독교는 어떤 관계가 있을까?

609년 동로마 제국 황제 포카스(Phocas)가 당시 교황인 보니페이스 4세(Boniface Ⅳ)에게 로마에 있는 건물, 판테온(Pathenon)을 주었고, 보니페이스 4세는 609년 5월 13일 이 건물을 성모 마리아와 순교한 성인들을 위해 봉헌하며 이 날을 기념일로 만들었다. 8세기에 접어들어 교황 그레고리 3세(Gregory Ⅲ)가 로마에 있는 All Saints Chaple을 봉헌하면서 교황 보니페이스 4세가 정한 기념일을 11월 1일로 바꾸는 동시에 11월 1일을 All Saints Day로 10월 31일을 All Hallow's Eve로 정한다. 초기에는 로마 주교 관구에만 이 기념일이 적용되었지만 한 세기가 지난 교황 그레고리 4세(Gregory Ⅳ) 때 성찬 예배표준화의 노력으로 전체에 확산된다.

종교개혁일(Reformaion Day)로써 10월 31일을 축제일로 삼는 신교 분파들도 있는데 1517년 10월 31일 마틴 루터가 95개 반박문을 선포한 날을 기념하기 위해서이다. 많은 기독교인들이 할로윈을 세속적인 것으로만 치부하기도 하지만, 상업화된 10월 31일 할로윈을 '모든 성인(聖人)의 날 전야(All Hallow's Eve)' 로든 '종교개혁일(Reformation Day)' 로든 기독교적 가치를 되살리는 것도 의미가 있을 것 같다는 생각이 든다.

- 　　　　무작정 한국을 떠나고 싶은 도피성으로 캐나다를 가는 것은 어학연수에서 실패로 이어지는 지름길입니다. 100% 성과를 이룰 수는 없어도 스스로가 어학연수에서 세운 목표를 자신의 것으로 만들 수 있도록 계획을 짜야합니다.

　이를 위해 본인 스스로가 무슨 목적을 위해서 어학연수를 떠나는지를 끊임없이 기억하며 캐나다로 출국하기 전 영어 실력 향상을 도모하기 위해 영어 공부의 기초를 쌓거나, 스스로에게 적합한 연수 프로그램 정보들을 골라내야 할 것입니다.

　본 PART에서는 그런 여러분들에게 도움이 되고자 알찬 정보와 조언들을 모았습니다.

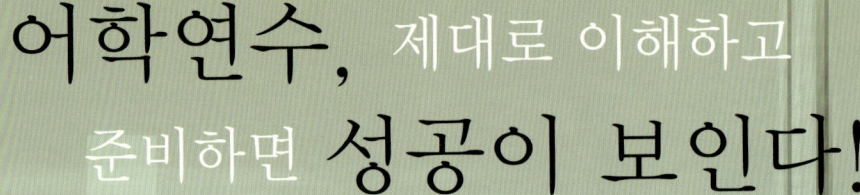

어학연수, 제대로 이해하고 준비하면 성공이 보인다!

CHAPTER 01.
영어 실력 향상을 위한 연수 전 영어공부법

CHAPTER 02.
어학연수 프로그램 확실히 이해하기

CHAPTER 03.
대형사설과 대학부설기관 알아보기

CHAPTER 04.
어학연수 기관 환경, 이것만은 알아두자!

CHAPTER 01. 영어 실력 향상을 위한 연수 전 영어공부법

memo 캐나다의 수준 높은 영어 학습 프로그램을
소화하기 위해 한국에서 중상위 레벨의 실력을 쌓자!

어학연수 전 영어공부가 중요한 이유는 어학연수의 비용을 낮추고 그 효과를 극대화할 수 있기 때문이다. 현지 연수기관의 일반영어 프로그램을 수강할 경우, 레벨을 한 단계 높이기 위해서 보통 1~3개월이 소요된다. 어학연수를 떠나기 전에 한국에서 체계적인 영어공부를 한 경우, 공부를 하지 않고 떠났을 때와 비교해 현지 연수기관에서 치르는 레벨테스트에서 높은 레벨을 받는 것은 당연하다. 이는 어학연수 프로그램을 이수하는데 소요되는 기간을 단축하여 어학연수 비용을 낮추는 효과를 낳는다.

이외에 높은 레벨은 수준 높은 프로그램을 수강할 수 있는 기회를 제공한다. 게다가 고급 실력의 학생들과 함께 공부할 수 있는 기회도 제공하여 어학연수의 효과를 배가하는 결과를 가져온다. 이런 이유에서 체계적인 어학연수 전 영어공부가 어학연수 성패를 좌우한다고 할 수 있을 정도로 중요하다.

Q&A
Q. 왜 높은 레벨을 받는 것이 좋을까?
A. 한 단계라도 높은 레벨을 받는 것이 어학연수의 효과성을 높일 수 있기 때문입니다. 보다 수준 높은 어학연수 프로그램의 커리큘럼에 따라 충실하게 수료하는 것은 영어 실력 향상으로 이어져 어학연수 소기 목적 달성의 결과를 낳게 됩니다. 더불어 레벨이 낮으면 수강할 수 있는 프로그램도 제한되어 있다는 것을 명심하세요.

Advice 캐나다 밴쿠버, 휘슬러, 캘거리, 토론토에 멀티캠퍼스를 운영하고 있는 사설연수기관 IH는 오후 선택수업으로 다양한 프로그램을 제공합니다. 하지만 많은 프로그램들이 중급(Lower Intermediate) 이상부터 수강을 허용하고 있습니다. IH 뿐만 아니라 대다수 연수기관이 선택수업 수강신청을 레벨에 따라 제한하고 있으므로 미리 한국에서 중상위 레벨의 실력을 쌓은 후 출국해야 합니다.

✦ 개강일 오리엔테이션 & 레벨테스트 진행 순서

개강일에 시행되는 오리엔테이션과 레벨테스트는 연수기관마다 진행방식이나 형식에 조금씩 차이가 있다. 하지만 내용은 비슷하게 진행되는데 GEOS 빅토리아 캠퍼스를 통해 개강일 오리엔테이션과 레벨테스트가 어떻게 진행되는지 확인해보자.

GEOS 빅토리아 캠퍼스 개강일 스케줄

시간	내용
09:00~09:15	환영인사
09:30~10:15	레벨테스트
10:15~11:15	인터뷰
11:15~12:15	GEOS 교칙안내
12:15~13:00	점심식사
13:00~13:45	홈스테이 생활 안내
13:45~14:00	수업 및 학교 생활 안내
14:00~14:30	학교 주변 지리 안내

1. 개강일에 여권사본과 필기도구를 지참, 오전 8시45분까지 캠퍼스에 도착.
2. 오리엔테이션 담당자의 환영인사 후 레벨테스트 시작.
3. 영어인터뷰가 포함된 레벨테스트를 1시간 30분 동안 진행.
4. GEOS 출결규정과 영어사용 규정(English Only Policy) 등 교칙 설명.
5. 오전 오리엔테이션 후 50분간의 점심식사
6. 오후 오리엔테이션에서는 홈스테이 생활예절 등의 주의사항과 시험, 발표 등 수업 및 학교생활과 관련한 안내
7. 학교주변을 돌아보며 지리를 익히는 시간으로 마감.

*레벨테스트 결과는 당일 발표되거나 다음날 등교시 게시판에 공지된다.

> **memo** 　진단평가를 통해 취약한 부분을 찾아내 집중 학습한다!

　어학연수 전 영어공부는 체계적인 커리큘럼을 갖춘 학원수강을 주 학습 수단으로 삼고, 온라인 강의/스터디 등을 보조학습 수단으로 결합하는 것이 올바른 방법이다. 어학연수 최소 6개월 전에 진단평가를 통해 집중학습 영역을 확인하고 국내 어학원 수강계획을 수립하여 지속적으로 성취도를 점검하여 목표레벨에 달성해야 한다. 목표레벨은 최소 중상위 레벨 이상의 수준에 이르도록 설정해야 한다. YBM/파고다/이익훈/해커스/정철 등 주요 영어학원의 경우 10만원 내외의 수강료로 1시간/주5일 단과를 수강할 수 있다.

어학연수 준비학습 Roadmap

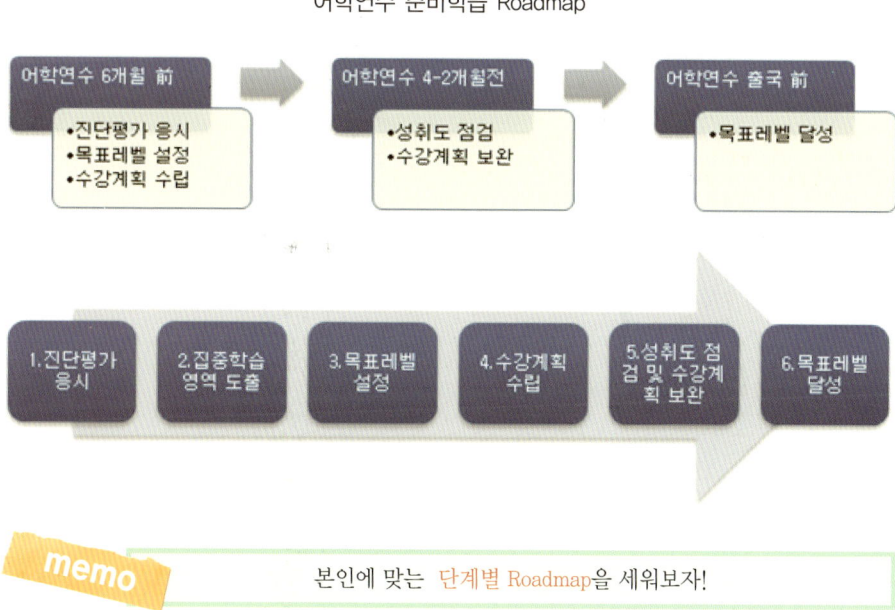

> **memo** 　본인에 맞는 단계별 Roadmap을 세워보자!

① 진단평가

　어학연수 전 영어공부 계획을 세우기 위해 본인의 영어실력을 확인할 때는 객관적인 평가도구를 통해 확인하는 것이 중요하다. 진단평가는 영어실력을 객관적인 지표로 확인할 수 있어 수강계획을 수립하는데 중요한 역할을 한다. 진단평가를 거치지 않고 본인의 감에 의존해 수강설계를 하는 것은 잘못된 방법이다. 진단평가로는 Listening, Speaking, Reading, Writing 전 영역에 대한 종합적인 평가가 가능한 온라인 모의토플이 적절하며, 토플을 주관하는 ETS 뿐만 아니라 국내업체도 온라인 모의토플 서비스를 제공하고 있다.

Advice

국내 주요어학원 무료 온라인 진단평가/레벨테스트 활용하세요!
어학연수 준비학습을 위해 YBM/PAGODA/이익훈 등 국내 주요어학원에서 제공하는 무료 온라인 테스트를 활용하면 수강설계를 좀더 정교하게 짤 수 있습니다.

+ PAGODA어학원 (www.pagoda21.com)
  청취/문법/어휘/독해 영역의 실력을 평가하는 레벨테스트를 제공.
  타입 A(60분) : Listening(20분) Structure(15분) Vocabulary(10분) Reading(15분)
  타입 B(25분) : Listening(12분) Structure(8분) Vocabulary(5분)

+ YBM어학원 (www.ybmedu.com)
  청취/문법/독해 영역의 실력을 평가하는 셀프 레벨테스트를 제공.
  Listening Comprehension 32문항(18분) Structure&Reading 28문항(12분)

+ 이익훈어학원 (http://edu.ike.co.kr)
  청취/문법/어휘/독해 영역의 실력을 평가하는 레벨테스트를 제공.
  토익 LC & RC 50문항(40분)
  토플 Listening 28문항(47분) Reading 25문항(40분)
  텝스 50문항(22분30초) : Listening Grammar Vocabulary Reading

+ 정철어학원 (http://cyber.jungchul.com)
  청취/어휘/문법/독해 영역의 실력을 평가하는 레벨테스트를 제공.
  기초테스트 + 심화테스트 : LC12문항Vocab(10문항) Grammar(28문항)RC

온라인 모의토플 서비스

제공기관	주소	비용	비고
ETS 공식 모의토플 사이트	http://toeflpractice.ets.org	44.95달러	ETS 영어서비스
파고다어학원	http://www.testclinic.com	44,000원	ETS 한국어대행서비스
㈜디지털조선일보	http://etest.chosun.com	44,000원	ETS 한국어대행서비스
다락원	http://www.mastertoefl.co.kr	54,000원	-
㈜씨비티코리아	https://www.cbtkorea.com	39,900원	-

② 집중 학습 영역 도출

진단평가 결과에 따라 집중 학습 영역을 설정하고 수강계획을 수립해야 한다. 초급 레벨의 경우 4대 영역 전반에 걸친 기초실력 다지기가 필요하며, 상급레벨의 경우 Speaking, Writing 영역에 대한 집중적 학습이 필요하다.

예시 진단평가 결과 영역별 레벨

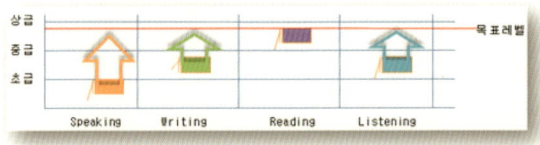

③ 목표레벨 설정 및 수강계획 수립

진단평가를 통해 본인의 집중 학습 영역을 설정 후 수강계획을 수립하는데, 어학연수 출발 전까지 모든 영역에서 최소 중상위 이상의 레벨을 성취하는 것을 목표로 한다. YBM/파고다/이익훈/해커스/정철 등 국내 주요어학원에서는 과목별, 영역별로 세분화된 난이도의 수업을 제공하고 있으므로 각 어학원의 커리큘럼에 따라 수강계획을 세우는 것을 권한다.

예시 어학연수 준비학습 6개월 수강계획

	Month – 6	Month – 5	Month – 4	Month – 3	Month – 2	Month – 1
Speaking	초급 …강좌		중급 …강좌		상급 …강좌	
Writing	중급 …강좌		중급 …강좌		상급 …강좌	
Reading		상급 …강좌				
Listening		중급 …강좌			상급 …강좌	
Grammar					상급 …강좌	

④ 성취도 점검 및 수강계획 보완 〉 목표 레벨 달성

수강계획에 따라 꾸준하게 공부하면서 2~3개월 간격으로 진단평가를 응시해 영역별 성취도를 확인한다. 필요 시에는 추가 수강계획을 세우거나 온라인 강의 등의 보조학습 수단을 더해서 목표레벨을 달성하도록 한다.

CHAPTER 02. 어학연수 프로그램 확실히 이해하기

이번 CHAPTER에서는 다양한 어학연수 프로그램에 대한 포괄적인 틀을 쉽게 풀어 설명해 놓았다. 이 부분을 꼼꼼하게 읽어 잘 이해해 두면, 부록에서 소개될 상세한 어학연수 프로그램 심층 분석에 대한 프로그램 정보를 보다 쉽게 이해할 수 있게 될 것이다. 이는 독자 여러분이 캐나다에서 어떤 연수기관과 어학연수 프로그램을 선정할 것인지 선택하는데 커다란 도움을 줄 것이라 확신한다.

> **memo** 어학연수 프로그램은 일반영어, 집중영어, 전문영어로 구분된다!

대형시설 연수기관의 어학연수 프로그램은 상향 평준화가 이루어져 수업시간표와 수업내용이 상당히 유사한 형태로 운영되고 있다. 대체로 연수기관의 프로그램은 크게 일반영어, 집중영어와 비즈니스영어, 영어교사연수 프로그램 등으로 구분된다.
일반영어 프로그램은 영어의 4대 영역을 종합적으로 학습하는 공통수업과 개인이 원하는 영역을 학습할 수 있는 프로그램을 수강하는 선택수업이 조합된 형태로 운영되고 있으며, 선택수업은 레벨에 따라 수강신청에 제한을 두고 있다.
집중영어 프로그램은 문법, 어휘, 청취, 독해, 작문 등 영어의 특정영역을 강화할 수 있도록 풀타임으로 수강하거나 파트타임으로 일반영어 프로그램의 선택수업과 연계하는 방식으로 개설되고 있다.
비즈니스영어, 영어교사연수 등의 전문영어 프로그램은 일반적으로 개론적인 내용을 학습한 다음 Role Play, 발표, 보고서작성, 모의수업 등을 통해 연습하는 형식으로 수업이 구성되어 있으며, 현장실습 또는 무유급 인턴십의 기회가 선택사항으로 제공된다.

> **memo** 어학연수 목적에 맞게 프로그램을 조합하여 설계하자!

 일반영어 프로그램으로 영어의 4대 영역 실력을 Upgrade 시키자!

대다수의 연수기관이 ESL(English as a Second Language) 또는 General English라고 명칭하고 있는 일반영어 프로그램은 일반적으로 영어의 4대 영역과 문법 등을 통합적으로 학습하여 종합적인 영어능력을 향상시키는데 중점을 두고 있다. 일반적으로 공통수업과 선택수업이 결합된 형태로 시간표가 구성되어 있으며, 공통수업 시간에는 4대 영역에 대한 통합적인 학습이, 선택수업에서는 영역별 집중학습이 이루어진다.

Q. 영어의 4대 영역이 뭔가요?
A. 영어의 4대 영역은 말하기, 듣기, 쓰기, 읽기를 일컫습니다.

Advice

> IH 밴쿠버 캠퍼스 프로그램으로 일반영어 프로그램을 알아보자!
> + 프로그램 : 주당 30교시 수업을 받는 Intensive/주당 35교시 수업 Intensive Plus Intensive 시간표는 2개, Intensive Plus 시간표는 3개의 선택수업을 수강합니다.
> + 수업 진행 : 공통수업인 오전 General English Intergrated Skiils 수업(A,B &C)에서는 교재 Summit와 선생님이 준비한 인쇄물을 부교재로 사용하여 전반적인 영어실력 향상을 위해 독해, 작문, 회화, 청취, 문법 등을 종합적으로 공부하고 오후 Oral/Aural Skills 수업(D)은 교재 Real talk를 주교재로 사용하여 오전 학습내용에 회화와 청취를 더많이 연습하고 활용하는 방식으로 진행됩니다.

영어교사연수와 영어교육자격시험을 위한 TESOL/TESL/CELTA

영어교사연수에 적합한 프로그램으로는 TESOL, TESL, TYC, Cambridge CELTA 등이 있다. 일반적으로 영어를 모국어로 하지 않은 학습자에게 영어를 교육하기 위해 필요한 교수학습 이론을 배우게 된다. Role Play, 모의수업, 발표수업, 교안작성 등을 통해 연습하는 커리큘럼으로 구성되어 있으며, 1~2주 정도의 교생실습이 선택사항으로 제공된다.

공인영어 시험준비로 어학연수 마무리! TOEFL/TOEIC/Cambridge

TOEFL, TOEIC, IELTS, Cambridge FEC/CAE 등 공인영어 시험을 대비하기 위한 어학연수 프로그램은 대부분의 연수기관에서 핵심내용과 문제풀이 스킬을 익히는 방식으로 수업이 진행된다.

어학연수로 토플 없이 미국 대학 지원하는 Unicersity Foundation/Pathway

북미대학 진학준비 프로그램은 고등학교 성적(GPA)이 중상위권인 국제 학생(International Student)이 일정한 성적 이상으로 이수 시 해당 연수기관과 연계된 대학에 토플 등 공인영어성적을 제출하지 않아도 지원 가능하며, 수업내용은 대학진학에 대비해 아카데믹한 리딩과 작문 및 발표 중심으로 구성되어 있다. 대부분의 연수기관이 최소 중상위 레벨 이상부터 북미대학 진학준비 프로그램의 수강신청을 허용하고 있으므로 영어실력이 부족한 경우 일반영어 프로그램 수강을 통해 레벨을 올린 후 수강하면 된다.

Advice

> 일반영어만 충실해도 영어 실력이 쑥!
> 어학연수 기간에 일반영어 프로그램을 충실하게 수강한다면 영어의 4대 영역의 실력이 쌓이게 됩니다.
> 때문에 어학연수를 마무리하는 시점에 선택수업으로 1~2개월정도 공인영어 시험준비 프로그램을 수강해서 시험에 대한 적응력과 스킬을 높이면 원하는 점수를 달성하는데 도움이 됩니다.

CHAPTER 03. 대형사설과 대학부설기관 알아보기

어학연수 기관은 대형사설기관과 대학부설기관
두 가지로 크게 구분되니 장단점을 따져보자!

대형사설연수기관의 장점

 캐나다 및 세계 주요 도시에 멀티캠퍼스를 가진 대형사설연수기관은 다양한 프로그램을 뒷받침하는 탄탄한 커리큘럼과 운영시스템의 전문화를 이뤘다. 때문에 대형사설 연수기관의 프로그램과 커리큘럼은 체계적이고 효과적인 편이다.
 한국에 소재한 대학의 부설 어학원과 YBM, PAGODA 등 국내 주요 사설 어학원을 비교해보면 쉽게 이해할 수 있는데 완전 경쟁에 노출되어 있는 사설 어학원들이 교육시장에서 생존하기 위해 고객의 Needs를 충족하는데 좀더 적극적이기 때문에 종합적인 측면에서 대학부설 어학원에 비해 경쟁력이 높을 수 밖에 없다. 대학부설연수기관이든 대형사설연수기관이든 지역과 어학연수 프로그램에 따라 비용에 차이가 있으므로 연수지역과 프로그램을 결정한 후에 총비용을 비교해야 한다.

1. 어학연수 프로그램, 교사, 시스템의 안정성이 높다.
2. 학생들의 Needs를 충족하는 세분화 / 전문화된 프로그램을 제공.
3. 학습 프로그램의 높은 완성도를 위해 커리큘럼과 교재에 대한 투자의 적극성.

대형사설연수기관의 트렌드

첫째. 어학연수 프로그램의 영역별 세분화와 특성화!
 대형사설연수기관들이 체계를 갖춘 이후, 교육시장에서 우위를 차지하기 위해 차별화된 커리큘럼을 신설하고 강화하는 가운데 나타나는 현상이다. 일반영어 과정의 레벨이 최소 8단계 이상으로 세분화되어 있고, 각 레벨별로 원하는 프로그램을 조합해서 시간표를 구성할 수 있도록 유연한 수강정책을 유지하고 있다. 때문에 학생의 필요에 따라 영어의 4대 영역에 대한 종합적인 학습과 영역별 집중학습이 가능한 개인별 맞춤학습이 이뤄지고 있다.

둘째. 전문영어 프로그램을 강화!
 집중영어 프로그램과 마찬가지로 일반영어 프로그램을 수강하면서 비즈니스영어, 영어교육자격증, 북미대학 진학 프로그램 등의 일부 과목을 선택하여 수강할 수 있다. 전문영어 프로그램의 수강 기간도 짧게는 3개월에서 1년 이상까지 다양하다. 전문영어 프로그램을 위한 캠퍼스를 별도로 운영하기도 하며, 무/유급 인턴십 프로그램이나 북미대학 진학을 위한 연계 프로그램도 부각되고 있다.

대형사설연수기관 프로그램 구성

일반영어	영어의 4대 영역을 종합적으로 학습 영어실력 향상을 원하는 중단기 연수생을 위한 프로그램
집중영어	일반영어 프로그램을 수강하면서 또는 수강 후 Speaking, Writing, Readning, Listening 등 영어의 특정영역 강화를 원하는 중단기 연수생을 위한 프로그램
전문영어	일반영어 프로그램을 수강하면서 또는 수강 후 TESOL/CELTA 등 영어교사연수, 토플/토익 등 공인영어 시험준비, Hospitality 등의 비즈니스영어, 북미대학 진학준비를 원하는 중장기 연수생을 위한 프로그램

대학부설연수기관의 장점

　대부분의 대학이 대학부설연수기관에서 어학연수 프로그램의 전체과정(레벨)을 수료하면 해당 대학으로 입학 지원시 TOEFL 등의 공인영어시험 성적제출을 면제하고 있을 뿐만 아니라 상위 레벨의 학생들에게 대학의 일부 교양과목을 수강하도록 허가하는 경우도 있다.
　대학의 명성이나 수준이 높을수록 부설연수기관이 운영하는 어학연수 프로그램의 전문성과 안정성이 높은 것이 일반적이다. 캐나다 밴쿠버 UBC의 부설 연수기관에서 어학연수를 하는 경우 20개가 넘는 교내 도서관과 체육관 수영장 등의 부대 시설을 자유롭게 이용할 수 있는데 대형사설어학원에서는 이런 환경을 제공하지 않는다.

1. 아카데믹한 연수 프로그램 운영.
2. 대학의 시설을 재학생과 마찬가지로 자유롭게 이용 가능.
3. 캠퍼스의 학구적인 분위기 속에서 공부.

check
대형사설과 대학부설연수기관에서는 이런 점을!
1. 대형사설 vs 대학부설연수기관의 특성.
2. 대학부설연수기관 수업료가 사설 연수기관의 수업료보다 높다!
3. 대학부설연수기관은 수강일정의 유연성과 연수 프로그램의 다양성이 부족하다.
4. 대형사설연수기관은 제공하는 어학연수 프로그램이 다양하여 시간표 구성의 유연성과 자유도가 높다.

CHAPTER 04. 어학연수 기관 환경, 이것만은 알아두자!

어학연수를 준비하는 대다수의 학생들이 연수기관을 선정할 때 국적비율을 중요하게 생각하는 경향이 있다. 먼저, 연수기관의 국적비율에 대한 잘못된 이해를 바로잡아야 한다. 대다수의 대형사설연수기관에서는 국가별 학생 수를 제한하는 쿼터제를 시행하고 있으며, 일반적으로 한 국가의 학생 수가 전체 대비 30%를 넘지 않는 정책을 유지하고 있다. 오히려 대학부설의 경우 쿼터제를 운영하는 경우가 드물다.

> **memo** 어학연수기관 선정 시 한국인 비율은 중요하지 않다!

한국인 학생비율을 이해할 때 중요한 점은 전체 학생 수 대비 30%라는 것인데, 학생들이 현지에 도착한 후에 레벨테스트를 거쳐 반을 배정한다. 모든 Class의 국가별 학생 수 비율을 30%로 유지하는 것은 현실적으로 불가능하다. 따라서, 국가별 학생 수 쿼터제를 엄격하게 운영하고 있는 연수기관이라 할지라도 본인이 배정받은 반의 한국인 학생수 비율이 30%를 훌쩍 넘는 경우나 30%에 미치지 못한 경우가 발생하는 것은 일반적이며 당연하다.

연수기관의 국적비율에 영향을 미치는 또다른 요인은 각 나라의 경제상황이나 환율이 변동 등이 있다. 일시적으로 경기침체를 겪거나 캐나다 달러에 대해 약세를 보이는 국가의 학생 유입이 줄어들어 비율이 낮아지는 것은 당연하다.

본질적으로 한국인 학생수와 어학연수의 성취도는 상관관계가 거의 없다. 어학연수의 목적과 목표가 분명하고 어학연수 전 영어공부가 체계적이고 꾸준하게 이뤄졌다면 한국학생 비율이나 연수기관에 대한 자잘한 불만족은 극복할 수 있는, 혹은 극복해야 하는 어학연수의 과정이다.

> **Advice** 한국 학생의 레벨별 비율은 어떨까?
> 대학부설, 대형사설을 막론하고 대다수의 연수기관에서 나타나는 공통 현상은 중위 또는 중하위 레벨에서 한국학생 비율이 높게 나타나며, 상위 레벨의 한국학생 비율이 낮은 것입니다. 이는 어학연수 전 한국에서 영어공부를 체계적으로 하는 것이 현지 어학연수 기관에서 높은 레벨을 받는데 도움이 되며, 결과적으로 한국학생 비율이 낮은 반에서 수업을 받게 될 가능성이 높아진다는 것을 말해주는 결과이죠.

> **memo** 연수기관 교칙 English Only Policy를 유의하자!

English Only Policy는 연수기관 내에서 영어 이외의 다른 언어 사용을 금지하는 교칙이다. 연수기관에 따라 조금씩 차이가 있을 수 있지만 대다수의 대형사설연수기관에서는 엄격하게 컴퓨터와 전화통화 및 인터넷 서핑까지 영어 이외의 다른 언어를 허용하지 않기도 한다.

일반적으로 English Only Policy를 3회 어겼을 시에는 퇴학 처분을 받게 되며, 연수기관의 규정에 따라 환불이 이뤄지지만, 전체 등록 기간의 30% 이상 수업이 진행된 후에는 환불이 불가하다. 연수기관의 교칙/규정 위반으로 인한 불이익 처분은 협상이나 구제가 불가능한 사항임을 염두해두자.

예시 KGIC의 English Only Policy의 구체적인 내용

수업이 진행되는 오전 9시부터 오후4시까지 KGIC 캠퍼스 및 건물 10미터 이내에서는 영어 이외의 어떤 언어도 사용할 수 없으며, 컴퓨터 사용/전화통화 등 모든 상황에 적용된다.
English Only Policy 위반 적발 시에는

1회 - 1일 정학 및 해당 월 장학금 혜택 적용불가
2회 - 1주 정학 및 수료증(Certificate) 발급불가
3회 - 퇴학 및 규정에 따른 환불(등록기간의 30% 이상 진행시 환불불가)

memo 빠르고 비용과 시간을 절약하고 싶다면
가급적 유학원을 활용하자!

어학연수를 위한 정보를 수집하거나 수속 시에는 복잡하고 낯선 학생비자 신청과 출국준비 등을 혼자 준비하며 고생하기보다 가급적 유학원을 통해 정보를 수집하고, 학비할인과 무료 수속서비스 등을 받는 것이 비용과 시간을 절약하는 방법이다.

✨ 연수기관이 유학원을 통해 제공하는 학비할인 이용하기

'장학금? 학비지원? 특별할인?'
유학원에서 진행하는 '장학금, 학비지원' 등의 마케팅은 현지 연수기관이 제공하는 학비할인 프로모션을 표현한 것이다. 연수기관에서 제공하는 학비할인은 유학원의 규모에 관계없이 Agent 계약을 체결한 모든 유학원에 동일하게 적용되어 해당 연수기관과 Agent 계약을 맺은 유학원을 통해 등록하면 수업료 할인이나 등록비 면제와 같은 혜택이 학생에게 제공된다.
학비할인 Promotion은 등록비 또는 수업료에만 적용되는 것으로 홈스테이 비용 등은 해당되지 않으며, 학생이 직접 연수기관에 등록하는 경우에는 Promotion이 제공되지 않는다. 사설연수기관과 달리 대학부설연수기관은 일반적으로 학비할인 Promotion을 제공하지 않는다. 유학원을 통해 어학연수를 수속할 때 연수기관에서 발급한 Invoice가 아닌 유학원 자체 견적서로만 어학연수 비용을 청구하는 경우도 있을 수도 있는데, 연수기관에서 제공하는 학비할인 내역과 청구액을 정확하게 확인할 수 있도록 연수기관에서 발급한 정식 Invoice를 견적서와 함께 첨부하는 유학원을 선택하는 것이 좋다.

✨ 유학원이 제공하는 무료 수속서비스를 이용하기

유학원은 연수기관의 Agent(대행기관)로써 연수기관이 지급하는 Agent Fee(대행수수료)를 받기 때문에 최근 대부분의 유학원에서 어학연수를 위한 학생비자 신청과 기타 수속지원 서비스를 무료로 제공하고 있다. 사설연수기관과 달리 대학부설연수기관을 유학원에서 등록할 경우나 전문적인 컨설팅을 제공받는 경우에는 수속대행과 서비스 비용이 청구되는 것이 일반적이다.

이야기가 있는 캐나다 어학연수

— 캐나다와 미국의 한가위, 추수감사절 Thanksgiving Day

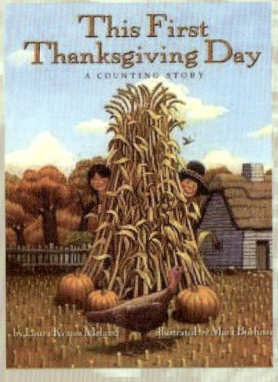

한국의 가장 큰 명절이 언제냐고 묻는다면, 대부분의 사람들이 묵은해를 보내고 새해를 맞이하는 설날이라고 대답할 것이고, 두 번째 큰 명절은 무엇이냐고 물으면 추석이라고 대답할 것이다. 태평양 건너에 사는 미국인과 캐나다인들에게 가장 큰 명절이 무엇이냐고 묻는다면, 크리스마스라고 대답할 것이다. 미국의 경우 신교와 구교를 더해 기독교인 76%를 넘으니 당연한 것 같다.

미국 CIA의 세계국가정보(The World Factbook) 홈페이지에는 미국의 종교구성비율을 2002년 기준 신교(Protestant) 52%, 구교(Roman Catholic) 24%, 모르몬교(Mormon) 2%, 유대교(Jewish) 1%, 이슬람교(Muslim) 1%, 기타 10%, 무교 1%로 기록하고 있다.

그럼, 미국인과 캐나다인들에게 두 번째 큰 명절은 무엇일까? 바로 추수감사절(Thanksgiving Day)이다.

떨어져 지내던 가족과 친척이 모여, 칠면조 요리를 만들고, 지역행사를 즐기는 것을 보면 한국의 추석과 견줄만 하다. 미국농림부의 추정에 따르면 2003년 2억6천9백만 마리의 칠면조가 미국에서 사육되었고, 그 중 1/6이 추수감사절 칠면조 구이로 사용되었다고 하니 이 숫자만 보더라도 추수감사절이 얼마나 큰 명절인지 짐작할 수 있다.

캐나다와 미국의 추수감사절은 날짜가 다른데, 캐나다의 추수감사절은 10월 둘째 월요일이고 미국은 11월 넷째 목요일이다. 주 5일 근무를 감안하면 캐나다는 토, 일, 월 3일간의 연휴를, 미국은 보통 금요일까지 포함해 목, 금, 토, 일 4일간의 추수감사절 연휴를 즐긴다.

한국의 경우 1904년 제4회 조선예수교장로회 공의회에서 서경조 장로님의 제의로 추수감사일을 정해 지키기로 하였고, 장로교 단독으로라도 11월 10일 추수감사일을 지켰다고 한다. 그 후 1914년 교파간 회의를 거쳐 미국인 선교사가 처음 조선에 입국한 11월 넷째 주 수요일을 감사일로 정하고 예배를 드리다가 다시 셋째 주 일요일로 변경하여 지금까지 지키고 있다.

추수감사절에는 주요 방송과 신문에서 할인행사로 대형상점마다 북적이는 모습 등 추수감사절을 즐기는 미국인들의 모습을 소개된다. 추수감사절 동안 한정된 수량만 파격적으로 할인하는 물건을 사기위해 새벽부터 길게 늘어선 사람들과 그 물건을 손에 넣기 위해 밀고 밀리는 가운데 부상당한, 또는 싸우는 사람들의 모습을 볼 수도 있다.

추수감사절의 흥청거림 뒤에서 결실의 기쁨을 누리지 못하고 빈손으로 어려움을 겪는 이웃들이 많을 것이다. 하지만 이들의 모습은 거대 방송매체의 보도홍수 어느 곳에서도 찾을 수 없다. 추수감사절의 흥겨움만을 즐기고 있는 세상 속에서 소외된 이웃들과 함께 결실을 나누는 참된 감사의 드림(Thanks-giving)을 실천했으면 좋겠다는 생각이 든다.

- 자! 어학연수지를 위해 캐나다로 떠나는 절차를 상세하게 알아보고 조금 더 성공적인 연수를 받기 위해 영어 공부를 해야하는 이유와 연수 프로그램에 대한 커다란 틀을 설명했습니다. 본 PART에서는 캐나다 지역별 어학연수지 프로그램 정보를 알기 쉽게 정리하여 각자에게 알맞은 지역의 연수지를 선택할 수 있도록 구성했습니다.

Part 03

연수프로그램 철저 분석!
내게 맞는 연수기관을 찾자!

CHAPTER 01.
캐나다 도시별 특징 알아보기

CHAPTER 02.
연수기관 한 눈에 살펴보기

CHAPTER 01. 캐나다 도시별 특징 알아보기

memo   밴쿠버 Vancouver

캐나다 브리티시 컬럼비아 주 남서부에 위치하며 제 3의 대도시로 서부 캐나다 최대 상공업 도시이자 주요 무역항이 위치한다. 해마다 가장 살기 편한 도시로 상위권에 랭크되고 아름답고 여유가 넘치는 도시. 겨울에도 영상의 온도를 유지하는 따뜻한 날씨와 더불어 많은 종류의 어학연수기관이 위치해 학생들이 많이 찾는 도시이기도 하다. 한국보다 16시간이 느리고 겨울에는 비가 자주 내리는 곳.

memo   빅토리아 Victoria

 캐나다 브리티시 컬럼비아 주의 주도로, 주의 남서부이자 밴쿠버 섬의 남동쪽에 위치한다. 빅토리아는 기후가 온화하며 캐나다인을 포함해 미국 노년층이 향후 여생을 보내는 으뜸 휴양도시이기도 하다. 클래식한 분위기와 신구의 조화가 잘 어우러진 아름다운 도시임과 더불어 온화한 날씨 덕으로 아름다운 꽃들이 자란다.  이로 인해 꽃과 연계한 행사도 자주 개최되며 캐나다 내의 아름다운 자연 환경으로 많은 학생이 선택한다. 한국보다 16시간 느리며 겨울에는 비가 자주 내리는 편이다.

memo   캘거리 Calgary

캐나다 앨버타 주의 남부에 위치하며 한국보다 15시간 느리며 건조한 도시이다. 캘거리는 캐나다 석유 매장량의 대부분을 담당하며 빠른 속도로 성장하고 있는 곳이다. 서쪽으로 로키 산맥과 동쪽으로 중부 평원이 위치하며 서부 캐나다의 개척 시대 전통이 배어 있다. 해마다 캐나다에서 가장 오래된 축제인 전시회나 로데오 경기를 내용으로 하는 캘거리 스템피드 축제가 열려 다양한 볼거리를 제공한다. 눈이 많이 내려 로키 산맥 주변은 만년설로 가득 차 있다.

몬트리올 Montreal

캐나다 퀘벡 주에 위치하며, 캐나다에서 두 번째로 큰 도시로 한국보다 13시간 정도 느리다. 이곳은 불어권 지역으로 영어와 불어가 공존하고 있으며 주민의 64%가 프랑스계 가톨릭 신자가 많아 성당이 많다. 더불어 불어 사용이 영어보다 높지만 한국학생 비율이 적어 영어 사용의 기회가 많을 수 있다. 유럽풍의 고급스런 이 도시에서 중세 분위기와 함께 신구 조화를 이룬 시가지가 멋진 하모니를 이룬다.

토론토 Toronto

캐나다 온타리오 주의 주도로 한국보다 13시간 느리다. 몬트리올이 프랑스계 캐나다의 자존심을 담당한다면 토론토는 영국계 캐나다의 한 축을 이룬다. 이곳은 캐나다 금융과 비즈니스의 중심으로 북미의 다양한 도시 문화를 직접 만날 수 있다. 더불어 미국 동부의 주요 도시인 뉴욕과 시카고 등과 인접해 있어 미국 관광에 관심 있는 분이라면 추천하는 곳이다.

할리팩스 Halifax

노바스코샤 주의 주도로써 동쪽 연안에 위치한다. 대서양 연안의 거대한 항구도시이자 동부 캐나다에서는 으뜸으로 뽑히는 아름다운 항구 도시로 유명하다. 더불어 이곳은 G7 정상회담이 열렸던 곳이기도 하다. 주의회 의사당 건물, 노바스코샤 박물관 등과 같은 역사적인 건물이 많이 위치하며 바닷가재와 해산물은 이곳의 특산물이자 대표 상품이다.

오타와 Ottawa

캐나다의 수도이자 온타리오 주의 남동쪽에 위치하는 오타와는 한국보다 13시간이 느리다. 캐나다 정부의 심장부이자 정치와 행정의 도시로 수도의 의무를 다하고 있는 도시이기도 하다.
고딕 양식의 건물들이 중심을 이루며, 시가지의 질서 정연함과 아름다운 공원과 각국 대사관, 6개의 박물관 및 3개의 대학교들이 위치한다.

휘슬러 Whistler

브리티시 컬럼비아 주의 마을로 밴쿠버에서 버스로 2시간 거리에 위치한다. 휘슬러라는 이름은 이곳 땅굴다람쥐의 울음소리 때문에 지어진 것이라고 전해진다. 휘슬러는 북아메리카 최고의 스키장으로 이름이 높으며, 아름다운 휴양 도시로 발전을 거듭해 왔다. 볼수록 아기자기한 건축물들과 아름다운 천혜의 자연환경은 세계 곳곳의 관광객들의 발길을 잡아두며 다양한 레저 생활을 즐기기에 그만이다.

CHAPTER 02. 연수기관 한 눈에 살펴보기

memo

GEOS
Campus : 밴쿠버, 빅토리아, 캘거리, 몬트리올, 오타와, 토론토

GEOS 요약정보

연수기관명	GEOS (Global Educational Opportunities, and Services)
설립 연도	1987년
설립 형태	사립
캠퍼스 현황	캐나다 6개 - 밴쿠버, 빅토리아, 캘거리, 몬트리올, 오타와, 토론토 미국 5개 - 보스톤, LA 코스타메사, LA 사우스베이, 뉴욕, 샌프란시스코
어학연수 프로그램	일반영어 (General English) 공인영어 시험 준비 (TOEFL Preparation) 영어교사연수 - TESOL (Teaching English to Speakers of Other languages) - TEC (Teaching English to Children)
홈스테이 비용	800달러 (4주)

🌟 학교 소개

런던에 본사를 둔 글로벌 교육그룹 GEOS는 1973년 설립되어 전 세계 18개국에 550개 이상의 제휴 캠퍼스에서 어학연수 프로그램을 운영한다. 캐나다에는 1990년 캠퍼스가 설립되었다.
홈스테이 비용은 세 끼를 제공하는 Full board가 밴쿠버 캠퍼스를 기준으로 월 800달러이며, 홈스테이 배정비로 200달러를 1회 청구한다. 학교등록 시 공항마중(Airport Tranfer) 서비스 비용은 100달러이다.

🌟 일반영어

· 오전 수업(09:00~11:00)은 회화, 청취, 독해, 작문, 문법, 어휘, 발음 등을 공부.
· 오후 수업(12:00~14:00)은 청취, 관용표현, 토론 및 발표 등 구성.
· 오후 선택수업(14:30~16:00)은 토플, 토익, IETLS, 작문, 비즈니스영어, 발음 프로그램 제공.
· 레벨에 따라 수강신청이 제한되어 있다.

🌟 공인영어 시험 준비

· 독해 및 작문 영역을 위한 발췌독 능력과 어휘 및 구문 이해 향상을 위한 오전 수업.
· 청취와 스피킹 영역의 청취 내용 받아쓰기 능력 향상을 위한 오후 수업.
· 수강 자격은 GEOS 레벨 4 이상 가능하다.

🌟 영어교사연수

① TESOL
· 외국인에게 영어를 교육하기 위해 필요한 교수 학습 기초 이론을 교수.
· 모의수업과 발표수업, 교안작성 등을 통해 연습하는 커리큘럼.

② TEC
· 영어를 모국어로 하지 않는 어린이에게 영어를 교육하기 위한 교수 학습 기초 이론.
· 모의 수업과 발표 수업, 교안 작성 등의 커리큘럼.

memo

KGIC(King George International College)
Campus : 밴쿠버, 빅토리아, 토론토, 써리, 할리팩스

KGIC 요약정보

연수기관명	KGIC (King George International College)
설립 연도	1996년
설립 형태	사립
캠퍼스 현황	캐나다 5개 - 밴쿠버, 써리, 빅토리아, 토론토, 할리팩스 미국 1개
어학연수 프로그램	일반영어 - English Essentials 비즈니스영어 - Business English - Business Management - Hotel Management 영어교육 자격증 - TESOL - TESOL-A - TESOL-C 집중영어 - Power speaking and Modern Media - Interpreting and Translation -Korean
홈스테이 비용	800달러 (4주)

🌟 학교 소개

1996년 설립되어 TESOL 과정이 세밀하게 준비되어 있는 것이 특징이다. 게다가 단기 학위 과정도 다양하게 준비되어 있으며, 학생들에게 저렴하고 안전한 자체 기숙사를 갖추고 있다. 홈스테이 비용은 아침, 점심, 저녁식사를 제공하는 Full board의 경우 월 800달러이며 홈스테이 배정비로 200달러를 1회 청구한다. 공항 마중(Airport Pick-up) 서비스를 신청 시 비용은 100달러이다.

🌟 일반영어

· 전반적인 영어실력 향상을 통한 회화능력 강화 수업.
· 오전에는 문법, 독해, 작문, 청취, 발음 등을 종합적 학습.
· 오후 수업에서는 회화연습에 중점을 둔 수업이 진행.
· 오후 3시 10분부터 4시까지는 소규모 회화 수업이 무료로 제공된다.
· 개강일은 매주 첫째 주 월요일이다.

🌟 비즈니스영어

① Business English
· 다양한 비즈니스 상황에서 효과적인 커뮤니케이션을 위한 능력 향상에 중점.
· 비즈니스 화법, 조직관리, 협상, 회계 등의 주제로 기초 이론을 학습.
· 보고서작성, 프리젠테이션 등을 통해 연습하는 커리큘럼 구성.
· 수강신청은 레벨 5 이상 가능하다.

② Business Management
· 관리자급에게 필요한 효과적인 비즈니스 커뮤니케이션 능력 향상에 중점.
· 마케팅 자료조사 및 전략 수립, 최신 경영 및 리더십, 수출입 및 국제무역관리 등 학습.
· 보고서작성, 프리젠테이션 등의 커리큘럼으로 구성.
· 수강신청은 레벨 5 이상 가능하다.
· 현장 실습시 정장을 착용하므로 어학연수 준비물 리스트에 추가 필수!

③ Hotel Management
· 프론트데스크, 하우스키핑, 대회의, 식음료관리 등 서비스업의 기초 이론 학습.
· 호텔 및 리조트 등에서 4주간 현장 실습의 커리큘럼 구성.
· 수강 신청은 레벨 6 이상 가능.
· 현장 실습시 정장을 착용해야 하므로 어학연수 준비물 리스트에 추가 필수!

Advice 일정 기준 이상의 성적으로 해당 프로그램 Hotel Management를 이수 후 현장 실습을 마치면 전미 호텔 & 숙박 연합 교육기관(American Hotel and Lodging Associational Educational Institute)에서 발급하는 호텔 관리 수료증(Advanced Hotel Management Diploma)을 받게 됩니다.

영어교육 자격증

① TESOL, TESOL-A
외국어로 영어교육을 위한 영어교사 연수과정.
- 외국인 학습자에게 영어를 교육하기 위해 필요한 기초 이론 학습.
- 모의 수업과 4주 현장 실습을 통해 연습하는 커리큘럼.
- TESOL-A 프로그램은 TESOL 프로그램과 동일한 커리큘럼.
- 4주간의 현장 학습 기간 중 10시간의 시범수업을 하는 과정이 추가.

② TESOL-C
- TESOL, TESOL-A와 마찬가지로 외국어로써 영어교육을 위한 영어교사 연수과정.
- 4세~14세 어린이에게 영어를 교육하기 위해 필요한 교수 학습 기초 이론 학습.
- 모의 수업과 4주 현장 실습을 통해 연습하는 커리큘럼.

Advice: TESOL-A 프로그램은 4년제 대학 학위증과 TOEFL iBT 80점 이상(영역별 20점 이상) 성적표를 제출하면 TESL Canada에서 발급하는 이수증(Certificate)을 받을 수 있습니다.

집중영어

① PMM (Power speaking and Modern Media)
- 다양한 상황에서의 회화 능력을 강화하는데 중점.
- 텔레비전, 광고, 영화 등 각종 미디어를 활용하여 학습하는 커리큘럼.
- 수강신청은 레벨 5 이상 가능.

② IT-K
- 한-영 통번역 프로그램으로 수강생 전원이 한국인으로 구성.
- 어휘, 청취, 회화, 독해, 작문 등의 학습활동을 통해 통번역을 연습하는 커리큘럼.
- 수강 신청은 레벨 5 이상 가능하다.

LSC
Campus : 밴쿠버, 토론토, 캘거리, 몬트리올

LSC 요약정보

연수기관명	LSC (Language Studies Canada)
설립 연도	1962년
설립 형태	사립
캠퍼스 현황	캐나다 4개 - 밴쿠버, 몬트리올, 토론토, 캘거리
어학연수 프로그램	일반영어 (General English) 비즈니스영어 (Business English Diploma) 캠브리지 (Cambridge Preparation) CELTA (Certificate in English Language Teaching to Adults)
홈스테이 비용	800달러 (4주)

PART 03. 연수프로그램 철저 분석! 내게 맞는 연수기관을 찾자!

🌟 학교 소개

1962년 설립된 LSC는 캐나다에는 주요도시인 밴쿠버, 캘거리, 토론토, 몬트리올, 토론토에 캠퍼스가 있으며, 캐나다 사설 연수기관 중 가장 오랜 역사를 가지고 있다. 10단계 레벨체계로 세분화된 일반영어 프로그램은 공통 수업과 선택 수업으로 구성되어 있어 종합적인 영어실력 향상과 영역별 집중학습이 가능하다. 학교등록 시 공항 마중(Airport Reception) 서비스 비용은 100달러이다.

🌟 일반영어

- 영어의 4대 영역을 전반적으로 학습.
- 다양한 상황에서의 회화능력을 향상하는 Integrated Studies와 영어의 특정 영역을 레벨에 따라 학습하는 Skills Studies로 구성.
- 10단계 레벨 체계로 구성된 프로그램.
- 20(20교시/1주), 25(25교시/1주), 30(30교시/1주) 시간표 선택.
- 본인에게 적절한 분량의 수업시간을 선택해 수강 가능.

Advice 공통 수업 Integrated Studies(09:00~13:10)에는 회화, 청취, 독해, 작문 등을 공부합니다. 선택 수업 Skills Studies(14:10~16:40)에는 토플, 토익, 비즈니스영어 등이 제공되나 레벨에 따라 수강신청이 제한되어 있습니다.

🌟 비즈니스영어

- 비즈니스 상황에서 효과적인 커뮤니케이션 능력 향상 중점.
- 공통 프로그램에 선택 프로그램을 조합하여 수강.
- 4주 간의 무급 인턴십을 옵션으로 선택 가능.

🌟 캠브리지 과정

캠브리지 FCE, CAE, CPE 시험대비 프로그램을 제공.
- 수강 자격은 LSC 레벨 5 이상 가능.

Q&A Q. 캠브리지 과정은?
A. 캠브리지 대학에서 1913년부터 실시하고 있는 영어 능력 인증시험으로 매년 2백 만 명 이상이 전 세계 140개국에서 응시하고 있는 시험입니다.

🌟 CELTA

영어 교육을 위한 영어교사 연수과정.
- 외국인 학습자에게 영어를 교육하기 위해 필요한 교수 학습에 관한 기초 이론 학습.
- 모의 수업과 발표 수업을 통해 연습하는 커리큘럼.

Q&A Q. CELTA는 뭐지?
A. 캠브리지 대학에서 인증하는 CELTA는 북미 지역뿐만 아니라 세계적으로 널리 알려진 영어교육 자격증입니다. TESOL 등과 같은 영어교사 연수과정과 마찬가지로 네이티브 스피커인 캐나다인 수강생 비율이 높은 수업으로 최상위 수준의 영어실력이 되어야만 수강이 가능하지요.

IH
Campus : 밴쿠버, 휘슬러, 캘거리, 토론토

IH 요약정보

연수기관명	IH (International House)
설립 연도	1990년
설립 형태	사립
캠퍼스 현황	캐나다 4개 - 밴쿠버, 휘슬러, 토론토, 캘거리 미국 4개 - 보스톤, 마이애미, 뉴욕, 샌디에고
어학연수 프로그램	일반영어 (General English) 영어교사연수 - TESOL (Teaching English to Speakers of Other Languages) - TESL (Teaching English as a Second Language) 북미대학 진학준비 UFP (University Foundation Program)
홈스테이 비용	756달러 (4주)

🌟 학교 소개

런던에 본사를 둔 글로벌 교육 그룹 IH는 1953년 설립되어 전 세계 47개국, 140개 이상의 제휴 캠퍼스에서 어학연수 프로그램을 운영하고 있다. 캐나다에는 1990년 캠퍼스가 설립되었다.

일반영어 프로그램은 공통 수업과 선택 수업으로 구성되어 있어 종합적인 영어 실력 향상과 영역별 집중 학습이 가능하다. IH 홈스테이 비용은 아침/점심/저녁식사를 제공하는 Full board의 경우 밴쿠버를 기준으로 월 756달러이며, 홈스테이 배정비로 200달러를 1회 청구한다. 학교등록 시 공항마중(Airport Reception) 서비스 비용은 밴쿠버 캠퍼스 75달러, 휘슬러 캠퍼스 175달러, 캘거리 & 토론토 캠퍼스 100달러이다.

🌟 일반영어

· 영어의 4대 영역을 학습, 다양한 상황에서의 회화 능력 향상에 중점.
· 14단계 레벨로 Intensive(30교시/1주), Intensive Plus(35교시/1주) 시간표 선택 가능.
· 본인에게 적절한 분량의 수업 시간을 선택 수강 가능.

🌟 영어교사연수

① TESOL(Teaching English to Speakers of Other Languages)
· 영어 교육에 필요한 교수 학습 기초 이론 학습.
· 모의 수업과 발표 수업, 교안작성 등의 커리큘럼.

② TESL (Teaching English as a Second Language)
· TESOL과 마찬가지로 영어 교육에 필요한 교수 학습 기초 이론 학습.
· 모의 수업과 발표 수업, 교안 작성 등의 커리큘럼.
· 수강기간은 130교시의 4주로 수강 가능 캠퍼스는 밴쿠버.
· 학급당 정원은 14명.
· 학비는 2295달러(등록비 150달러/수업자료비 50달러 별도)
· 수강 자격은 IH 레벨 11 이상.

🌟 북미대학 진학 준비

UFP (University Foundation Program)
· 북미대학 진학 준비를 위한 아카데믹한 지문 독해와 토론 및 작문 능력을 강화.
· 수강 기간은 24주, 08:50~15:20 수업.
· 수강 신청은 IH 레벨 11 이상부터 가능.
· 수강 캠퍼스는 밴쿠버이며 학급당 10명의 인원 배정.

PGIC
Campus : 밴쿠버, 토론토, 빅토리아

PGIC 요약정보

연수기관명	PGIC (Pacific Gateway International College)
설립 연도	1994년
설립 형태	사립
캠퍼스 현황	캐나다 3개 - 밴쿠버, 빅토리아, 토론토 호주 2개 - 시드니, 브리스번
어학연수 프로그램	일반영어 (English Communication) 비즈니스영어 (Business English) 공인영어 시험준비 (Cambridge Preparation) 집중영어 (Power Speaking)
홈스테이 비용	780달러 (4주)

학교 소개

1994년 설립된 PGIC는 세계적으로 명성 높고 높은 수준의 교육을 자랑하며 짜임새 있는 커리큘럼으로 유명하다. 캐나다 주요도시인 밴쿠버, 빅토리아, 토론토에 캠퍼스가 있으며, 4주 또는 8주마다 토익 시험을 치르는 프로그램이 구성된 것과 4주 단위로 수강 등록이 가능한 특징이 있다. 홈스테이 비용은 세 끼 Full board의 경우 밴쿠버 캠퍼스를 기준으로 월 780달러이며 홈스테이 배정비로 240달러를 1회 청구한다. 학교등록 시 공항마중(Airport Tranfer) 서비스 비용은 밴쿠버 100달러, 빅토리아 80달러, 토론토 120달러이다.

일반영어

- 7단계 레벨 체계(초급 2단계, 중급 3단계, 상급 2단계).
- Full-time(25교시/1주, 09:00~15:40) 시간표.
- 4주 또는 8주마다 토익시험을 응시하는 프로그램(학비에 정기 토익시험 응시료가 포함).
- 학급당 인원은 14명.
- 수업 후 무료 워크샵에서 캐나다 대학생들과 소그룹 회화 수업
  (워크샵은 레벨에 관계없이 자유롭게 신청 가능).
- 등록비, 수업료, 수업자료비로 구성되어 4주 단위로만 등록 가능.
- 매달 토익시험 응시의 4주와 두 달에 한 번씩 토익시험에 응시하는 8주 중 선택가능.

비즈니스영어

- 회의, 문제해결, 고객응대, 협상, 무역, 마케팅의 비즈니스 관련 주제의 기초 이론 학습.
- 발표, 역할극, 리포트 등의 학습 활동의 커리큘럼.
- 오후에는 일반 영어 프로그램과 마찬가지로 2개의 선택 수업을 수강.
- 학급당 정원은 14명이며, 수강 자격은 레벨 4 이상 가능.
- 학비는 3,750달러 (8주마다 토익시험 1회)/ 3,840달러 (4주마다 토익시험 1회)
  (등록비 150달러/수업자료비 60달러 미포함).

공인영어 시험준비

- PET, FCE, CAE 시험대비 프로그램을 제공.
- 수강 후 반드시 시험에 응시.
- 수강 기간은 12주(25교시/주, 09:00~15:40).
- 학급당 정원은 14명으로 수강 자격은 레벨 4 이상 가능.
- 학비는 3840 달러. (등록비 150달러/교재 및 수업자료비 200달러/ 캠브리지 시험 응시료 300달러 미포함)
- 개강일은 1월4일, 3월28일, 6월20일, 9월12일

집중영어

- 상황별 인터뷰 요령, 프리젠테이션 기술, 발성/억양/발음 연습 등 학습.
- 영화, 방송, 신문, 잡지 등을 학습 자료로 활용해 수업 진행.
- 프리젠테이션은 동영상으로 촬영해 수업 중 교정 자료로 활용.
- 오후에는 2개의 선택 수업을 수강.
- 수강 기간은 12주 (25교시/주, 09:00~15:40).
- 학급당 정원은 14명으로 수강 자격은 PGIC 레벨4 이상 가능.
- 학비는 3,750달러 (8주마다 토익시험 1회)/3,840달러 (4주마다 토익시험 1회)
  (등록비 150달러/수업 자료비 60달러 미포함)

ILSC
Campus : 밴쿠버, 토론토, 몬트리올

ILSC 요약정보

연수기관명	ILSC (International Language School of Canada)
설립 연도	1991년
설립 형태	사립
캠퍼스 현황	캐나다 3개 - 밴쿠버, 토론토, 몬트리올 미국 1개 호주 1개 인도 1개
어학연수 프로그램	일반영어 (General English) 비즈니스영어 JOBS (Job Opportunities and Business Success) 영어교사연수 TYLP (Teaching Young Learners Preparation) 집중영어 SEC (Speaking Excellence Certificate) 북미대학 진학 준비 CUP (College and University Pathway Certificate Program)
홈스테이 비용	812달러 (4주)

✦ 학교 소개

1991년 설립된 ILSC는 캐나다, 미국, 호주, 인도에 멀티캠퍼스를 운영 중인 사설 연수기관으로 캐나다에는 주요도시인 밴쿠버, 토론토, 몬트리올에 캠퍼스가 있다.
학교등록 시 공항마중 (Airport Transfer) 서비스 비용은 80달러이다.

✦ 일반영어

· 11단계 레벨로 Full-time(24교시/주), Full-time Intensive(30교시/주) 시간표.
· 학급당 정원은 14명으로 제한.
· 3시간 코스(3 Hour Coure)와 1.5시간 코스(1.5 Hour Course)의 프로그램 선택.

✦ 영어교사연수

TYPL
· 모의 수업과 발표 수업을 통해 연습하는 커리큘럼.
· 4주차 교육에 현장 실습이 포함.
· 수강 기간은 4주 (30교시/주, 09:00~16:00).
· 학급당 정원은 14명으로 수강 신청은 ILSC 중급 레벨 2단계 이상 가능.
· 학비는 1,360 달러 (등록비 125달러/ 수업 자료비 170달러 미포함)

✦ 집중영어

SEC
· 학급당 정원은 14명으로 수강 신청은 중급 레벨 4 이상 가능.
· 수강기간은 중급 레벨 4단계는 12주, 고급 레벨 1단계 이상일 경우 8주.
· 학비는 3,840달러 (12주)/ 2,720달러 (8주, 중급 레벨 1단계↑)
  (등록비 125달러, 수업자료비 70달러 미포함)
· 수강할 수 있는 캠퍼스는 밴쿠버.

✦ 북미 대학 진학 준비

CUP
· 학급당 정원은 14명으로 수강 자격은 중급 레벨 4단계 이상 가능.
· 수강기간은 중급 레벨 4단계는 12주, 고급 레벨 1단계 이상일 경우 8주.
· 수강 가능한 캠퍼스 밴쿠버, 토론토, 몬트리올.

memo

SGIC
Campus : 밴쿠버, 토론토

ILSC 요약정보

연수기관명	SGIC (ST. George International College)
설립 연도	1994년
설립 형태	사립
캠퍼스 현황	밴쿠버, 토론토
어학연수 프로그램	일반영어 (General English) 비즈니스영어 (Business English) 영어교사연수 – Cambridge TKT(Teaching Knowledge Test Preparation) Prep 집중영어 EFP, K-E (English for Professionals, Korea-English) 북미대학 진학 준비 UCPP (University / College Pathway Program)
홈스테이 비용	800달러 (4주)

PART 03. 연수프로그램 철저 분석! 내게 맞는 연수기관을 찾자!

학교 소개

1994년 설립된 SGIC는 캐나다 서부의 대표도시인 밴쿠버와 동부의 대표도시인 토론토에 캠퍼스가 있는 사설 연수기관으로 대학생을 위한 연수기관뿐만 아니라 토론토에 사립 고등학교를 별도로 운영하고 있다.

일반영어

- 7단계 레벨로 Full Time Intensive (25교시/1주), Full Time Plus (30교시/1주) 시간표
- 두 시간표 가운데 선택이 가능.
- 본인에게 적절한 분량의 수업 시간을 유연하게 선택해 수강 가능.
- 풀타임 플러스 시간표 선택 시 1:5 회화 집중 수업을 추가 제공.
- 등록비, 수업료, 수업자료비로 구성되어 4주 단위로만 등록 가능.

비즈니스영어

BEDP (Business English iploma Program)
- 수강 기간은 8주 (25교시/주, 09:00~14:45).
- 학급당 정원은 14명으로 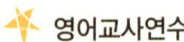 SGIC 레벨 4 이상에 별도 인터뷰 진행.
- 학비는 2,900달러(등록비 120달러/수업 자료비 160달러 미포함)

영어교사연수

Cambridge TKT 프로그램
- 수강 기간은 8주 (18.75교시/주, 09:00~13:25 or 13:30~17:30).
- 학급당 정원은 14명으로 수강 자격은 SGIC 레벨 4 이상에 별도의 인터뷰 진행.
- 학비는 2,900달러(등록비 120달러/수업 자료비 100달러/시험 응시료 260달러 미포함)

Q. TKT가 뭔가요?
A. 캠브리지 대학에서 인증하는 영어교육능력평가 시험입니다. 제2외국어로써 영어를 가르치는 교사들을 위해 개발된 시험으로 각 80문항으로 이루어진 3개의 독립된 영역으로 구성되어 있죠. TKT 시험결과는 합격/불합격이 아닌 1~4 단계로 구분된 능력평가 이수증(Certificate)을 받게 됩니다.

✯ 집중영어

EFP, K-E (English for Professionals, Korea-English)
- 한-영 통번역 수업의 특성상 수강생이 모두 한국 학생.
- 수강 기간은 4주, 8주 (20교시/주, 09:00~13:25).
- 학급당 정원은 14명이며 수강 자격은 SGIC 레벨4 이상에 별도의 인터뷰 진행.
- 학비는 4주 1,500달러, 8주 2,900달러(등록비 100달러/수업 자료비 100달러 미포함)

> Q. EFP, K-E가 뭔가요?
> A. 상용 영문 문구, 영문 잡지, 영문 뉴스 및 텔레비전 프로그램 등의 한-영 통번역을 연습과 함께 독해, 어휘 등을 복합적으로 학습하는 하는 프로그램을 말합니다.

✯ 북미대학 진학 준비

UCPP (University/College Pathway Program)
- 작문, 프리젠테이션, 발표, 자료조사, 리포트 작성, 비판적 사고, 캐나다 대학 문화 등의 커리큘럼.
- 수강 기간은 12주(25교시/주, 09:00~14:45)
- 학급당 정원은 14명으로 수강 자격은 SGIC 레벨 8 이상 가능.
- 학비는 4,300달러(등록비 120달러/수업 자료비 200달러 미포함)

memo

WTC
Campus : 밴쿠버, 토론토

WTC 요약정보

연수기관명	WTC (Western Town College)
설립 연도	1996년
설립 형태	사립
캠퍼스 현황	밴쿠버, 캘거리
어학연수 프로그램	비즈니스영어 - International Business - Global Marketing & Trade - Business Communications - Hospitality Management 영어교사연수 - TYC (Teaching Young Children) - TESOL (Teaching English to Speakers of Other Languages)
홈스테이 비용	800달러 (4주)

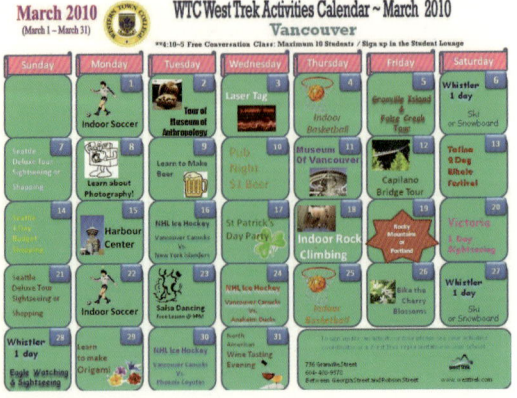

🌟 학교 소개

1996년 설립된 WTC는 캐나다 서부의 대표도시인 밴쿠버와 동부의 대표도시인 토론토에 캠퍼스가 있는 사설연수기관으로 대학생을 위한 연수기관뿐만 아니라 밴쿠버에 사립고등학교를 별도로 운영하고 있다. 학교등록 시 공항마중(Airport Reception) 서비스 비용은 80달러이다.

🌟 일반영어

· 8단계(초급 3단계, 중급 3단계, 상급 2단계) 레벨로 구성.
· Full-time(30교시/09:00~16:00) 시간표로 구성.
· 학급당 정원은 14명으로 배치.
· 수업 후 무료로 제공되는 소규모 회화수업(Conversation Club).
· 레벨에 관계없이 자유롭게 신청.
· 무료로 제공되는 자유수업으로 레벨업 평가에는 포함되지 않음.

🌟 비즈니스영어

① International Business
· 비즈니스 관련 주제를 이용해 기초 이론 학습.
· 보고서 작성, 프리젠테이션 등을 통해 연습하는 커리큘럼.
· 수강 기간은 12주 (30교시/주, 09:00~16:00).
· 학급당 정원은 14명으로 수강 신청은 레벨 7 이상 가능.
· 학비는 3,570달러(등록비 100달러/수업 자료비 135달러 미포함).

② Global Marketing & Trade
· 시장조사, 사업계획, 가격정책, 수출입 절차 등의 주제로 기초 이론을 학습.
· 국제 무역 및 마케팅 등 비즈니스 상황에서 효과적인 커뮤니케이션 능력 향상에 중점.
· 수강 기간은 12주 (30교시/주, 9:00~16:00).
· 학급당 정원은 14명으로 수강 자격은 레벨 7 이상 가능.
· 학비는 3,570달러(등록비 100달러/수업 자료비 135달러 미포함).

> **Advice**
> Global Marketing & Trade 프로그램을 일정한 성적 이상으로 수료하면 FITT(Forum for International Trade Training)에서 발급하는 이수증(Certificate)을 받게 됩니다.

③ Business Communications
- 세계화, 브랜드, 광고, 혁신, 전략, 리더십 등의 주제로 기초 이론을 학습.
- 수강 기간은 12주 (30교시/주, 9:00~16:00).
- 학급당 정원은 14명으로 수강신청은 레벨 7 이상 가능.
- 학비는 3,570달러(등록비 100달러/수업 자료비 135달러 미포함)

④ Hospitality Management
- 호텔 운영과 관련된 비즈니스 상황에서 효과적인 커뮤니케이션 능력 향상에 중점.
- 음료 관리, 프론트 데스크 운영, 마케팅 등의 주제로 기초 이론을 학습.
- 수강 기간은 12주 (30교시/주, 09:00~16:00).
- 학급당 정원은 14명으로 수강 자격은 레벨 7 이상 가능.
- 학비는 3,570달러(등록비 100달러/수업 자료비 135달러 미포함)

Advice: 프로그램을 일정한 성적 이상으로 수료하면 AHLA(American Hotel and Lodging Association)에서 발급하는 이수증(Diploma)을 받게 됩니다.

 영어교사연수

① TYC (Teaching Young Children)
- 수강 기간은 3주 (30교시/주, 09:00~16:00) + 1주 현장 실습.
- 학급당 정원은 14명으로 수강 자격은 레벨 6 이상 가능.
- 학비는 1,365달러(등록비 100달러/수업 자료비 45달러 미포함)

② TESOL (Teaching English to Speakers of Other Languages)
- 모의수업과 발표수업을 통해 연습하는 프로그램으로 구성.
- 현장 실습은 선택 사항으로 8주 풀타임 수업만 수강.
- 수강 기간은 8주 (30교시/주, 09:00~16:00) + 4주 현장실습 (선택사항).
- 학급당 정원은 14명으로 수강 자격은 레벨 7 이상 가능.
- 학비는 2,520달러 (등록비 100달러/수업 자료비 90달러 미포함)

Tamwood
Campus : 밴쿠버, 휘슬러

Tamwood 요약정보

연수기관명	Tamwood (Tamwood Language School)
설립 연도	1992년
설립 형태	사립
캠퍼스 현황	밴쿠버, 휘슬러
어학연수 프로그램	일반영어 (General English) 비즈니스영어 (Business English) 공인영어 시험준비 - TOEFL Preparation - Cambridge Preparation
홈스테이 비용	820달러 (4주)

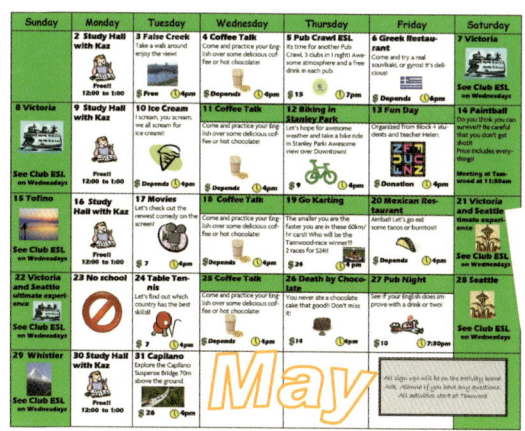

학교 소개

1992년 설립된 Tamwood는 밴쿠버, 휘슬러에 멀티캠퍼스를 가진 사설연수기관으로 일반영어, 비즈니스영어, 공인영어 시험 준비 등의 어학연수 프로그램을 제공한다.

Tamwood 홈스테이 비용은 세 끼를 제공하는 Full board는 밴쿠버 캠퍼스를 기준으로 월 820달러이며, 홈스테이 배정비로 밴쿠버 캠퍼스 210달러, 휘슬러 캠퍼스 215달러를 1회 청구한다. 학교 등록 비용은 밴쿠버 캠퍼스 90달러, 휘슬러 캠퍼스 165달러이다.

일반영어

- 7 단계의 레벨 체계 (초급 2단계, 중급 3단계, 상급 2단계)
- Full Time(20교시/1주), Semi Intensive(25교시/1주), Intensive(30교시/1주) 시간표.
- 학급당 정원은 15명으로 배치되며, 레벨 1은 개인 교습으로만 제공.
- 본인에게 적절한 분량의 수업시간을 선택해서 수강 가능.
- 한 교시당 밴쿠버 캠퍼스 50분간, 휘슬러 캠퍼스 60분간 수업이 진행.

비즈니스영어

International Business English
- 기업 조직, 전략 수립, 증권 시장, 회계, 관리 및 협상, 마케팅, 프로모션 등의 주제.
- 사례 연구, 역할극, 자료 조사, 기업 탐방 등의 학습 활동의 커리큘럼.
- 수강 기간은 4주 (25교시/주, 9:00~14:50)로 학급 당 정원은 10명.
- 수강 자격은 Tamwood 레벨 5 이상에 만 20세 이상.
- 학비는 1,316달러(등록비 115달러/수업 자료비 75달러 미포함)

공인영어 시험 준비

① TOEFL Preparation
- 4대 영역인 독해, 청취, 회화, 작문 스킬을 집중 향상을 위한 교육 내용.
- 수강 기간은 4주, 8주, 12주(25교시/주, 09:00~14:50).
- 학급당 정원은 15명으로 수강 자격은 Tamwood 레벨 5 이상 가능.
- 학비는 4주 1,185달러, 8주 2,369달러, 12주 3,445달러
  (등록비 115달러/수업 자료비 75달러 미포함)

② Cambride Preparation
- FCE, CAE 시험대비 프로그램을 제공.
- 수강 기간은 8주, 10주, 12주(25교시/주, 09:00~14:50).
- 학급당 정원은 밴쿠버 10명, 휘슬러 7명.
- 수강 자격은 Tamwood 레벨 5 이상 가능.

프로그램을 일정한 성적 이상으로 수료하면 AHLA(American Hotel and Lodging Association)에서 발급하는 이수증(Diploma)을 받게 됩니다.

UBC(University of British Columbia) ELI
서부 명문 밴쿠버 UBC

UBC ELI 요약정보

연수기관명	UBC ELI (English Language Institute)
설립 연도	1969년
설립 형태	대학부설
어학연수 프로그램	일반영어 (General English) 비즈니스영어 (English for Business Communications) 집중영어 - Language and Culture - English and University Culture 영어교사연수 (English for English Teachers)
홈스테이 비용	840달러 (4주)

Sunday	Monday	Tuesday	Wednesday	Thursday	Friday	Saturday
27	28 Fun w/ CAs: Chat over Lunch with the CAs! Time: 12:00 Place: ELI Music Club Learn Piano or Guitar with our resident experts Time: 4 pm Place: Student Lounge All Levels Welcome! free	1 Lunch w/ CAs: Pizza for Sale! Conversations are FREE! Time: 12 pm Place: ELI Price: $1.50 per slice	2 Fun w/ CAs: Chat over Lunch with the CAs! Time: 12 pm Place: ELI ELI News Practice and publish your writing in our weekly newsletter! Earn $10 ELI Dollars All Levels Welcome! Place: CSB 211 Time: 11 am – 3 pm free	3 Fun w/ CAs: Practice new Vocabulary! Time: 12 pm Place: ELI Film Club Dinner and a Movie @ ScotiaBank Theatre Time: 6 pm Place: Granville & Georgia Price: $12.95 + Money for Food	4 Sports Afternoon! Basketball, Badminton, Volleyball and more! Time: 3 pm – 5 pm Place: Osborne Gym (Meet at ELI) free	5 Volunteer Club 6th Annual Women in Film Festival Time: 8:30 am Place: G&G free Culture Club International Dance Festival Meet: 6:30pm at Yaletown Roundhouse Skytrain Station Price: $3

학교 소개

캐나다 종합대학 1위, 세계대학 랭킹 35위의 UBC(University of British Columbia) 부설어학원인 UBC ELI는 30년이 넘는 기간 동안 운영되어 왔다. 명문대학부설어학원답게 아카데믹한 어학연수 프로그램으로 도착 전이나 도착 후는 물론 학습 중에도 학생 대한 관리가 철저하다.

홈스테이 비용은 세 끼를 제공하는 Full board가 월 820달러이며, 홈스테이 배정비로 200달러를 1회 청구한다. 학교등록 시 공항마중 (Airport Welcome) 서비스를 함께 신청하면 무거운 짐을 가지고 공항에서 숙소까지 안전하고 편리하게 도착할 수 있으며 비용은 50달러이다.

일반영어 IEP(Intensive English Program)

· 영어의 4대 영역을 종합적으로 학습.
· 6단계 레벨로 구성된 일반영어 프로그램은 1일 3교시 시간표로 구성.
· 오전 8시 30분 수업 / 오전 10시 20분 수업 시간표 중 선택 가능.
· 금요일은 정규수업 대신 워크샵이 진행.

비즈니스영어

· 다양한 비즈니스 상황에서 효과적인 커뮤니케이션을 위한 능력을 향상.
· 수강신청은 레벨 200 이상 가능하다.

집중영어

① Language and Culture
· 캐나다 문화와 역사, 최신시사 이슈 등을 주제로 회화 능력을 향상.
· 풀타임 또는 파트타임 수강선택이 가능하다.

② English and University Culture
· 토론 및 회화 능력을 강화하는데 중점.
· 수강신청은 레벨 200 이상 가능하다.

영어교사연수

UBC ELI English for English Teachers는 스피킹과 리스닝을 강화하여 상위 프로그램인 TESOL, CAELT에 대한 적응력을 높이는데 도움이 되는 커리큘럼으로 구성되어 있으며, 수강신청은 레벨 400 이상 가능하다.

U of T(University of Toronto)
동부 명문 토론토 U of T

UofT SCS 요약정보

연수기관명	UofT SCS (University of Toronto, School of Continuing Studies)
설립 연도	1968년
설립 형태	대학부설
어학연수 프로그램	일반영어 (Comprehensive English) 비즈니스영어 (Business English) 집중영어 (Speaking English) 북미대학 진학 준비 (Academic English)
홈스테이 비용	740달러 (4주)

★ 학교 소개

UBC와 함께 캐나다 종합대학 1위를 다투는 U of T(University of Toronto) 부설 어학원인 SCS(School of Continuing Studies)는 1968년에 설립되어 매년 60개국, 2,000명이 넘는 학생들이 선택하는 명문 대학부설어학원이다.

★ 일반영어 IEP(Intensive English Program)

· 다양한 상황에서 회화능력을 강화하기 위한 커리큘럼
· 6주 동안 수업 진행.
· 수업시간은 오전 9시~오후 12시 또는 오후 1시 10분~오후 5시 중 선택이 가능.
· 수강을 위해서는 학교에서 제공하는 유학생 보험에 반드시 가입.

★ 비즈니스영어

· 다양한 비즈니스 상황에서 효과적인 커뮤니케이션을 위한 능력 향상.
· 12주 동안 오전 9시부터 오후 12시 30분까지 수업 진행.
· 수업에는 공식 토익시험이 포함, 수업료에 응시료가 포함.
· 수강을 위해서는 학교에서 제공하는 유학생 보험에 반드시 가입.
· 수강신청은 Academic English Level 60 또는 토익 700점 이상 가능.

★ 집중영어

· 3주 동안 오전 9시부터 오후 1시까지 수업 진행.
· 회화 중심 프로그램으로 구성.
· 수강을 위해서는 학교에서 제공하는 유학생보험에 반드시 가입.

★ 북미대학 진학 준비

· 12주 동안 수업이 진행되는 북미 대학 진학 준비 프로그램.
· 수업 시간은 오전 9시~오후 1시 또는 오후 1시~오후 5시 중 선택 가능.
· 수강을 위해서는 학교 제공의 유학생 보험에 반드시 가입.

이야기가 있는 캐나다 어학연수

- 한국은 축구! 캐나다는 아이스 하키!! 하키 때문에 다운타운에 폭동이 일어났다고?!

한국 사람들이 축구에 열광하듯, 캐나다 사람들은 아이스 하키에 열광한다. 하키에 너무 열광한 것일까? 2011년 6월 하키 때문에 밴쿠버 다운타운에 폭동이 일어나는 상황까지 벌어지고 말았다. 북미아이스하키(NHL) 스탠리컵 결승 7차전까지 가는 치열한 접전 끝에 밴쿠버 커넉스가 보스턴 브루인스에 0-4로 완패하자, 창단 첫 우승의 기대가 무너진 팬들이 경찰차에 불을 지르고 상점을 파괴하는 폭도로 돌변하는 상황이 발생한 것이다.

필자의 어학연수 컨설팅을 받으며 밴쿠버에서 어학연수중인 학생들 중 현장에 있던 한 명이 카카오톡을 통해 이 소식을 가장 먼저 전해주었는데, "오늘 밴쿠버 결승전 있었는데 저희가 졌어요. 그러더니 폭동이 일어났네요…" 메시지를 보고 처음에는 작은 소동이 있는 것으로 생각했다. 나중에 다양한 채널과 현지 TV를 통해 확인하니 밴쿠버 역사상 전무후무한 치열한 대첩(?)으로 기록될 사건이었다.

아래 글은 메트로폴리스 유학연구소 홈페이지(www.metropolice100.com)에 연재하고 있는 '다연이의 유학일기'를 발췌해 인용한 내용입니다.

하키게임이 있는 날이면, 조용하고 평화로웠던 밴쿠버가 붐비기 시작한다. 학생들은 학교에서부터 누가 이길지 내기를 하느라 바쁘고, 자신이 응원하는 팀, 좋아하는 선수들의 번호와 이름이 새겨진 티셔츠(Jersey)를 입고 승리를 기원한다. 버스 전광판에도 'Go! Canucks Go!' 라는 문구가 반짝거린다.

경기관람 티켓은 보통 80~200달러를 호가하지만 대부분 시즌이 시작되기도 전에 매진되어 구하기가 쉽지 않다. 당일 경기장 앞에서 파는 암표도 500달러를 훌쩍 넘기기도 하는데, 그 표를 실제 사는 사람들도 있다니..국민스포츠의 위력이 대단하다. 이렇게 비싼 표 때문에 실제로 경기장을 찾아 하

사람들로 꽉 찬 Pacific Coliseum 경기장

키를 보는 것이 쉽지 않기 때문에 사람들이 모여드는 곳은 바로 Pub이다. 사람들이 하나둘씩 술집에 모여, 마련된 대형 TV로 하키를 관람하는데, 골을 넣을 때마다 사람들이 지르는 소리가 선명하게 들릴 정도로 이곳 사람들은 하키에 열광한다.
(우리나라에서도 월드컵 시즌이면 치킨집에 모여 응원하거나 이웃집 응원소리가 집까지 들리는 거 잘 아시죠? 비슷합니다.)
아이스 하키의 기원은 영국과 네덜란드에서 실시되고 있던 밴디(bandy)라는 경기란다. 1879년에 캐나다 몬트리올의 맥길 대학교 학생 두명의 아이디어를 합쳐 아이스 하키의 규칙을 고안하였다.

휴식시간
이벤트

캐나다의 하키 리그는 크게 프로 리그인 NHL (National Hockey League)과 아마추어 리그인 WHL(Western Hockey League)로 나뉜다. 각 리그는 지역별로 두세 개의 컨퍼런스로 나뉘는데 NHL의 경우 동부와 서부로 나뉘며 각각에는 15개 팀이 배치돼 있다. 시즌은 보통 10월에 시작하여 4월에 끝나지만 각 컨퍼런스의 상위 8개 팀이 대결하는 플레이오프전(play-off)은 6월까지 지속되어 시즌의 하이라이트를 장식한다.

격투종목 이외에 스포츠 중 유일하게 싸움이 허용되는 스포츠가 바로 아이스 하키이다.
싸움이 일어나면 선수들을 퇴장시킬 줄 알겠지만, 북미 하키 NHL은 시비가 붙어도 선수들을 퇴출시키지 않는다. 내가 갔던 게임에서도 선수들의 몸싸움이 정말 치열했다. 벽으로 선수를 강하게 밀어서 심하게 부딪히는 일도 잦았고, 서로 발을 차며 시비를 걸다가 감정이 격해서 복부를 가격하기도 하지만 격한 스포츠인 만큼 많은 보호 장비를 착용해 일종의 쇼에 가까운 것 같다. 그래도 몇몇의 사람들은 이 싸움을 즐기기 위해 경기장을 찾고, 골이 터진 순간보다도 싸움이 났을때 더욱 소리 지르고 열광하는 모습을 보인다.

경기 초반에는 선수들이 너무 빠르게 움직여 공 찾기도 어렵고 경기의 특성상 1~2분 정도의 플레이만으로도 급격한 체력 소모로 분초 단위로 선수 교체가 계속된다.
캐나다의 춥고 긴 지루한 겨울의 에너지가 되어주는 아이스 하키! 하나의 스포츠를 이정도로 열정적으로 사랑할 수 있는 국민 스포츠가 있다는 것이 부럽지 않은가?
하키 경기는 한 회에 20분씩 총 3회로 이루어 지며, 한 회가 끝날때마다 15분의 휴식시간이 주어진다. 이 휴식시간 사이사이에 이벤트를 하는데, 사람들이 바닥에 누워서 열심히 1달러 짜리 동전들을 줍는 것! 경기장에 뿌려진 동전 개수는 경기에 따라 다르지만 대략 만개...10,000달러..약 1100만원.

- 　　　홈스테이, 렌트, 기숙사 등 숙소의 종류도 다양하고 저마다 갖고 있는 장단점이 있기 때문에 스스로에게 적합하며, 공부에 지장을 주지 않는 곳을 고르는 것 역시 쉬운 일은 아닙니다.

　어학연수 기관만 결정하고 숙소는 현지에 도착해서 스스로 찾겠다는 연수 준비생을 간혹 만날 수 있습니다. 물론 학생 스스로 부딪쳐 문제를 해결하려는 적극성과 열정은 높이 살만 하지만 이것만큼 위험한 생각은 없다고 단언합니다.

　한국도 아닌 캐나다에서, 한국말이 통하는 것도 아닌 타지에서, 그것도 정착 초반에 위와 같은 결정은 상당히 모험이 될 수 있겠습니다. 더불어 현지 사정에 어두운 어학연수 초반에는 안정성을 해치는 위험한 행동으로 이어질 수 있습니다.

다양한
숙박 유형 알아보기

CHAPTER 01.
어학연수생에게 가장 적합한 숙소는 홈스테이

CHAPTER 02.
규칙적인 생활은 기숙사

CHAPTER 03.
자유로운 생활은 쉐어하우스 & 렌트

CHAPTER 04.
유스호스텔

CHAPTER 01. 어학연수생에게 가장 적합한 숙소는 홈스테이

홈스테이는 필자가 적극적으로 추천하는 숙소 옵션 중의 하나로 우리나라의 하숙에 해당한다고 볼 수 있다. 특히나 현지 외국인 가정에서 함께 생활하기 때문에 현지인들의 실생활과 문화를 이해하는데 많은 도움이 된다. 더불어 딱딱한 문법식 영어가 아닌 생생하고 현장감 넘치는 영어를 익힐 수 있다는 것이 최대 강점이다. 단, 본인과 호스트 집안과의 문화적 차이로 인해 마찰이 빚어질 수 있음을 명심해 둬야 한다.

홈스테이를 기숙사/렌트 등과 비교하면, 매 끼니를 직접 준비하거나 외식을 해야 하는 불필요한 시간낭비와 비용을 줄일 수 있는 장점도 있다.

✦ 홈스테이란?

현지 가정의 한 구성원으로 생활함으로써 그 나라의 생활과 사고방식 및 언어와 문화는 경험하는 귀한 기회를 갖는 것이다. 집주인(Host)은 학생을 가정의 구성원으로 대우하며 그들의 혈육과 친인척에게 소개해 함께 휴가와 외출을 즐기기도 한다.

이런 홈스테이는 1개월 단기부터 일 년 이상의 장기까지 가능하며 색다른 경험을 위해서 한 집 말고도 다른 집으로 옮길 수도 있다.

다만 홈스테이를 하면서 금전 문제를 비롯해 문화 충돌 문제 및 생활에의 제약 등으로 마찰이 발생 할 수 있으므로 문제가 발생했을 때는 Host와 학교의 Housing Assistant와 상의하는 것이 좋다.

> **Advice**
> 굳이 홈스테이만을 고집하지 않아도 됩니다. 즉 일주일 내내 홈스테이 하지 않아도 월~금요일은 기숙사에 토~일요일은 홈스테이만을 하는 것도 가능합니다.

✦ 홈스테이 가족은 어떤 사람들일까?

구분	특성
가족 구성원	부부, 독신녀, 이혼녀, 은퇴한 노인들, 아기가 있는 집안 등 다양.
자택 위치	자택은 아파트로 도심가나 교외에 위치한다. 대체로 교외 주택이 거주 환경은 좋지만 교통이 불편하고 교통비가 듬.
인종	호스트 부부 모두 순수 유색인종인 경우가 드물다. 유럽계 호스트 지원이 부족해 아시아계 이민 가정이 소개되기도 함.
애완동물	호스트 가정은 대부분 애완동물을 키운다! 이들을 특별한 존재로 인식하기 때문에 각별한 유의 필요!
흡연	흡연하지 않는 호스트 가정은 흡연을 엄격히 한다. 흡연가라면 홈스테이 신청 시에 반드시 일러둘 사항!

 **홈스테이 생활백서 Ⅰ**

> **memo** 　　　　　식사에 관한 것은 호스트와 상의하기!

　홈스테이에서 학생의 음식에 대한 기호는 상당히 중요하므로 좋아하는 음식과 싫어하는 음식에 대해 의사표현을 분명히 하도록 하자. 예의 차리느라 싫어하는 음식을 괜찮다고 하면 남은 기간 동안 불필요한 고생을 할 수 있다.
　대부분의 캐나다 학생들은 시리얼 또는 토스트로 아침을 해결하고 점심은 샌드위치를 먹는다. 저녁식사 시간은 일반적으로 6시 전후이며, 스테이크 등의 든든한 요리로 저녁식사를 한다. 저녁식사 시간은 가족이 함께 식사를 하면서 하루 동안 겪은 일들을 이야기 하는데, 가족이 함께 일상을 공유하며 저녁식사를 하는 것을 중요하게 생각한다. 가족형 홈스테이의 경우 저녁식사 시간을 잘 활용한다면 홈스테이 가족과 좋은 관계를 형성할 수 있는 기회가 될 것이다.

아침 식사
· 홈스테이에서 아침식사는 스스로 챙기기!
· 보통 우유에 시리얼을 먹거나 식빵에 땅콩버터 등을 치즈와 함께 곁들여서!
· (과일을 먹기도 한다.)
· 시리얼과 식빵은 홈스테이에서 제공!

점심 식사
· 점심 식사는 도시락으로 대체!
· 도시락은 대부분 샌드위치나 전날 저녁에 남은 음식을 준비!
· 기호에 따라 그때그때 사 먹어도 그만!

> **Advice** 　전날 저녁식사 후 남은 음식을 'leftovers'라고 합니다. leftovers를 점심 도시락으로 가져가는 경우 홈스테이에서는 이를 위해 저녁식사를 넉넉하게 준비하지요. 홈스테이 도착 첫날 보통 호스트가 점심 도시락을 원하는지, 직접 챙겨서 갈 것인지 확인하니 편한 대로 선택하시면 되겠습니다.

저녁 식사
· 제때 홈스테이에 돌아가지 못하면 식사준비를 하기 전에 전화 통보하자!
· 늦게 들어가서 식사를 할 생각이면 식사를 남겨달라고 부탁할 것!

> **memo** 　　　　　전화는 국제전화 선불카드를,
> 　　　기타 전자 제품 사용은 잦은 사용을 금하자!

　홈스테이에서 전화를 사용할 때는 국제전화 선불카드를 사용하는 것을 권한다. 홈스테이의 전화요금에 부담을 주지 않아야 하므로 선불카드 중에서도 접속료가 무료인 것을 사용하는 것이 좋다. 저녁 늦게 전화를 걸거나 받는 것은 자제하는 것이 좋으며, 너무 오랫동안 전화 통화를 하는 것도 좋지 않다.
　대부분의 홈스테이에는 컴퓨터가 있지만 개인용으로 사용하는 경우가 많으므로 어학연수 기간 동안 사용할 개인 노트북을 가지고 가는 것이 좋다.

> **memo** 세면 및 청소는 성실성! 자율성! 신속성!

본인의 방은 본인이 청소해야 하며, 거실 청소를 할 때 홈스테이를 도와 함께 한다면 좋은 관계를 형성하는데 도움이 될 것이나. 빨래는 보통 일주일간 모아놓은 세탁물을 주말에 해주거나 본인이 직접 세탁기를 돌리면 된다.

캐나다 가정에서 사용하는 보일러는 보통 1~2명이 5분 내외로 샤워하는데 필요한 정도의 온수탱크 설비를 갖추고 있어서 온수를 10분 이상 틀어놓고 샤워를 하게 되면 다른 가족이 온수를 사용하는데 불편이 따를 수 있다. 홈스테이에서 샤워할 때는 온수를 계속 틀어놓고 사용하지 않도록 주의해야 한다.

> **memo** 초대 및 사적인 여행은 반드시 통보하자!

외출과 여행은 전적으로 개인의 자유이지만, 외출 또는 여행 시 홈스테이에게 알려서 불필요한 걱정을 하지 않도록 하는 것은 당연한 예의이다.
홈스테이에 친구들을 초대하는 경우 사전에 양해를 구하는 것은 기본이다.
마지막으로 홈스테이 가족들도 개인적인 스케줄과 생활이 있으므로 처음부터 홈스테이에 너무 많은 것을 기대하는 것은 금물이다.

홈스테이 생활백서 II

> **memo** 홈스테이의 일주일을 잘 보내자!

홈스테이 입주 첫날은 홈스테이 가정의 생활 규칙을 배우는 시간이다. 홈스테이 도착 첫날부터 홈스테이 가족과 원활한 대화가 이어진다면 좋겠지만 대부분의 경우 홈스테이 가족이 하는 말을 다 이해하지 못한다. 영어 실력에도 그 이유가 있겠지만, 처음 만나는 홈스테이 가족에 대한 배경지식 부족으로 이해에 어려움이 따르기 마련이다. 한국 사람과 한국어로 대화하더라도 처음 만난 경우 배경지식이 부족해 대화가 원활하기 못한 것과 마찬가지이다. 입주 첫날에는 학교까지 대중교통을 이용하는 방법도 알려주는데 정확하게 이해하지 못할 때는 약도와 설명을 메모해 달라고 부탁하는 것이 좋다.

> **memo** 홈스테이는 가족형/분리형/기숙사형
> 홈스테이로 나누어진다!

 현지 외국인 가정에서 공부방과 책상, 침대, 식사를 제공하는 형태로 집의 구조에 따라 홈스테이도 세분화된다. 먼저 가족형 홈스테이는 홈스테이 가족과 학생이 같은 층에서 함께 생활하는 것이다. 분리형 홈스테이는 출입구와 거주 공간이 구분되어 있는 것이고 기숙사형 홈스테이는 한 층에 룸이 4~5개인 주택에 7~8명의 홈스테이 학생을 받는 것을 말한다.
 캐나다가 전 세계적으로 치안이 좋고 살기 좋은 나라라는 곳이라 정평이 나있다 해도 누구에게나 닥쳐올 수 있는 사고에 대비하는 것도 홈스테이를 소개받은 곳이 믿을 만한 곳인지 위치한 지역은 어디인지 가족 구성원들은 어떤지 세심하게 확인하는 것이 필요하다.

> **memo** 각 홈스테이에 따른 규칙을 따르자!

 홈스테이는 가정마다 나름대로의 규칙이 있는데 홈스테이 가족과의 원활한 관계를 위해서는 그 가정의 고유한 규칙을 지키고 존중해야 한다. 식사 전 식탁 세팅, 식사 후 설거지 또는 공동으로 사용하는 거실 청소 등을 생활규칙으로 정하는 경우도 있는데, 이 경우 무리한 수준이 아니라면 적절히 분담하는 것이 좋다.
 홈스테이에 따라 규칙(?)이 다르므로 홈스테이 도착 첫날 설명을 잘 듣는 것이 중요하다. 대부분의 홈스테이는 식사시간이 정해져 있으며, 샤워가 가능한 시간 등이 정해져 있는 경우도 있다.

Advice
예의 바르고 정확한 커뮤니케이션 및 언어습관은 필수!
성공적인 홈스테이 생활을 위해서는 분명한 커뮤니케이션이 가장 중요합니다. 영어가 유창하지 않더라도 천천히 그리고 자세하게 모르는 사항을 확인해야 하겠습니다. 어림 짐작이나 추측 정도의 이해를 통해 행동하다 오해하는 경우가 종종 발생하기 하지요. 더불어 'Please'와 'Thank you'를 자주 사용하는 언어습관을 들이면 더 편안한 관계를 형성하는데 도움이 되겠습니다.

memo 홈스테이 구성원과 원만하게 지낼 것!

 어학연수 생활의 으뜸을 선택하라 한다면 주저 없이 홈스테이 생활을 꼽을 정도로 연수시절 경험의 백미는 단연 홈스테이 생활이다. 본인과 다른 모습과 생각, 문화를 가진 이들과 함께 동고동락하면서 생활할 수 있다는 것은 언어를 배울 수 있는 기회임과 동시에 국제적인 인맥 네트워크를 쌓을 수 있는 귀한 경험이다.
 본인이 어떤 홈스테이 가정을 거쳤든지 그들과 여러분과의 관계에 있어서 좋은 관계를 유지하는 것이야 말로 여러모로 도움이 될 수 있다. 더불어 현지 생활에 있어서도 다양한 도움을 받을 수 있다. 모르는 것을 질문한다거나, 은행 계좌 개설, 혹은 질병이나 기타 여권 관련에 이른 복잡한 문제에 이르기까지 호스트 집안과 원만한 관계를 맺어 놨다면 이들은 여러분에게 큰 힘이 되어 줄 것이다.

Advice

호스트 가정과 원만하게 지내는 법.
하나. 한국 집 보다 사소한 일에 대해서도 호스트 집과 상의할 것.
한국으로의 빈번한 전화는 자신들이 아닌 한국의 부모가 여러분을 관리한다고 생각합니다. 나아가 그에 대한 책임 의식마저 사라져 가장 기본적인 것만 여러분에게 제공하게 되지요. 바꿔놓고 생각한다면 간단합니다. 여러분도 여러분에게 진심으로 도움을 요청하거나 상담을 의뢰해 오는 사람에게 더 신경이 가지 않나요? 단, 지나친 의존은 금물입니다!

둘. 한국으로부터 잦은 우편물을 받지 않는 것.
캐나다 홈스테이에서 무언가를 직접 자주 사오는 경우에는 호스트가 제재를 합니다만 우편물의 경우는 개인 소유물이기 때문에 사정은 달라집니다. 사소한 것 하나까지도 한국에서 받다보면 호스트의 관심도 당연히 줄어들 수 밖에 없습니다.

셋. 음식에 대해서도 솔직하게.
먹지 못하는 음식에 대해 말했다 하여 호스트의 기분을 상하게 하는 것은 아닙니다. 호스트 가족의 일원이 된 학생이기 때문에 자유롭게 시설을 이용할 수 있습니다. 이를 이용해 주방 시설을 이용해 한국 음식을 직접 조리해 호스트 가족들을 대접해 그들과의 관계를 원만하게 하는 것도 하나의 방법이 되겠습니다.

넷. 배운다는 마음가짐으로.
호스트 가정에서 겪는 모든 경험들을 모두 본인의 살과 피로 만들려는 각오로 적극적이고 성실하게 그들에게 다가가세요. 어설프고 잦은 실수에 대해서 그들은 결코 화내지 않습니다. 오히려 이방인이기 때문에 그런 여러분을 이해하고 기꺼운 마음으로 대우해 줄 겁니다.

memo 　　　　　호스트 가족과의 효과적인 의사소통은
　　　　　　　　　백번 강조해도 지나치지 않다!

　홈스테이를 하는 이유는 잠자리를 해결하거나 먹는 문제를 해결하는 기본적인 문제가 아님을 밝혀 둔다. 보다 나아가 홈스테이를 통해 해당국의 문화와 생활방식을 배우며 생활영어를 습득하고자 함인 것이다. 보다 좋은 홈스테이 생활과 더불어 각종 유의 사항을 파악하려면 호스트 가족과의 의사소통은 필수 조건이다.

　　하나. 호스트 가족과의 시간을 많이 갖자!
　　둘. 호스트 가족이 말한 사항을 천천히 말해달라고 요구하자!
　　셋. 거짓없는 진실하고 정직한 대화.
　　넷. 문제가 충돌하거나 오해의 상황에서는 반드시 "What does it mean?" 이라고 물어보자!
　　다섯. 호스트 가족에게 불만사항을 솔직하게 털어놓아 대화로 해결하자.
　　여섯. 서양에서의 Yes와 No는 우리말의 어중간한 뜻의 아마도나 혹시가 아니다!
　　일곱. 진실하고 밝은 미소로도 솔직한 의사소통이 가능하다!

memo 　　　　　　　애완동물을 대할 때도 유의하자!

　외국 가정에서는 개나 고양이 등의 애완동물을 키우는 경우가 많고, 가족같이 여기고 오랜 기간 키워온 경우가 많으므로 애완동물을 함부로 대하는 것은 금물이다.
　홈스테이 신청서에는 강아지나 고양이 등의 애완동물이나 어린아이에 대한 옵션을 표기하는 란이 있으므로 애완동물 Allergy가 있거나 어린아이를 좋아하지 않을 때는 의사를 분명하게 표시해야 한다. 애완동물을 발로 차는 등의 행위로 홈스테이에서 쫓겨나는 경우도 간혹 발생하므로 경중을 떠나 폭력에 대해서는 관용도가 낮다는 것을 기억하자.

CHAPTER 02. 규칙적인 생활은 기숙사

　대부분의 대형사설연수기관은 홈스테이, 기숙사, 렌트를 숙소 옵션으로 제공하고 있다. 대형사설연수기관의 기숙사는 규모가 큰 주택이나 소형 건물의 형태로 많은 인원을 수용하지 못하므로 어학연수를 위한 숙소로 기숙사를 원한다면 최대한 서둘러서 예약해야 한다. 대학부설연수기관의 경우 대부분 학기 중에는 어학연수생에게 기숙사를 개방하지 않기 때문에 방학 기간에만 한시적으로 거주할 수 있다.
　모든 기숙사의 방은 공유되고 2인 1실 사용이 일반적이며 남/여 기숙사가 분리되어 있다.

PART 04. 다양한 숙박 유형 알아보기

CHAPTER 03. 자유로운 생활은 쉐어하우스 & 렌트

렌트에도 다양한 종류의 형태가 존재한다. House, Studio/bachelor, Share, Room, Sublet 등의 옵션이 있는데 House는 1층 또는 2층 규모의 집을 통째로 임대하는 것으로 어린 자녀를 동반하고 조기유학을 온 학부모가 고려해 볼 수 있는 옵션이다.

memo 렌트에도 종류가 있다! Studio, Share, Room, Sublet

Studio는 한국의 원룸이나 소형 오피스텔과 비슷한 형태로 Bachelor라고도 하는데 방/거실/주방이 한 공간에 배치되어 있고 화장실이 딸려 있으며, 기본적인 집기가 갖추어져 있기 때문에 1~2명 정도가 생활하기에 적합하다.

Share는 방이 1개 또는 2개인 Studio를 여러 명이 나눠서 생활하고 비용을 분담하는 방식이며, Room의 경우 '잠만 자는 자취' 와 비슷한 형태로 조리는 할 수 없고 잠만 자는 방만 임대하는 것이다. 홈스테이나 아파트, 콘도 렌트 등이 부담스럽다면 이를 이용하는 것도 좋은 방법이다. 저비용으로 비용적 부담 경감에 집주인이 모든 세금 및 공과금(수도세, 관리비, 인터넷 비용 등 잡비)을 지불하므로 편리하다.

Sublet은 집주인이나 임대인이 출장 또는 여행 등의 이유로 집을 비우는 기간 동안 사용하는 것이다.

 **Advice** 캐나다 방세 지불은 어떨까?
캐나다에서 집이나 방을 얻을 때는 처음 들어가는 달의 두달치의 방세를 미리 지불합니다. 이는 마지막 달의 방세까지 첫달에 미리 받기 때문에 그렇습니다. 더불어 집을 바꾸거나 한국으로 귀국할 때 집주인에게 2주 전 Notice(통보)를 달라는 의미이기도 하니 집을 나가게 된다면 2~3주 전에 집주인에게 통보를 하는 것이 중요합니다.

memo 렌트의 경우 계약기간 준수와 해지 통보가 중요하다!

렌트의 경우 계약기간이 보통 6개월~1년이며, 계약기간을 채우지 못하고 중도에 나갈 경우에는 임대인을 구할 때까지 렌트비를 지불해야 한다. 계약을 해지할 때는 최소 한 달 전에 임대인에게 통보해야 하며, 이사 전 최소 통보기간에 대한 규정이 계약서에 담겨 있다. 보증금은 1개월 내외의 렌트비이며, 계약이 만료되고 15일 내외에 수표로 돌려받는다. 계약서에 서명하기 전에 렌트 계약서 내용을 꼼꼼하게 확인해서 모호한 규정이나 내용에 대해서는 임대인에게 확인을 받고 추가되는 내용은 임대인의 자필로 추가하거나 계약서를 수정한 후 서명을 해야 한다. 렌트비에 전기, 가스 등 Utility 비용이 포함되는지 여부도 확인해야 한다. 보증금이나 기타 지불한 비용에 대해서는 반드시 영수증을 받아서 증빙자료로 보관하는 것이 좋다.

Advice 룸 렌트 시 이 단어는 꼭 알아두세요!

+ Deposit
보증금입니다. 캐나다에서는 드물게도 렌트비의 반을 이 보증금으로 받습니다. 간혹 한 달 기간의 렌트비용을 보증금으로 요구하는 경우도 있지요. 이 Deposit은 계약사항을 위반하지 않으시면 만료 시에 돌려받으실 수 있습니다.

+ Rent Fee
한 달에 얼마를 지불할 것인지를 뜻하는 것으로 한국식 개념으로 월세의 개념으로 생각하시면 됩니다.

+ Nego
Negotiation(협상)의 줄임말을 뜻합니다. 이는 집주인과 가격을 두고 조절하는 일종의 흥정이라고 생각하시면 되겠습니다.

+ Hydro
공과금의 종류로 수도와 전기로 한정되는 좁은 의미의 공과금이 되겠습니다.

+ Dowmpay
계약하면서 나머지 잔금을 지불하는 것을 의미합니다.

+ Appliances
TV, 전자렌지, 냉장고, 식기세척기, 스토브를 통틀어 기본 가전 제품 5개를 말합니다.

+ Utility
Hydro와 비교했을 때 보다 넓은 것을 의미합니다. 여기에는 가스, 인터넷, 전기 및 상하수도의 모든 사용료를 통틀어 가리킵니다.

보증금을 제대로 받으려면 이런 점들을 세심하게!

하나. 발품이 중요하다! 해당 아파트 주인을 직접 만나 이야기하기.
둘. 주인과의 계약기간을 확인하고 이를 지키지 못했을 때에 관해 주인과 이야기 하라!
셋. 계약서는 중요하다! 계약서내 있는 이름이 실제 거주자 이름인지 확인하라!
넷. 집 상태는 꼼꼼하게 체크하고 주인에게 수시로 알릴 것!
　(청소 상태에 대해 계약 만료 후 엉뚱한 트집으로 보증금이 깎일 수 있다.)

Advice　아파트의 가격은 아파트 내의 룸이 몇 개인가에 따라 가격이 천정부지로 솟습니다. 더불어 아파트 계약마다 각기 다른 약관이 있습니다.

memo　　　　　렌트의 Take Over를 이용하자!

렌트시에는 Take Over를 할 수도 있는데 Take Over는 전 임대인이 사용하던 텔레비전, 책상, 침대, 소파 등의 집기를 새로 계약하는 임대인에게 넘기는 경우를 말한다. 집기의 상태와 종류에 따라 가격차가 크고, 본인이 필요하지 않은 물품까지 함께 받아야 하는 경우가 많으므로 새로 구입하는 것과 Take Over 했을 때의 가격차를 잘 따져보고 신중하게 결정하는 것이 좋다.
렌트 정보는 지역 신문이나 생활정보지 Classifieds 섹션 For Rent 목록을 통해 찾을 수 있다.

Take Over 시 유의사항

집에 필요한 물품들만을 구비해야 하는 유학생들에게 가장 적합한 Take Over!
계약한 당사자가 오기 전에 사용하던 사람이 쓰던 것을 돈을 지불하고 고스란히 이어 쓰는 Take Over는 저렴한 가격에 혹은 같은 가격에 좋은 제품의 것들을 많이 이용할 수 있다는 것이 가장 큰 장점이다. 허나 다음과 같은 사항들을 유의하자.

하나. 지나치게 비싼 가격은 금물! 본인에게 필요없는 물품이라면 구매하지 말 것!
둘. Take Over를 팔 경우에 비싼 가격에 내놓지 말 것!
　(지나친 금액으로 내놓다가 높은 가격으로 인해 집을 팔 수가 없다!)

CHAPTER 04. 유스호스텔

 현지에서 숙소를 정하기 전에 잠시 머물 목적으로 주방이나 화장실, 샤워실 등을 공동으로 사용할 수 있도록 시설이 갖추어져 있는 유스호스텔을 이용할 수 있다.
 대체로 대도시나 유명 관광지에 있는 큰 호스텔들은 시설이 잘 갖춰져 있다. 허나 작은 호스텔이라도 시설이 좋지 않은 곳은 거의 없다. 대부분의 호스텔에는 부엌(Kitchen)이 마련되어 있어 식사 준비에 필요한 도구들이 준비되어 있다.
 화장실과 샤워실은 공동으로 사용하게 되며 여기에서 묵는다면 갖고 온 짐의 안전과 보안을 위해 자물쇠가 필수이다. 분실의 가능성이 있는 열쇠 자물쇠보다 번호식 자물쇠를 추천한다.
 유스호스텔에 대한 정보와 예약은 90여개국 4000여개의 유스호스텔 연합인 HI(Hostelling International) 홈페이지를 통해 가능하다. 예약을 위해서는 유스호스텔 연합(www.hihostels.com) 메인페이지에서 국가(캐나다)와 도시(밴쿠버)를 선택한 후 숙박기간과 인원을 정하면 예약이 가능한 호스텔 목록이 나타나며, 각 호스텔들의 요금내역과 사진, 사용자들의 평가, 체류후기 등의 세부내역을 확인할 수 있다.

> **Advice**
>
> 캐나다 유스호스텔 샤워실은...
> 샤워실은 공동 샤워실이지만 우리나라의 대중 목욕탕과는 다릅니다. 칸막이로 다 나뉘어 있으며, 샤워 부스 여러 개가 있는 시설이라고 보시면 되겠습니다. 이 밖에 동전을 넣고 사용하는 유료 공동 세탁기도 구비되어 있습니다.

이야기가 있는 캐나다 어학연수

- 잃었던 한 시간을 되찾는 11월 첫째 주 일요일, Daylight Saving Time

캐나다에서 11월 첫째 주 일요일은 3월 둘째 주 일요일에 잃었던 한 시간을 되찾는 날이다.
일광 절약 시간제(Daylight Saving Time)가 끝나기 때문이다.
일광 절약 시간제는 2007년부터 3월 둘째 주 일요일에 시작하여 11월 첫째 주 일요일에 종료되는데 새벽 2시에 적용된다. 2007년 이전에는 4월 첫째 주 일요일에 시작해서 10월 마지막 주 일요일에 끝이 났다. 미국과 캐나다 그리고 멕시코에서 일광 절약 시간제는 동일하게 적용된다. 일광 절약 시간제는 왜 일요일에 시작되고 끝날까?
그 이유는 시간이 바뀜에 따라 발생하는 사회적 불편을 최소화 할 수 있기 때문이다. 일요일이면 대부분의 회사들이 문을 닫으므로 시간을 변경하는 것을 까먹은 사람들이 무더기 지각하는 사태 등의 혼란을 줄일 수 있을 것이다. 하지만 교회의 상황은 다르다.
3월 첫째 주 예배에서는 일광 절약 시간제가 시작되는 3월 둘째 주 예배에 늦지 않도록 당부하는 안내를 한다. 토요일 밤 잠자리에 들기 전에 시계를 한 시간 앞으로 당겨놓지 않는다면 뜻하지 않게 일요일 예배를 놓치게 될 것이다. 텔레비전에서도 토요일 밤 9시 이후 뉴스에서는 자기 전에 미리 시간을 조정하라는 당부를 듣게 되지만 시계를 돌려놓지 않아 지각하는 사람들은 항상 있기 마련이다.
11월 첫째 주는 사정이 다르다. 이번에는 한 시간 뒤로 돌아가기 때문이다.
토요일 저녁에 한 시간을 뒤로 돌려놓지 않는다면, 일요일 예배 시간보다 미리 교회에 도착하게 된다. 그 전 주 예배에서는 일광 절약 시간제가 끝난다는 안내를 특별히 하지 않는데, 시계 맞추는 걸 잊은 사람들에게 예배 한 시간 전에 미리 도착해서 기도로 예배를 준비하는 기회를 주기 위한 넉넉한 배려(?)라는게 필자의 생각이다.
일광 절약 시간제는 제1차 세계대전 중인 1916년 4월 30일부터 10월 1일까지 독일에서 처음으로 시행되었다. 이에 뒤따라 영국이 1916년 5월 21일부터 10월 1일까지 시행했고, 미국에서는 이보다 2년 후인 1918년 3월 31일 공식적으로 시행되었다.

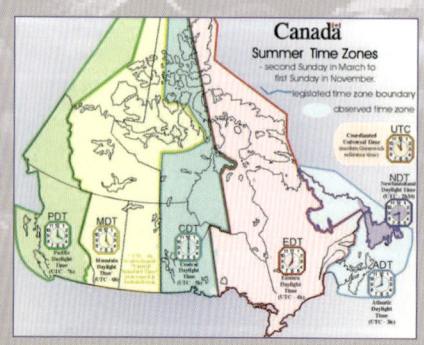 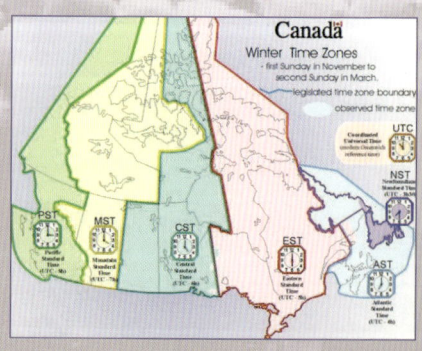

미국의 경우 처음 시행 후 얼마 지나지 않아 일광 절약 시간제가 폐지되었다가 1942년 다시 시행되었는데, 4월 첫째 주 시작, 10월 마지막 주 끝으로 정해진 것은 1986년이다. 캐나다에도 일광절약제를 따르지 않는 지역이 있다.

2005년 미의회를 통과한 법에 따라 2007년부터 일광 절약 시간제 기간이 늘어나 3월 둘째 주에 시작해서 11월 첫째 주에 끝나게 됐다. 미국 본토와 국경을 이루고 있는 멕시코와 캐나다는 미국의 결정에 불만이 많았지만 미국과 원활한 경제교류를 위해서 미국방식에 따르고 있다. 일광 절약 시간제는 오후 늦게까지 떠있는 해를 이용해 전등 등의 에너지 소비를 줄이겠다는 것이다.

예를 들어, 겨울에는 오전 7시 전후에 날이 밝아서 오후 6시 전후에 어두워지는데, 늦봄부터 해지는 시간이 점점 늦어져 오후 8시 전후에 어두워진다. 10시에 잠자리에 든다고 가정했을 때, 해가 떨어져 어두운 오후 8시 전후부터 10시까지 약 2시간 정도 실내에서 전등을 사용하게 된다. 이때 일광 절약 시간제를 시행해 시계를 한 시간 앞당기면 오후 9시부터 전등을 켜게 되니 잠들기 전까지 약 1시간 정도만 전등을 사용하게 된다. 1973년 에너지 파동으로 일광 절약 시간제를 연장했을 때 미국의 교통관리청의 연구 결과에 따르면, 일광 절약 시간제 시행으로 3, 4월에만 유류 소비량이 하루 만 배럴 절약되었고, 2천 건의 부상사고 예방효과와 50건의 사망사고 예방효과로 2천8백만 달러(2005년 10월말 환율기준. 약 290억원)의 교통관련 비용이 절감되었다고 한다.

일광 절약 시간제를 반대하는 측에서는 일년에 두 번씩 시간을 바꿈에 따라 발생하는 사회적 비용과 불편함이 오히려 더 큰 에너지 낭비이며, 현재와 과거의 생활방식이 다르기 때문에 예전만큼의 에너지절약 효과를 기대하기 어렵다는 입장이다. 늦게까지 해가 떠 있으니 사람들이 더 많이 활동하게 되어 에너지 소비가 늘어난다는 지적이다.

일광 절약 시간제에 대한 찬반의견이 분분하지만 현재 시행되고 있고, 한국을 포함한 세계 여러 나라들이 그 영향을 받고 있다. 한국은 일광 절약 시간제를 시행하지 않지만 캐나다, 미국행 항공기 시간표와 국제금융거래 등 일광 절약 시간제의 영향을 직접적으로 받고 있다. 국제화, 세계화로 국가 간 경계와 담이 점차 낮아지고 있는 것을 일광 절약 시간제를 통해서도 느낄 수 있는 대목이다.

	Canadian Province / Territory	Standard Time	Daylight Time
AB	Alberta, Canada	GMT-7	GMT-6
BC	British Columbia, Canada (most)	GMT-8	GMT-7
MB	Manitoba, Canada	GMT-6	GMT-5
NB	New Brunswick, Canada	GMT-4	GMT-3
NF	Newfoundland, Canada	GMT-3:30	GMT-2:30
NT	Northwest Territories, Canada	GMT-7	GMT-6
NS	Nova Scotia, Canada	GMT-4	GMT-3
NU	Nunavut, Canada (Mountain)	GMT-7	GMT-6
NU	Nunavut, Canada (Central)	GMT-6	GMT-5
NU	Nunavut, Canada (Eastern)	GMT-5	GMT-4
ON	Ontario, Canada (E)	GMT-5	GMT-4
ON	Ontario, Canada (W)	GMT-6	GMT-5
PE	Prince Edward Island, Canada	GMT-4	GMT-3
QC	Québec, Canada	GMT-5	GMT-4
QC	Québec, Canada (E)	GMT-4	NA
SK	Saskatchewan, Canada	GMT-6	NA
SK	Saskatchewan, Canada (Lloydminster)	GMT-7	GMT-6
YK	Yukon, Canada	GMT-8	GMT-7

- 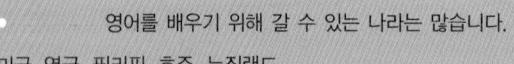 영어를 배우기 위해 갈 수 있는 나라는 많습니다.

미국, 영국, 필리핀, 호주, 뉴질랜드…

수많은 영어권 국가 중에서도 캐나다에 유독 이끌리신 여러분!

캐나디리는 나라가 어떤 곳인지 흥미가 생기지 않나요?

자! 여러분들이 선택한 캐나다에 대해 감을 좀 봐 두자구요.

지금부터 여러분들이 가실 캐나다에 대해 알아두시면 유익한 정보만을 소개합니다.

캐나다는 이런 나라!

CHAPTER 01.
한 눈으로 들여다보는 한국과 캐나다

CHAPTER 02.
캐나다 행정구역

CHAPTER 03.
캐나다 공휴일

CHAPTER 04.
캐나다의 화폐는?

CHAPTER 01. 한 눈으로 들여다보는 한국과 캐나다

	🇰🇷	🇨🇦
위치	동아시아	북아메리카
국토면적 (해역포함)	99,274 km² (세계 108위)	9,984,670 km² (세계 2위)
국경선	238km (북한)	8,893km (미국) - 알래스카 포함
해안선	2,413km	202,080km
최고도	1,950m (한라산)	5,959m (Mount Logan)
경작지	17.18%	4.96%
인구	48,754,657 (세계 26위)	34,030,589 (세계 37위)
연령비	0-14세 : 15.7% 15-64세 : 72.9% 65세 이상 : 11.4%	0-14세 : 15.7% 15-64세 : 68.5% 65세 이상 : 15.9%
주요도시 인구수	서울(수도) 977만8천명 부산 343만9천명 인천 257만2천명 대구 245만8천명 대전 149만7천명	오타와(수도) 117만명 토론토 537만7천명 몬트리올 375만 밴쿠버 219만7천명 캘거리 116만명
기대수명	남 : 75.84 세, 여 : 82.49 세	남 : 78.81 세, 여 : 84.1 세
민족구성	단일민족	영국계 28%, 프랑스계 23% 기타 유럽 15% 인디언 2%, 기타 6%, 혼혈 26%
종교 구성	무교 49.3%, 개신교 19.7% 카톨릭 6.6%, 불교 23.2% 기타 2%	카톨릭 42.6%, 개신교 23.3%, 성공회교 6.8%, 침례교 2.4%, 루터교 2%, 기타 기독교 종파 4.4% 이슬람교 1.9%, 기타 11.8%, 무교 16%
언어	한글	영어 59.3%, 불어 23.2%, 기타 17.5%
정부형태	입헌 공화국, 대통령제	입헌군주제, 의원내각제, 연방제
수도	서울 (Seoul)	오타와 (Ottawa)
주요 행정구역	9 도 6 광역시 1 특별시	10 주 3 준주
독립기념일	1945년 8월 15일	1867년 7월 1일
헌법제정	1948년 7월 17일	1867년 3월 29일
GDP	1조 70억달러 (세계 15위)	$ 1조 5740억달러 (세계 9위)
1인당 GDP	2만591달러 (세계 34위)	4만 6215달러 (세계 11위)
주요 수출국	중국 23.9%, 미국 10.4%	미국 75.1%
교육예산	GDP의 4.2% (세계 96위)	GDP의 4.9% (세계 66위)
국방비	GDP의 2.7%	GDP의 1.1%

*자료출처 : CIA, The World Factbook

CHAPTER 02. 캐나다 행정구역

캐나다는 10개의 주(Province)와 3개의 준주(Territory)로 이루어져 있으며, 각 주의 명칭은 아래와 같다.

주(Province)	준주(Territory)
① 브리티시 컬럼비아 British Columbia ② 앨버타 Alberta ③ 사스캐츄완 Saskatchewan ④ 매니토바 Manitoba ⑤ 온타리오 Ontario ⑥ 퀘벡 Quebec ⑦ 뉴브런즈윅 New Brunswick ⑧ 노바스코샤 Nova Scotia ⑨ 프린스 에드워드 아일랜드 Prince Edward Island ⑩ 뉴펀들랜드 Newfoundland	⑪ 유콘 Yukon ⑫ 노스웨스트 Northwest ⑬ 누나부트 Nunavut

CHAPTER 03. 캐나다 공휴일

캐나다는 국가 공휴일과 연방정부 공휴일, 그리고 주정부 공휴일을 혼용하고 있다. 국가 공휴일을 제외한 연방정부 공휴일에 대해서는 주마다 자체적으로 시행여부를 결정하고 있으며, 독자적인 주정부 공휴일도 있다. 또한, 한국에서 도입 논의를 하고 있는 대체 휴일제를 시행하고 있어 토요일과 일요일이 휴일과 겹치는 경우 월요일을 휴일로 한다.

캐나다 공휴일

휴일	날짜	구분
New Year's Day	1월 1일	국가 공휴일
Family Day	2월 셋째주 월요일	주정부 공휴일 - Alberta, Ontario, Saskatchewan, Prince Edward Island, Manitoba (Louis Riel Day)
Good Friday	부활절(3~4월) 전 금요일	국가 공휴일
Easter Day	부활절(3~4월) 후 월요일	공식 공휴일은 아니지만 대부분의 정부기관 및 상점이 휴무
Victoria Day	5월 24일에서 가장 가까운 월요일 - 빅토리아 여왕 생일을 기념	연방정부 공휴일 공휴일 미지정 주정부 - Nova Scotia, Prince Edward Island, Newfoundland
Canada Day	7월 1일 - 독립기념일	국가 공휴일 Newfoundland (Memorial Day)
Civic Holiday	8월 첫째주 월요일	주정부 공휴일 - Nunavut, Northwest Territories, Manitoba British Columbia (British Columbia Day) New Brunswick (New Brunswick Day) Saskatchewan (Saskatchewan Day), Alberta (Heritage Day) Ontario (John Galt Day + Simcoe Day) Nova Scotia (Natal Day)
Labour Day	9월 첫째주 월요일 - 노동절	국가 공휴일
Thanksgiving Day	10월 둘째주 월요일 - 추수 감사절	연방정부 공휴일 공휴일 미지정 주정부 - Nova Scotia, Prince Edward Island, Newfoundland
Remembrance Day	11월 11일 - 현충일	연방정부 공휴일 공휴일 미지정 주정부 - Ontario, Quebec
Chrismas Day	12월 25일	국가 공휴일
Boxing Day	12월 26일	연방정부 공휴일 주정부 공휴일 - Ontario, New Brunswick 대부분의 회사가 유급휴일로 운영

CHAPTER 04. 캐나다의 화폐는?

캐나다는 현재 5종의 지폐와 7종의 주화를 사용하고 있다. 5종의 지폐 외에 1,000달러 지폐도 있었지만 불법 돈세탁 문제로 2000년도에 사용 중단되어 현재는 통용되지 않는다. 주화는 앞면에 모두 엘리자베스 여왕 2세가 새겨져 있으며, 뒷면에는 1센트-단풍잎, 5센트-비버, 10센트-범선, 25센트-순록, 50센트-캐나다 왕실군대 상징, 1달러-물새, 2달러-북극곰이 새겨져 있다. 주화는 1센트를 페니, 5센트를 니클, 10센트를 다임, 25센트를 쿼터, 1달러는 루니, 2달러는 투니로 부르며, 50센트는 별칭이 없다.

Advice

주화 별칭 이벤트 행사를 챙기자!
캐나다에서는 주화의 별칭을 이용한 마케팅 행사를 종종 볼 수 있습니다. 예를 들어, KFC에서는 매주 화요일마다 치킨 2조각과 감자칩 세트 메뉴를 2달러에 판매하는 'Toonie Tuesday' 이벤트를 진행하기도 하지요.

memo

50 달러와 100 달러가 이번에 새로 도입된다!

캐나다 중앙은행은 50달러와 100달러 신권을 2011년 6월 공개하면서 100달러는 2011년 11월부터 50달러는 2012년 3월부터 도입할 예정이다. 100달러 지폐에는 기존 100달러와 동일하게 1911년부터 1920년까지 캐나다 총리를 역임한 Sir Robert L. Borden의 초상화가 실렸고, 50달러 지폐에는 1921년부터 1930년까지와 2915년부터 1948년까지 두 번에 걸쳐 캐나다 총리를 역임한 W.L. Mackenzie King의 초상화가 담겼다.

이야기가 있는 캐나다 어학연수

– 집 뒤뜰에서 이웃사랑 가꾸는 '정원축제'

필자는 캐나다 UBC 유학 중 한겨레신문, KBS 등을 통해 언론활동을 하면서 생활 속 다양한 형태로 이뤄지는 캐나다 자원봉사 문화를 확인했었던 경험이 있는데 그 중 [한겨레신문]에 실었던 밴쿠버 델타지역 호스피스협회가 진행하는 흥미로운 형태와 방식의 자원봉사 예를 소개하겠다.

[한겨레] 집 뒤뜰서 이웃사랑 가꾸는 '정원축제' (2005년 6월 25일)
– 캐나다 호스피스협회 주민취미 활용 홍보·모금

▲ 방문객들에게 자신이 가꾼 정원에 대해 설명하는 시실리아 던칸(59·왼쪽에서 두번째)

지난 18일 밴쿠버 델타시 래드너 마을과 트와슨 마을에서는 델타 호스피스협회가 주최하는 정원 축제가 열렸다. 올해로 아홉 번 째를 맞는 정원축제는 호스피스협회의 종합간호시설 건립기금 모금을 위한 것이다. 호스피스란 죽음을 앞둔 환자를 보살펴주는 봉사자를 말한다.

이날 행사는 두 마을에서 선정된 11개 가정이 자신들의 뒷마당을 공개하는 것이다. 델타 늘푸른 정원 동호회가 호스피스협회와 협력해 정원을 개방할 11개 가정을 선정했다. 회원 가정이 아닌 집도 주위의 추천을 받아 선정됐다. 아무런 대가도 없는 행사이지만, 이들은 기꺼이 참여한다. 정원축제 관람을 위한 10 캐나다 달러(약 9천원)의 입장권은 동네 가게 5곳에서 판매를 대행해주었다.

 자신의 정원을 개방한 시실리아 던칸(59ㆍ지역 도서관 사서)은 "늘푸른 정원 동호회원은 아니지만 정원 가꾸기가 취미라서 하루에 한시간 이상씩 시간을 내 정원을 가꿔왔다"며 "호스피스협회 행사에 도움이 될까해 4년째 행사에 참여하고 있다"고 말했다.

 또다른 집 정원에서 집주인을 대신해 방문객들을 맞고 있던 카렐 바이니(62)는 "이 집 할머니가 그저께 돌아가셨지만, 호스피스가 그동안 할머니를 돌봐준 고마움에 포기하지 않고 정원을 공개하고 있다"고 말했다.

 정원축제 장소로 선정된 11개 정원은 오후 내내 관람객들로 북적였다. 참가번호 2번 집 앞 천막에서 호스피스협회 회원들은 관람객들에게 협회 활동을 열심히 설명했다. 캠페인 담당자인 린다 페커(50)는 "올해의 주요 사업 목표는 종합간호시설 부지 확보"라며 "지역 주민들의 공감대와 지원이 필요하기 때문에 이런 행사를 통해 주민에게 좀더 가까이 다가서려는 것"이라고 말했다. 그는 "지금까지 모금액은 1만 캐나다달러(약 9백만원)"라며 "모두 250만캐나다 달러(약 22억원)가 필요하지만 반드시 해낼 것"이라고 자신감을 내보였다.

 오후 5시께 끝난 이날의 축제는 지역 공동체의 중요성을 일깨워줬다. 대중적인 취미를 활용해 상대적으로 관심이 덜한 호스피스 활동을 홍보하는 이들의 지혜가 돋보였다.

앞선 PART에서 언급했던, 캐나다에 대한 소개로 독자 여러분들께서 어느 정도 캐나다에 대해서 파악되셨으리라 생각됩니다.

이번 PART에는 여러분들이 실제로 캐나다에서 마주하며 대할 수 있는 상황과 생활에서 당황하지 않도록 많은 정보를 담았습니다. 하지만 말이 통하지 않는다고 지레 소극적인 자세를 취하는 것은 금물입니다. 외국어를 배울 때는 물론, 타지에서 여러분들이 살아남기 위해서 필요한 것은 열정과 적극적인 자세입니다.

Part 06

캐나다 생활 적응기

CHAPTER 01.
캐나다는 물론, 한국으로 전화할 때는 이렇게!
통신 수단 이용법

CHAPTER 02.
대중교통 이용하기

CHAPTER 03.
자동차 렌트하기

CHAPTER 04.
캐나다 쇼핑 Point

CHAPTER 05.
캐나다 마트 알아보기

CHAPTER 06.
캐나다 병원 및 약국 이용법

CHAPTER 07.
캐나다 은행과 지불 방식 알아보기

CHAPTER 08.
캐나다 영화관 살펴보기

CHAPTER 09.
캐나다 지역별 맛집을 찾아서

CHAPTER 01. 캐나다는 물론, 한국으로 전화할 때는 이렇게!
통신 수단 이용법

memo 현지에 막 도착했을 때 유용한 공중전화

Pay phone 또는 Public phone이라 하는 공중전화는 Bell이나 Teles와 같은 거대 통신사에 의해 운영되고 있다. 캐나다의 공중전화 이용요금은 50센트다. 캐나다 시내 통화로 할 경우 시간에 관계없이 단 50센트로 얼마든지 사용할 수 있는 이점이 있다.

★ 캐나다에서 공중전화 이용법

한국에서는 서울에서 서울로 전화를 걸 경우 지역번호 02를 붙이지 않고 지역별 국번과 나머지 네자리 번호만 누르면 된다. 캐나다에서는 시내통화의 경우에도 지역번호를 포함한 10자리의 번호를 입력해야 한다. 또한, 다른 지역번호로 전화를 걸 경우에는 맨 앞에 1을 포함해서 11자리의 번호를 입력해야 한다.

예시 밴쿠버에서 밴쿠버로 전화를 걸 때 :
'604-609-2010' 와 같이 '지역번호+(3자리)국번+(4자리)번호'

밴쿠버에서 토론토로 전화를 걸 때 :
'1-647-346-0705' 와 같이 '국가번호+지역번호+(3자리)국번+(4자리)번호'

국제전화 식별번호	한국 국가번호	지역번호(0 제외)	전화번호
011	82	2	1599-1887

Advice

캐나다 도시별 지역번호			
노바스코샤 (NovaScotia)	902	노스베이 (NorthBay)	705
노스웨스트 (Northwest)	867	뉴브런즈윅 (NewBrunswick)	506
뉴펀들랜드섬 (Newfoundland)	709	런던 (London)	519
매니토바 (Manitoba)	204	몬트리올 (Montreal)	514
미시소거 (Mississauga)	705	밴쿠버 (Vancouver)	604
브리티시 컬럼비아 (British Columbia)	250	빅토리아 (Victoria)	250
서스캐츠완 (Saskatchewan)	306	선더베이 (ThunderBay)	807
셔브룩 (Sherbrooke)	819	아보츠포드 (Abbotsford)	604
에드먼턴 (Edmonton)	780	오타와 (Ottawa)	613
윈저 (Windsor)	519	유콘 (Yukon)	867
캘거리 (Calgary)	403	퀘벡 (Quebec)	418
킹스턴 (Kingston)	613	토론토 (Toronto)	416
포트윌리엄 (FortWilliam)	807	프린스 에드워드 (Prince Edward Island)	902
해밀턴 (Hamilton)	905		

memo   단기 연수의 경우 현지 렌탈폰이 제격!

장기 유학과 달리 1년 내외의 어학연수의 경우, 현지 렌탈폰을 사용하면 장기 약정과 핸드폰 구입의 부담을 덜 수 있는 장점이 있다. 요금제도 현지 핸드폰 구입 시와 큰 차이가 없으며, 한국에서 출발하기 전에 미리 배송을 받아 캐나다에 도착하는 즉시 사용할 수 있는 서비스도 제공하고 있다. 한국어 서비스를 받을 수 있는 캐나다 한인 렌탈폰 회사인 모비랜드(www.mobiland.ca)의 요금제는 아래와 같으며, 캐나다 이동통신 요금은 발신뿐만 아니라 수신 시에도 요금이 부과되므로 수신과 발신이 구분되어 요금제가 구성되어 있다.

요금제		월 기본료	무료통화(시내)	무료문자	기타
수신무제한 (일반 휴대폰)		34.98달러	발신 - 100분 수신 - 무제한	무제한	저녁/주말 무료통화
스마트폰		49.99달러	발신+수신 - 300분	100건	저녁/주말 무료통화 데이터 500MB 무료
		59.99달러	발신+수신 - 500분	500건	저녁/주말 무료통화 데이터 500MB 무료
		69.99달러	무제한	무제한	저녁/주말 무료통화 데이터 1GB 무료
일일렌탈		2달러/1일	무제한	무제한	-

◇ 수신무제한 요금제
* 저녁 무료통화 : 월~금, 오후 7시~오전 7시
* 무료옵션 : 휴대폰보험, 발신자 번호표시, 음성사서함, 3자통화, 착신번호 전환

◇ 스마트폰 요금제
* 저녁 무료통화 : 월~금, 오후 9시~오전 7시
* 필수 추가옵션 9달러 : 발신자 번호표시, 음성사서함, 3자통화, 착신번호 전환

CHAPTER 02. 대중교통 이용하기

memo 　　　　　캐나다 대중교통은 한국과 다르다.

　어학연수생들이 캐나다에 도착해서 대중교통을 처음 이용하며 느끼는 한국 대중교통과의 차이점은 아래와 같다.

첫째. 한 번 구입한 티켓으로 정해진 시간동안 추가요금 없이 자유롭게 환승 가능.
둘째. 버스에 정차 버튼이 없으며 대신 노란색 줄을 당겨서 정차 신호를 하는 것.
셋째. 장애인 탑승을 위해 버스가 정류장으로 기울어지는 기능 탑재.
넷째. 버스에서 내릴 때는 출입문을 살짝 밀거나 출구 계단에 내려서야 하는 것.
다섯째. 현금으로 버스 탑승시 거스름돈이 없어 정확한 금액을 준비해야 하는 것.

　캐나다는 각 주마다 독자적인 대중교통 시스템을 운영하고 있어 대중교통 종류와 요금에 차이가 있지만 대중교통을 이용하는 방법은 크게 다르지 않으므로 캐나다 서부의 대표도시인 밴쿠버의 대중교통 체계를 통해 캐나다 대중교통 이용방법을 이해해보자.

　아래 글은 메트로폴리스 유학연구소 홈페이지(www.metropolice100.com)에 연재하고 있는 '다연이의 유학일기' 를 발췌해 인용한 내용입니다.

memo 　　　　　캐나다 대중 교통 이용시에는 Zone을 알아야 한다!

　캐나다는 지역을 몇 구역으로 나누어서 구역 경계선을 지나는 여부에 따라 요금이 달라지는데 이때 나누어지는 지역들을 부를 때 1존, 2존, 3존이라고 한다. 밴쿠버는 3존까지 있는데, 주에 따라 더 많아지는 경우도 있다.

요금은 자신의 출발 지역부터 도착지까지 몇 개의 경계를 넘느냐에 따라 결정된다.

이렇게 밴쿠버 대중교통은 그림과 같이 크게 세지역으로 나뉜다.

· **빨강** (1존) : 밴쿠버 (다운타운 포함)
· **주황** (2존) : 노스밴쿠버, 웨스트밴쿠버, 버나비, 리치몬드 지역
· **파랑** (3존) : 코퀴틀람, 써리, 델타, 랭리 등

요금의 종류는
Single Fare, Fare Saver Tickets, Monthly Pass

Single Fare

우선 가장 기본적인 요금으로 Single Fare가 있는데 버스나 지하철 이용시 즉시 현금으로 지불하는 요금을 말한다. 단, 명심해야 할 것은 버스에서는 잔돈을 거슬러 주지 않으므로 미리 맞추어 내지 않으면 손해를 볼 수 있다.

요금은 Adults(어른)와 Concession(아이, 학생, 경로, 장애인) 크게 두 가지로 나누어진다.

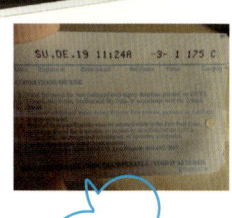

요금표

Regular Fares	Zone	Adult	Concession
Weekdays from start of service to 6:30 p.m.	1 Zone	$2.50	$1.75
	2 Zone	$3.75	$2.50
	3 Zone	$5.00	$3.50
Weekdays after 6:30 p.m. and all day Saturday, Sunday and Holidays	All Zones	$2.50	$1.75

HandyDART* Single Fares

Single Fares	
1 Zone	$2.50
2 Zone	$2.50
3 Zone	$3.75
4 or more Zones	$5.00

일일권의 앞모습과 일일권 뒷모습

Advice

가끔이지만 버스기사가 학생증 제시를 요구하여 학생 신분이 맞는지 확인하기도 합니다.
이 경우에 갖고 있는 학생증을 제시하기만 하면 됩니다.

일일권을 사용하는 경우 평일 오후 6시 30분 이후와 주말과 공휴일에는 할인된 요금을 적용받을 수 있다. 쉽게 말해서 이 기간에는 단 1존 요금만으로 1, 2, 3 존에 구제받지 않고 대중교통을 이용해 어디든지 갈 수 있다. 단, 일일권은 유효기간이 하루가 아닌 티켓 구입 후 90분 동안만 이라는 것을 염두해 두자!

〈한 줄 정보!〉
1. 빨간색 밴쿠버 지역 안에서만 이동시 : 1존 요금 2.50달러 (어른기준)
2. 주황색 Richmond 지역에서 같은 주황색 구간인 Burnaby로 이동 시 : 1존 요금 2.50달러
3. 주황색 Richmond 지역에서 Zone의 경계선을 넘어 빨간색인 맨구버로 이동 시 : 2존 요금 3.75달러
4. 파란색 Delta 지역에서 Zone의 경계선을 두번 넘어 빨간색인 밴쿠버로 이동 시 : 3존 요금 5.00달러

Fare Saver Tickets

10장의 티켓을 한 묶음으로 파는 이 티켓은 기본요금보다 4달러의 돈을 절약할 수 있다. 어른의 1존 요금이 2.50달러이고 10장 묶음인 이 Fare Savor Tickets이 요금이 21달러이므로 무려 16%나 절약이 가능하다!

요금표

FareSaver Tickets Book of 10 tickets	Zone	Adult	Concession*
Regular fares Weekdays from start of service to 6:30 p.m.	1 Zone	$21.00	$17.00
	2 Zone	$31.50	N/A
	3 Zone	$42.00	N/A

이 티켓은 7-Eleven, Safeway 그리고 London Drugs에서 구입할 수 있다.

단, Fare Saver Tickets의 경우 뒷면에 90분의 유효기간이 적혀있지 않다.

버스를 이용할 경우에는 기사 앞에 있는 기계에 카드를 화살표를 아래로 향하게 하여(화살표가 자기쪽 방향으로) 넣으면 유효기간이 인쇄되어 나온다. 하지만 Sky Train/SeaBus 이용시 따로 입구를 막아서 표를 확인하는 개찰구가 없기 때문에 스스로 Ticket Validator 라는 기계를 찾아서 티켓을 유효화시켜야 한다.

Ticket Validator

Monthly Pass

우리나라 개념으로 한 달 정액권제에 해당한다. Monthly Pass는 색깔에 따라 용도가 다르다.

노란색 Monthly Pass는 1존 Monthly Pass로 하나의 존 안에서만 유효하다. 1존이면 1존이내 이렇게 같은 색깔의 구역에서만 사용할 수 있다는 의미다. 단, 다른 존의 경계를 넘어갈 경우에는 추가요금을 지불해야 한다.

빨간색 Monthly Pass는 2존 Monthly Pass로 두 개의 존을 다닐 수 있다. 1존 지역인 밴쿠버에서 2존 지역 리치몬드/버나비 아니면 2존 지역인 리치몬드/버나비에서 3존 지역 델타 등으로 이동이 가능하다. 옆의사진에서 1/2 라는 숫자를 보자. 만약 1존에서 2존을 다닐 경우에는 긁지 않고 그대로 사용하면 되지만 2존과 3존을 다닐 경우에는 1/2 표시를 긁으면 2/3 이라는 숫자가 나타난다. 이는 각 존을 이동할 때의 존을 나타내 주는 것이다.

Q Monthly Pass에도 긁는 법이 있다?!
A. Monthly Pass 노랑, 빨강, 초록 순서대로 ①②③ 세 개의 숫자가 있는데, 그중에 꼭 하나만 복권처럼 긁어 주셔야 합니다. 한 개 이상 긁으면 무효티켓이 되어버려 사용할 수가 없습니다.
Monthly Pass 뒷면에 나와있지만, 밴쿠버에서만 다닐 경우 1번을 긁고, 버나비, 리치몬드 등은 2존 구간이므로 2번을 긁고, 그외 써리나 델타 등 3존 지역에만 다닐 경우는 3번을 긁어줍니다.

아래 있는 두 개의 Monthly Pass는 Concession Pass 와 3존 Monthly Pass로 존의 구분없이 1존/2존/3존 어디든 다닐 수 있는 티켓이다. 때문에 이 티켓에서는 아무것도 긁을 필요가 없다.

〈한 줄 정보!〉
Monthly Pass 사용법을 익히자!
하나. 버스를 탈 때 운전 기사에게 보여주고 당당하게 들어가기!
둘. 한 달 정액권은 오로지 그 달에만 유효하다!
예시 12월 정액권을 12월 20일에 샀다고 해서 다음달 1월 20일까지 이용할 수 있다는 것이 아니다! 매월 1일부터 말일까지라는 점!

Advice
Monthly Pass는 매일 대중 교통을 이용하지 않으면 손해입니다. 때문에 매일 대중교통으로 출퇴근 하는 직장인 또는 등하교 하는 학생들이 많이 이용합니다.

Day Pass

밴쿠버 일일관광을 목적으로 만들어진 이 티켓은 하루 종일 존이나 횟수에 상관없이 모든 대중교통을 이용할 수 있는 티켓이다. Fare Saver Ticket과 같이 이것 역시 앞서 언급한 Ticket Validator 기계로 티켓을 유효화시켜야 한다. 어른의 요금은 9달러, Concession의 요금은 7달러이다.

memo   캐나다 버스는 한국과 다르다!

캐나다 버스에는 한국처럼 내리는 곳의 안내방송은 물론, 잔돈도 거슬러 받을 수 없고, 정류장 이름 대신에 길의 교차점으로 내리는 곳을 알려주거나, 어디에도 하차 버튼이 보이지 않는 등 당황스러운 점이 이만저만이 아니다.

기본적으로 캐나다의 버스 승차는 앞문, 하차는 뒷문으로 우리나라와 같다. 하지만 앞문으로 내려도 문제가 되지 않는다. 요금은 앞문에 배치되어 있는 기계에서 지불하며 따로 요금을 받거나 검사하는 사람이 없이 탑승자의 양심에 맡기는 시스템을 취한다.

버스 승차 시 요금 지불 방법

현금으로 지불할 때는 버스 앞문에 배치되어 있는 기계에 동전을 넣고 Transfer 티켓을 받는다. 밴쿠버에 있는 모든 대중교통(SeaBus, 지하철, 버스)은 모두 같은 티켓을 사용하니, 나중에 따로 살 필요는 없다. 이 때문에 버스 외에 지하철이나 SeaBus로 환승한다면 티켓을 버리지 말고 꼭 소지하자!

티켓은 처음 끊고 난 후 90분 이후까지 유효하니 이점도 잊지 말자. 더불어 잔돈은 기계에서 받을 수 없고 지폐로 지불되는 것 또한 불가하다는 사실 역시 필수 사항!

check 캐나다 버스 요금통을 살펴보자!

요금통 앞에는 대중교통 요금 스티커가 붙여져 있습니다. 오른쪽 커다란 구멍에 동전을 넣으면 왼쪽 작은 구멍에서 티켓이 나오고, 이미 티켓을 구매하신 분들은 티켓 앞면에 있는 ↓ 화살표 부분이 자신을 향하게 해서 왼쪽구멍에 넣으시면 끝!

버스 하차 시 유의사항

한국 버스 하차 때와 마찬가지로 눈에 보이는 빨간색 하차 버튼을 누르면 된다는 생각으로 캐나다에 온다면 버스에서 내리지 못한 채 정류장을 지나쳐야 될 지도 모른다. 캐나다 버스 내부를 둘러보면 하차 시에 이용하는 것은 버튼이 아닌 노란색 줄이다. 이 노란색 줄을 잡아당기면 버스 앞에 있는 표시판에 빨간색으로 'Stop'이라는 문구가 뜨고 하차가 가능하게 된다.

혹시 어디서 내려야 되는지 모르거나 잘 모르는 초행길에는 버스 기사에 물어보면 No problem! 단, 버스에 문이 하나밖에 없다면, 기사가 알아서 열어주지만 뒷문으로 내릴 때는 방법이 다를 수도 있다는 사실을 기억해 두자!

 Advice

버스 하차 시 알아두면 좋은 영어
"I'm going to _____, would you please tell me when should I get off?"
(_____ 로 가는데, 언제 내리는지 알려주시겠어요?)
이렇게 물어본 다음, 앞자리에 앉아서 버스기사가 내리라고 할 때 내리면 고민 끝!
더불어 내리실 때 'Thank you' (very much는 옵션입니다.) 라고 말해주는 센스!(동방예의지국의 자존심을 보여줍시다!) 하지만 간혹 채용된지 얼마 안 된 초보 운전기사나, 지리공부가 덜 되신 기사를 만날 수도 있으니, 역시 만약을 대비해 항상 철저히 준비해 가셔야 겠습니다.

캐나다 버스 정류장은?

모든 버스 정류장에는 이름 대신 오른쪽 사진처럼 화살표로 표시해 놓은 번호로 정류장을 구분해 놓는다.
이 번호와 휴대폰을 이용해서 다음 버스가 언제 도착하는지 알 수 있는 기능은 뒷 페이지에서 소개한다.

 **Advice**

다음 버스 정보를 빨리 받아본다?!
여러분들이 갖고 계신 휴대폰으로도 충분히 다음에 올 버스 시간 정보를 받아 볼 수 있습니다. 휴대폰으로 버스 시간 정보를 알아보는 방법은 128p에서 소개합니다.

Sky Train

아래 글은 메트로폴리스 유학연구소 홈페이지(www.metropolice100.com)에 연재하고 있는 '다연이의 유학일기'를 발췌해 인용한 내용입니다.

우리나라의 지하철 개념의 대중교통 수단인 Sky Train은 밴쿠버에서만 운행된다. 무인 전동차의 매력을 띠는 Sky Train은 그 모습이 마치 놀이공원에 있는 모노레일의 모습을 닮았다. 한국 지하철보다 소음도 적고, 크기도 작다. 간혹 지하구간이 있기도 하지만 대부분을 지상의 고가 철로로 다니기 때문에 Sky Train이라는 이름이 붙여졌다.

이것이 현대 로템이 개발한 캐나다 라인의 전동차 앞 모습!

덧붙여 바로 지난해 2월, 세계를 축제의 열기 속에 넣은 밴쿠버 동계올림픽을 맞이하여 캐나다는 캐나다 라인 Canada Line이라는 선을 개통하였는데, 캐나다 라인 Canada Line은 밴쿠버 다운타운에서부터 밴쿠버 국제공항을 잇는 구간으로, 캐나다의 주요 관광지 중심부에 설계되어 관광객의 길잡이 역할을 톡톡히 해주었다.

이런 큰 역할에 걸맞게 캐나다는 멋진 디자인 그리고 한층 업그레이드 된 Sky Train을 제작했고 바로 이 새로운 Sky Train을 한국의 현대 로템이 제공 업체로 선정되었다.
이리하여 새로 만들어진 전동차 칸들 구석에는 'Manufactured in Korea' 마크가 선명히 박혀있다.

유학생들이라면 Sky Train 역에 최대한 가까이 사는 것이 정말 편리하다.
버스는 배차 간격이 30분~한 시간, 그리고 변수에 의해 더 늦는 경우가 많은데 Sky Train은 배차 간격이 때에 따라 3분~7분 사이이기 때문에 여러모로 편리한 점이 너무 많다. 한국 지하철과는 또 다르게 (개인에 따라 다르겠지만) 흔들림도, 소음도 적고, 앉을 자리 때문에 씨름을 해야 할 일이 거의 없다. 요금과 티켓은 버스와 동일하다.

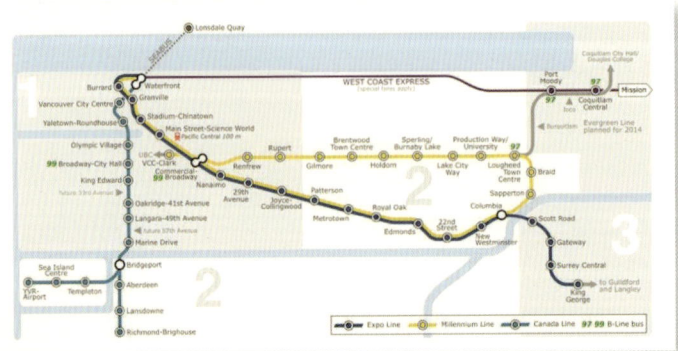

한국에서 보던 복잡한 노선도와 달리 캐나다 Sky Train은 의외로 간단하다!

Sky Train 승강장에서는 별도로 표 검사를 하는 직원도, 또는 한국처럼 카드를 대지 않으면 나가지 못하는 개찰구도 없기 때문에 자발적으로 표를 사고 내야한다. 시민의 양심에 모든 것을 맡기는 캐나다 정부가 새삼 놀라워 보일지도 모른다.

하!지!만! 검사를 하는 사람이 없으니 돈을 내지 않고 타는 사람도 많다. 여기서 조심할 것은 캐나다에서 열린 동계올림픽으로 인해 막대한 재정을 지출한 밴쿠버가, 예산을 보충하기 위해서 무임승차를 단속하는 경찰들이 많아졌다는 것을 염두해 둘 것!

 Advice
덧붙이자면, 무임승차 단속에서 걸리면 벌금이 무려 179달러라고 합니다. 이 정도 벌금이라면, 무임승차에 대한 확실한 패널티가 되겠죠?

★ Sky Train 티켓 발권 알아보기

현금이나 카드로 표를 사고 싶을 때는 승강장 앞에 위치한 기계를 이용하여 표를 끊어야 한다. 잔돈을 거슬러 주지 않는 버스와는 달리, 이 기계는 잔돈을 거슬러준다.

바로 왼쪽에 있는 사진이 표도 끊고 잔돈도 거슬러 받을 수 있는 기계의 모습이다. 이 기계를 잘 살펴보면 동전을 넣거나 지폐 혹은 신용카드로 결제하는 방법 등 다양한 결제 수단을 선택하고 있는 것을 알 수 있다. 아래는 발권방법을 소개하고 있으니 이대로만 따라하면 티켓구입 OK.

이 기계에 지불 방식을 선택해 돈을 넣자!

Sky Train 티켓 기계 화면

1. 오른쪽 옆의 화면과 같은 티켓 종류를 선택하는 화면이 보이면 화면에 보이는 다양한 방법 가운데서 지불방식을 선택해 금액을 지불합니다.

2. 신용카드(Credit)나 체크카드(Debit)로 구입할 때에는 오른쪽 아래의 화면과 같이 둘 중 하나를 선택해 클릭하고, 현금으로 지불한다면 별도의 클릭 없이 바로 돈을 넣고 화면의 지시에 따라 구입하면 됩니다.

3. 공백의 티켓이 있는 경우에는 기계 옆에 위치한 Ticket Validator, 백지장인 새 티켓을 유효화시켜 주는 기계에 넣어야 합니다.

Waterfront 역의 내부로 레스토랑과 각종 매점과 회사 사물실도 들어서 있다!

해당하는 티켓을 선택한 후에 나타나는 화면

이곳에 표를 넣어야 날짜와 유효시간이 찍힌 티켓으로 유효화된다!!

캐나다 노선의 시작과 종점의 Waterfront 역

밴쿠버가 복잡하다고? 밴쿠버 길찾기도 쉽게쉽게!

 우리 집 대문 앞에서부터 목적지까지 모든 것을 한 눈에 볼 수 있고, 어느 대중교통을 이용하면 되는지 친절하게 안내해 주는 서비스가 있다. 이를 잘 알아둔다면 밴쿠버에서 길 찾기도 문제없다! 지금부터 어렵지 않게 밴쿠버에서 길 찾는 방법을 소개한다!

방법 하나. 선구적인 구글 Map 이용하기

1. 구글을 실행하고 Google의 첫 화면으로 이동해서 해당 페이지가 열리면 메뉴 상단의 [Maps]를 클릭합니다.

Advice

캐나다 구글의 주소는 아래와 같습니다.
www.google.ca

2. [Maps]를 클릭하면 오른쪽의 이미지와 같은 메뉴들이 뜨고 그 가운데서 [Get directions]를 클릭합니다.

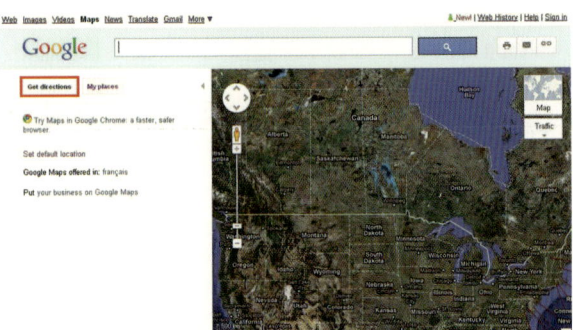

3. [Get directions]를 클릭하면 오른쪽 이미지와 같이 두 군데 장소를 입력하는 곳이 나옵니다, 여기서 A는 출발지를, B는 목적지를 가리킵니다.

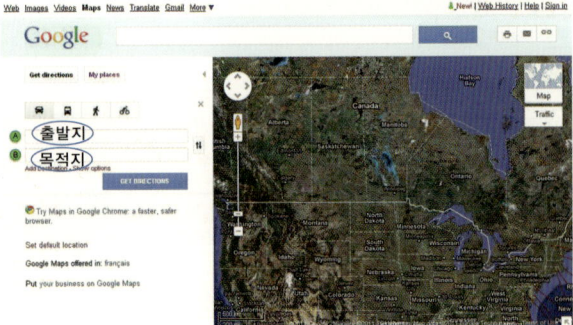

124　우리는 지금 캐나다로 간다!

4. 여기에서 여러분이 가고 싶은 곳은 어디든지 마음껏 검색해 주세요!

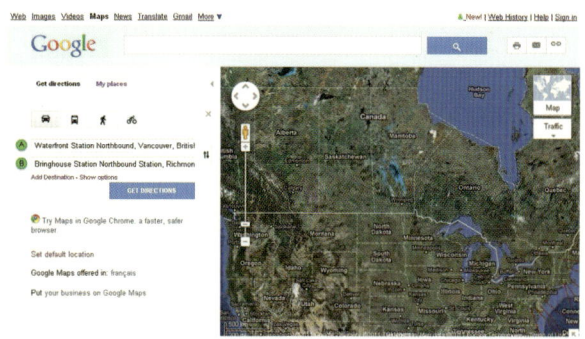

5. 자가용/대중교통/도보/자전거 중에서 자신의 여건에 알맞은 교통편 버튼을 클릭합니다.

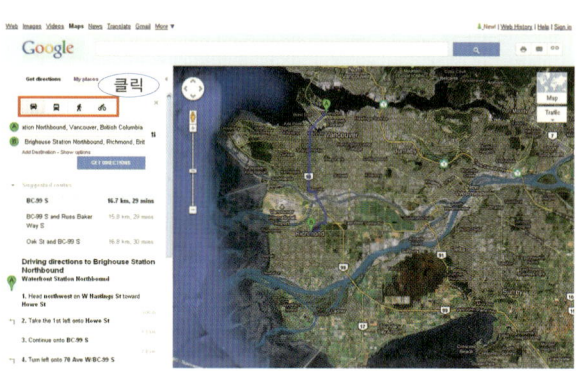

6. 출발시간 혹은 도착시간이 날짜와 함께 알맞게 설정해 주시고 추천경로에서 나오는 최단거리와 최단시간 등에 따라 검색이 가능합니다.

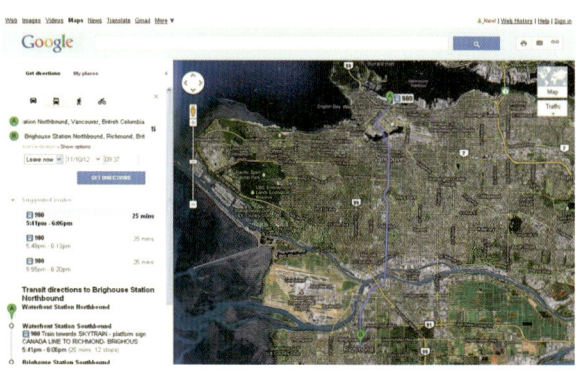

7. 이렇게 내가 가야할 경로가 보라색 선으로 표시됩니다.

태그된 스티커를 클릭하면 더욱 상세한 교통편과 버스/지하철 시간표가 나타납니다.

'Train towards SKYTRAIN – platform sign CANADA LINE TO RICHMOND BRIGHOUS' 'RICHMOND BRIGHOUS'라고 표시된 CANADA LINE Sky Train을 타라! 는 뜻입니다.

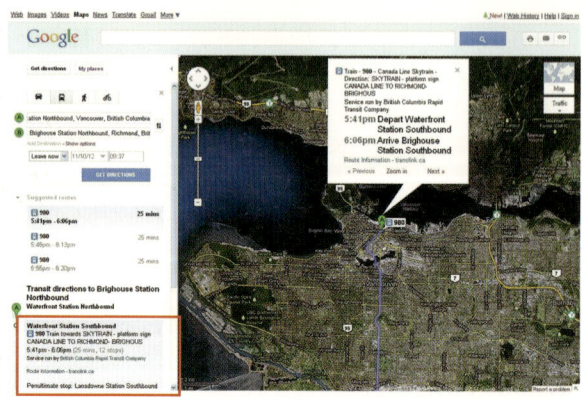

8. 만약, 워터프론트 역에서 버랄드 역까지 도보를 이용해 갈 수 있는 방법을 찾는다면 도보 모양 버튼을 클릭하면 됩니다.

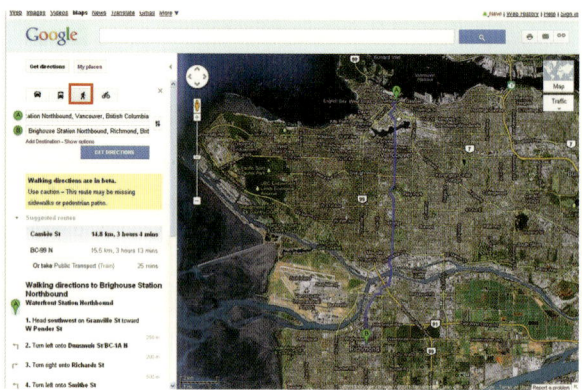

9. 추천경로에는 최단거리와 시간에 계산되고 스크롤 바를 내리면 어디서 꺾어야 하는 지까지 자세히 알려줍니다.

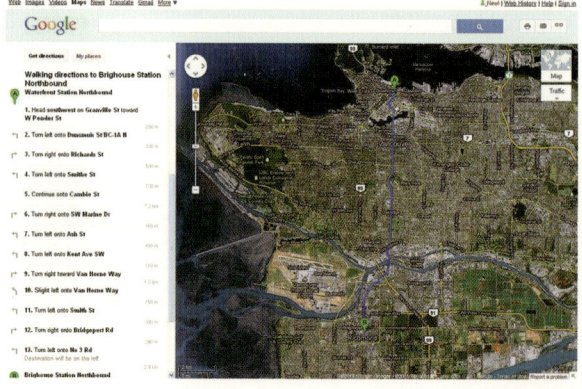

방법 둘. BC Translink Trip Planner 이용하기

캐나다 버스 승강장에 각기 부여되는 고유번호로 가까운 버스 정류장에서부터 가고자 하는 목적지까지 갈 수 있는 길찾기 방법을 소개한다.

1. 집에서 근거리에 위치하는 버스 정류장 혹은 원하는 목적지를 본다면 오른쪽 이미지와 같이 빨간색으로 동그라미 쳐 놓은 노란색 고유번호를 기록해 두세요!

2. 고유번호를 기록해 두었다면 BC Translink의 첫 화면으로 이동합니다. 이어서 출발지와 목적지의 주소를 적거나 [Plan My Trip]을 클릭해도 경로가 나옵니다.

Advice
BC Translink의 주소는 www.translink.ca/입니다.

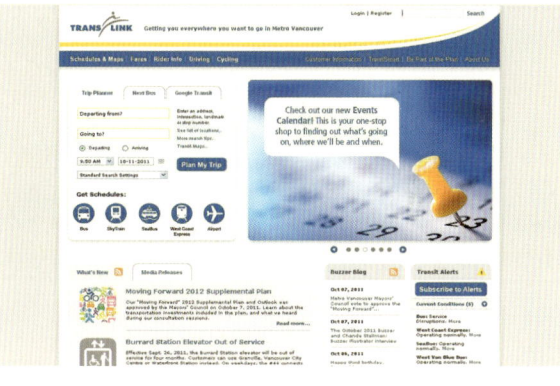

3. 출발과 목적지의 버스 고유번호를 입력하고 원하는 출발 시간 혹은 도착 시간과 날짜를 설정한 후 [Plan My Trip]을 클릭합니다.

4. 버스 출발 시간, 이동하는 시간, 환승 횟수, 도보로 이동해야 하는 거리와 요금이 정리되어 표로 보여집니다. 원하는 교통경로를 원하는 대로 고르고 [View Detail]을 클릭합니다.

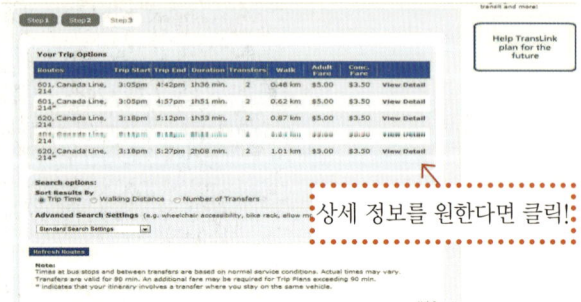

상세 정보를 원한다면 클릭!

5. 자세히 나오는 시간과 간단하고 쉽게 어디에서 내려야 하는지 친절하게 표로 정리해서 나와주는 기능이 Google Map 못지 않게 편리함을 자랑합니다.
밴쿠버 길잡이 Google Map과 Trip Planner로 헤매지 맙시다!!

Advice

정류장 버스 시간표를 문자로 받아보자!
버스 정류장에서 본인이 탈 버스가 대체 언제 오는지, 혹은 버스를 놓쳐 버린 것은 아닌지, 버스를 초조하게 기다린 적은 없나요? 이런 여러분들의 고민을 해결하기 위해 다음에 올 버스 시간표를 문자로 받는 방법을 소개합니다.

* 준비물 : 소지하고 있는 핸드폰, 캐나다 버스 정류장 고유번호 단 둘!

1. 받는 사람 번호에 33333' 을 입력합니다.
즉 *3 다섯 개를 입력하시면 됩니다.
버스 정류장 고유번호를 입력하고 전송을 눌러줍니다.

2. 얼마 지나지 않아 정류장에 서는 버스들의 시간표가 문자로 답장이 옵니다.
이렇게 된다면 본인이 탈 버스를 마냥 기다리지 않아도 되겠죠?

memo

물 위의 버스, 캐나다의 명물 SeaBus!

캐나다 밴쿠버의 명물이자 자랑거리인 SeaBus는 수 많은 관광객은 물론이고 현지 캐나다인들이 자주 애용하는 대중적인 교통수단의 하나이다. SeaBus는 밴쿠버 다운타운의 워터프론트 Waterfront Station 역에서 탈 수 있다.

워터프론트 Waterfront 역에 들어가면 3개의 모니터를 볼 수 있고 이 모니터에서 SeaBus의 출발 시간을 알려준다. SeaBus는 15분 간격으로 운행하며 사람이 적은 시간대에는 30분에 한 대씩 운행된다.

입구 무인 판매기에서 티켓을 구매할 수 있으며 SeaBus도 장기 거주인들을 위해 매월 초마다 Monthly Pass를 판매하고 있다. 더불어 탑승자의 양심에 맡기는 자율 승차제를 실시하며 가끔씩 경찰들이 표 검사를 할 때마다 적발 시에는 고액 벌금을 지불해야 하니 주의하자!

Advice

평일 및 주말에 SeaBus는 어떤 티켓이 있어야 할까?
평일에는 SeaBus가 2존 티켓을 갖고 있어야 탑승할 수 있습니다. 주말 및 캐나다 공휴일에는 전 구간 1존으로 적용됩니다.

memo

대중교통 정보도 홈페이지 및 안내도를 활용하자!

대중교통 노선을 찾는 방법은 대중교통 정보 홈페이지의 노선검색 기능을 이용하는 것인데 검색 기능을 이용할 때는 출발지와 도착지의 버스 정류장 번호를 입력하는 것이 가장 확실하며, 정류장 번호를 모를 경우에는 주소나 교차로명, 주요 건물 등을 입력해도 된다.

캐나다 주요도시 대중교통 안내 홈페이지

밴쿠버	www.translink.ca
토론토	www3.ttc.ca
캘거리	www.calgarytransit.com
몬트리올	www.stm.info

버스 시간표까지 포함된 대중교통 안내도는 지역 도서관, 쇼핑몰, 관광안내소 등에 비치되어 있으며, 홈페이지를 통해서 한국에서 인기 있는 '서울버스'와 유사한 어플리케이션도 제공하고 있다.

CHAPTER 03. 자동차 렌트하기

여행사 상품을 이용해 단체여행을 하는 것이 가격 대비 비용이 가장 적게 드는 방법이지만 자유여행을 원하는 경우 캐나다는 대중교통 요금이 한국에 비해 비싸기 때문에 운전이 익숙하다면 4~5명 규모의 친구들과 자동차를 렌트하는 것도 나쁘지 않은 방법이다.
하지만 한국에서 본인 소유의 차를 가지고 운전한 경우가 아니라면 캐나다 어학연수 중 자동차 렌트를 추천하지 않는다. 지리와 교통법규가 익숙하지 않은 환경에 운전까지 미숙하면 사고로 이어질 확률이 높기 때문이다. 캐나다에서 자동차를 운전할 때는 국제운전면허증뿐만 아니라 한국운전면허증과 여권도 지참해야 한다.

> memo 렌트 회사는 Hertz, Avis, Budget, National 추천!

　Hertz, Avis, Budget, National 등과 같은 캐나다에서 대표적인 자동차 렌트 회사를 이용하는 것이 좋다. 각 업체의 홈페이지에서 실시간 렌트 견적을 받을 수 있어 가장 좋은 조건의 견적을 선택하는 데 어려움이 없다. 자동차를 렌트할 때는 신용카드가 필요하며, 만일에 있을지 모르는 사고에 대비해 부분보험이 아닌 종합보험(Full Coverage Insurance)에 가입하도록 하자.
　참고로 아시아나항공에서 운영하는 아시아나클럽 홈페이지, 투어앤마일즈에서도 전 세계 해외렌터카를 예약할 수 있으며, 1,000원당 5마일의 마일리지가 적립된다. Hertz 또는 Avis에서 받은 견적과 렌트 비용이 같다면 투어앤마일즈에서 예약하고 마일리지를 적립 받도록 하자.

> **memo**
>
> 운전 시 스쿨존 (School Zone),
> 일시정지 (Stop Sign) 표지판은 주의할 것!

캐나다는 주마다 교통법규가 조금씩 차이가 있지만 기본적으로 교통법규 위반에 대해 무거운 범칙금을 부과하고 있다. 특히 학교 주변 스쿨존 School Zone에 대한 단속과 처벌은 더욱 무거운데, 범칙금이 예상을 뛰어넘는 금액이라는 분들이 많다. 밴쿠버가 있는 캐나다 BC 주의 스쿨존 범칙금액은 위반 속도에 따라 범칙금이 가중된다.

스쿨존과 더불어 가장 주의할 것은 일시정지 Stop Sign인데, 한국에서는 일시정지 표지판에서 실제 차를 멈추는 운전자를 찾아보기 힘든 것이 현실이다. 하지만 캐나다에서는 일지정지 표지판 앞에서 차를 멈추지 않고 지나는 차를 찾아보기가 쉽지 않을 정도로 일시정지 안전운전 문화가 잘 정착되어 있다. 이면도로의 4거리에(4way)는 모퉁이마다 Stop Sign이 세워져 있는데, 다른 차선에 차가 없는 경우라도 반드시 일시정지 후 출발해야 하며, 다른 차선에 차가 있는 경우에는 일시정지 후 먼저 도착한 순서대로 출발하면 된다.

Advice

과속 운전 패널티는?

속도	벌금	벌점
31 – 50 km/h	196달러	3
51 – 70 km/h	253달러	3
71 – 90 km/h	368달러	3
90 km/h 이상	483달러	3

CHAPTER 04. 캐나다 쇼핑 Point

memo
쇼핑의 파격할인 Boxing Day/Week!

캐나다에서 반드시 놓치지 말아야 할 파격적인 할인행사를 말한다면 Boxing Day/Week를 들 수 있다.

크리스마스 다음날인 12월 26일은 연방정부 공휴일로 Boxing Day라고 하는데 시내 주요 상점들이 기본적으로 50% 내외의 할인행사를 진행하며, 한정된 수량의 상품을 최대 80~90% 까지 할인된 가격에 판매하기도 한다.

12월 26일부터 한 주 동안 할인행사를 진행하는 경우도 많아 Boxing Week라고도 하며, 평소에 원하던 상품을 파격적인 할인가에 살 수 있는 기회를 놓치지 않기 위해 매장 오픈 전부터 길게 늘어선 줄을 시내 곳곳에서 볼 수 있다.

memo
지역별 Duty Free Shop(면세점) 정보 알아두기

캐나다에서 물건을 구입하거나 서비스를 이용할 때 GST(Goods and Services Tax)와 PST(Provincail Sales Tax)가 부과되는데 지역별 Duty Free Shop을 이용하면 고가의 상품을 면세로 구입할 수 있다. 지역별 Duty Free Shop 정보는 캐나다 국세청(Canada Revenue Agency) 홈페이지(www.cra-arc.gc.ca/)에서 확인할 수 있다.

Q & A

Q. GST와 PST가 합쳐졌다고?

A. 캐나다는 연방정부세 GST와 주정부세 PST를 통합한 HST(Harmonized Sales Tax)를 2010년 7월 1일 도입했습니다. GST(Goods and Services Tax)는 5%로 동일했고, 주정부세인 PST(Provincail Sales Tax)는 각 정부의 재정상황에 따라 차이가 있는데 밴쿠버가 속한 British Columbia 주는 7%, 재정이 넉넉한 Alberta 주는 0%였습니다. GST와 PST가 통합된 HST는 Ontario, New Brunswick, Newfoundland and Labrador 13%, Nova Scotia 15%, British Columbia 12%로 운영되고 있고, 나머지 지역은 PST 5%를 유지하고 있습니다. 세금제도 변경에 따라 HST가 도입되기 전에는 밴쿠버에서 자동차 구입할 때 개인간 직접거래를 하면 7%의 PST만 냈었고 딜러에서 구입하면 5%의 GST와 7%의 PST를 냈었는데 HST가 도입되면서 개인간 거래든 딜러를 통한 구입이든 모두 12%의 HST를 적용받게 됐습니다.

Advice
팁은 몇 %가 적절할까?

식당이나 미용실, 택시 등을 이용할 때 10% 정도의 팁을 내는 것이 적절한 수준입니다. 캐나다와 미국에서 팁을 전혀 내지 않는 것은 서비스에 대한 적절한 답례를 하지 않은 무례한(?) 행동이라 할 수 있으므로 주의하시기 바랍니다. 단, 맥도날드나 버거킹과 같은 패스트푸드 점에서는 팁을 내지 않으며, 한국인이 운영하는 식당의 경우 계산서에 팁이 포함되어 청구되는 경우도 있으므로 계산 전에 청구서 확인이 필요합니다.

CHAPTER 05. 캐나다 마트 알아보기

일반 점포와 소규모 체인점

캐나다에서는 70~80년대 호황을 누렸던 상점이 바로 소규모 상점이다. 식료품과 기호 식품을 다루며 꽃이나 의류를 취급하는 곳도 있다. 최근 대형 할인 마트의 강세로 그 기세가 줄어들었지만 밤 늦게까지 운영해 다수의 소규모 상점들이 존재한다. 이런 상점들은 물건이 생산될 때 가격이 정해지지 않아 상점에서 임의로 가격을 정한다. 더불어 이들은 주유소와 함께 붙어있는 경우가 많다.

달러샵 Dollor Store

우리나라에 있는 천냥마트와 비슷한 곳이다. 캐나다에서는 1달러샵으로 칭해지며 식료품보다는 다양한 1달러 내외의 물건들을 다룬다. 소비자들은 그들이 원하는 물건을 싼 가격에 살 수 있어 많은 사람들이 방문한다.

중간 규모 할인 매장

Shopper drug mart 체인점은 다양한 약을 구비하고 약국과 함께 우편물 취급소가 딸려있는 곳으로 화장품과 식료품도 함께 취급하는 것이 특징이다. 더불어 24시간 운영되기 때문에 다른 상점들에 비해 가격이 비싸다는 단점이 있으나, 캐나다 어느 곳에서도 쉽게 볼 수 있다.

대형 할인 매장

우리나라의 킴스 클럽, 홈플러스, 이마트, 롯데마트에 해당하는 곳이다. 캐나다에는 미국계 기업인 월마트와 세이프웨이 Safeway가 유명하다. 세이프웨이 Safeway는 캐나다 전국에 위치하며
다양한 물품을 다룬다. 캐나다 기업계인 젤러스 Zellers 역시 대표적인 대형 할인 매장이다.

백화점과 몰

캐나다의 대표적인 백화점 브랜드로는 Sears와 Bay를 들 수 있다. 캐나다에서 흔히 볼 수는 있지만 백화점을 방문하는 캐나다인들은 드물다. 놀라운 것은 매장 사원도 찾아보기가 힘들 정도라는 것. 한국인이 쇼핑을 즐기기 위해 백화점을 찾는다면 캐나다인들은 어디에서 쇼핑을 즐길까? 캐나다인들은 백화점 대신 유명 명품 브랜드와 물건들이 구비되어 있는 몰에서 해결한다. 몰에는 수영장과 영화관 및 각종 문화 여가 시설들이 위치한다. 때문에 쇼핑뿐만 아니라 여가를 좋아하는 캐나다인들은 몰을 자주 방문한다.

캐나다의 전자제품은
Future Shop, Best Buy, Canadian Tire

Future Shop

Future Shop은 거의 모든 전자제품이 구비되어 있다. 카메라, 디카, 랩탑, 데스크탑, 게임기, TV, 스피커, 내비게이션, MP3 등의 전자제품을 구입 가능하다. 직접 방문해 둘러보며 골라보는 것도 좋지만 그것이 귀찮다면 인터넷 구매도 가능하니 인터넷 쇼핑을 즐길 것을 권한다.

홈페이지 〉 http://www.futureshop.ca

Best Buy

Future Shop과 비슷한 가게. 하지만 이곳의 가전제품 수와 종류는 Future Shop에 비해 부족한 편이다. 하지만 Best Buy는 할인 판매가 많아 좀더 착한 가격을 자랑한다!

홈페이지 〉 http://www.bestbuy.ca

Canadian Tire

전자제품 뿐만 아니라, 생활용품, 자동차 장비 등... 생활에 필요한 물품들을 구입할 수 있는 곳으로 슬리퍼부터 시작해서 없는 게 없는 곳이다. 게다가 세일을 많이 하기 때문에 저렴하게 구입 가능하다.

홈페이지 〉 http://www.canadiantire.ca/welcome.jsp

memo   한국 식품 구매는 한인 마트 이용하기!

  다수의 어학연수생과 교민들이 애용하는 곳으로 캐나다의 대도시에서 한국 식품을 구비해 두고 있다. 대형급 규모에 속하는 한인 슈퍼마켓은 한아름 마트와 한남 슈퍼마켓으로 이곳은 한인들이 군집해 있는 코퀴틀람, 써리, 버나비 지역에 위치한다. 다양한 종류의 라면, 김치, 각종 밑반찬 및 간식 거리를 한국과 별 차이 없이 구매 가능하며 생필품과 전자제품도 구입할 수 있다. Galleria는 캐나다 토론토 2곳에 위치하며 다양한 종류의 한국 식품을 구비해 두고 있다.

Advice

캐나다 지역별 한인마트

+ 코퀴틀람 한아름 마트
  주소 : #240-389-North Rd.
  전화 : 604-939-7766

+ 밴쿠버 다운타운 한아름 마트
  주소 : 550 robson St. Vancouver BC
  전화 : 604-468-7790

+ 써리 한남 슈퍼마켓
  주소 : 1-15357, 104 Ave.
  전화 : 604-580-3433

+ 버나비 한남 슈퍼마켓
  주소 : #106-4501 North Rd.
  전화 : 604-420-8856

+ Galleria 마켓
  주소 : Thornhill Branch-7040 Yonge St. Thornhill
  전화 : 905-882-0040

CHAPTER 06. 캐나다 병원 및 약국 이용법

 병원 살펴보기

> **memo**   응급실 이용 대신 Walk in Clinic을!

일반적으로 캐나다의 진료비는 비싼편이다. 고급 진료는 물론 시설의 낙후에 비해 병원 진료에서 짧은 시간동안 담당 주치의와의 단순 상담에서도 100달러 이상의 고비용 지불도 고려해야 한다. 이는 응급실에서도 예외일 수 없다.

낮 시간에 일반적이거나 경미한 정도의 부상이라면 Walk in Clinic으로 가서 치료 받는 것을 권한다. Walk in Clinic은 관광객이나 단기 연수생들에게 적합한 병원으로 단기 체류로 인해 담당의 지정 절차가 생략된다. 때문에 예약 없이 방문해 이용 가능하다는 특징을 지닌다. 이후 필요에 따라 종합병원을 소개받아 더 고급 진료를 받을 수도 있다.

하지만 참을 수 없이 아프거나 지체할 시간이 없다면 종합병원의 응급실을 택하는 방법이 있다.

> **memo**   캐나다 의료체계는
> 느리고 의료보험증이 있어야 한다!

캐나다 의료체계는 인내심을 요하는 더딘 절차로 악명 높다. 이름을 등록하고 의사의 진단을 받기까지 대기 시간이 상당히 길기 때문이다. 무엇보다도 병으로 인해 캐나다의 병원을 방문하게 되었다면 환자의 주정부 의료보험증 Care Card를 잊지 말고 챙겨두자.

〈한 줄 정보!〉
병원 이용 절차는 이렇다!
1. 환자의 정부 의료 보험증 및 신분증 지참
2. 본인의 이름을 병원에 등록 후 대기 (대기 시간이 오래 걸릴 수도 있습니다)
3. 의료 카드 작성(담당 주치의 선정과 보험 처리)
4. 담당 주치의 상담 후 진단 및 치료
5. 약 처방과 조제
6. 약 수령 후 약 값 지불

약국 둘러보기

캐나다 의료 체계의 취약과 고비용으로 아픈 건강상태에도 치료 받기가 꺼려진다면 대안으로 약국을 생각할 수 있다. 이는 병의 예후가 심각하지 않은 상태라고 보여질 때에만 해당되는 것이니 오해 없길 바란다.

캐나다는 쇼핑몰에도 약국이 있고, 슈퍼마켓에도 약국이 있으며, 처방전 없이 살수 있는 약들도 구입할 수 있다. 캐나다도 우리나라와 같이 약품을 구입하는 방법은 비슷하다. 의약 분업으로 캐나다 약국에서 구입할 수 있는 것들은 처방전이 필요 없는 감기약/진통제/타이레놀/소화제/반창고/연고 등이다.

Advice 그외의 항생제나, 천식약과 같은 의약품 구입은 반드시 병원에서 처방받은 처방전 (Prescription)을 제출해야 구입이 가능합니다.

memo
캐나다 약 구입은
Shoppers Drug Mart, Pharmaprix에서!

캐나다에서 가장 규모가 큰 Shoppers Drug Mart, 퀘벡 주의 Pharmaprix 가 있으며, 캐나다의 전역에 약 1000여개의 체인점이 있다. 여기서는 의약품 이외에도 편의점에서 구입할 수 있는 제품들과 화장품을 같이 판매해서 매우 편리한 것이 특징이다.

또 Shoppers Drug Mart 외의 약국 체인으로는 Raxall Drug Stores 와 Pharma Plus 등이 있다. 캐나다 약국 이용은 한국과 다르지 않다. 처방받은 처방전을 약사에게 제시하고 필요한 약을 받고 약 값을 지불하면 끝!

Advice

처방전 없이 구입 가능한 약들

감기. 몸살에 먹을 수 있는 약
+ 감기약(Cold Tablets)
Chlor Triplon, Sudafed, Triaminicin, Private Label, Actifed, Dimetapp, Corcidin D, Corcidin, Ornade, Contac.
+ 종합 감기약(Multi-Symptom Cold Products)
Chlor-Triplon, Traminicin, Corcidin D, Private Label, Tylenol Cold, Sudafed Plus, Contac, Robitussin CF.
+ 기침약(Cough Remedy)
Robitussin, Robitussin DM, Benylin, Private Label, Novahistine DM, Robitussin CF, Robitussin PF, Triaminic DM Delsym, Triaminicol.

입술 터질 때(Cold Sore(herpes)/Fever Bliste Products)
Blistex, Lipactir, Tanac, Anbesol.

코 막힐 때(Nasal Decongestant)
Eltor, Sinutab, Sudafed, Neo-Synephrine, Otrivin, Private Label.

배 아플때 먹을 수 있는 약 (설사/변비)
+ 설사 멎는 약(Diarrhea Remedy)
Kaopectate, Donnagel, Imodium, Kaopectate Conc, Pepto Bismol.
+ 변비 약(Laxative)
Doxidan, Metamucil, Dulcolax, Milk of Magnesia, Pert Colace, Colace.

알레르기 증상이 나타날 때 먹을 수 있는약
+ 알러지 증세(Hay Fever Allergy Remedy)
Benadryl, Private Label, Hismanol, Seldane, Clariten, Dimetane, Triaminicin, Triaminic.

CHAPTER 07. 캐나다 은행과 지불 방식 알아보기

 캐나다의 은행은 오후 3~4시까지 운영하며 계좌 개설에는 1시간 정도의 시간이 소요되며 여기에는 2가지 이상의 신분증이 요구된다. 캐나다에서는 통장이 발급되지 않고 매월 거래내역서가 발송되며 직불카드의 사용이 많다. 한가지 특이한 것은 한국과 달리 매달 일정 금액의 계좌 유지 비용이 필요하다는 것으로, 계좌 종류에 따라 무료 이용 횟수와 수수료가 세분화 된다.

Advice

캐나다의 대표 은행을 알아보자!
· TD Canada Trust Bank
－ http://www.tdcanadatrusst.com
· RBC(Royal Bank Canada) － http://www.rbcroyalbank.com
· CIBC － http://www.cibc.com/ca/personal.html
· Scotia Bank － http://www.scotiabank.com
· Bank of Montreal － http://www.bmo.com/home
· HSBC － http://www.hsbc.com
· Natinal Bank － http://www.nationalbank.co.nz

memo 　　지점과 ATM기가 많은 은행 계좌를 개설하자!

 지점이 많은 곳들은 도시마다 다르기 때문에 본인이 거주하고 있는 도시에서 많은 지점과 ATM을 보유하고 있는 은행이 좋다. 이것은 향후 있을 수수료 절감 문제로도 이어지기 때문에 잘 고려해야 한다.
 한 가지를 덧붙이자면 캐나다에서는 은행 계좌를 만들어 돈을 예치해도 한 달에 계좌 유지비용으로써 요금이 빠져나간다. 계좌 유지 비용이 비쌀수록 은행 서비스 무료 이용 횟수가 많다. 상대적으로 저렴할수록 무료 이용 횟수가 적으니 재정 상태와 입/출 습관을 고려해 계좌를 선택하자.

〈한 줄 정보!〉

+ 계좌 개설 시 필요한 서류는?
2가지 신분증(여권, 국제운전면허증, 국제학생증, 신용카드, 학교입학허가서 등), 입금할 금액이나 여행자 수표.

+ 간단하게 알아보는 계좌 개설 절차!
1. 2가지 이상의 신분증 지참 후 은행 방문하기!
   - 신분증은 여권, 국제학생증, 국제운전면허증, 학생 비자 등
2. 접수대에서 계좌 개설을 요청하고 신청서 작성!
   - 신청서 작성에는 본인이 거주하는 주소와 연락처가 필요!
3. 창구 직원과 계좌 종류, 개인 수표 사용 여부, 계좌 거래 내용 확인 법등 상담하기!
   - 계좌 종류는 Chequing Account와 Saving Account!
4. 계좌 종류를 선택하고 직불카드 암호와 입금할 돈 입금하기!
5. 직불카드와 임시 개인수표(신청했다면!)가 지급된다!
   - 두 가지 모두 바로 사용되는 것이 아닌 3시간 후부터!
6. 직불카드로 ATM 잔고를 확인하자!

+ 계좌 유지비?
계좌를 만들고 돈을 예치해도 은행에서 한 달에 한 번씩 계좌 유지비가 빠져나간다. 이 수수료는 받을 수 있는 계좌 서비스에 따라 다르게 책정되며 3~15달러가 든다. 일반인들을 대상으로는 4~6달러 계좌를 이용한다.

Q & A
. Chequing Account와 Saving Account는?
A. Chequing Account는 한국의 일반 예금에 해당하는 것으로 입/출금이 자유로운 장점이 있습니다. Saving Account는 한국의 정기예금에 해당하는 적금 계좌식으로 수수료는 Chequing Account로 빠져나가게 되는 예금이죠.

memo   지불 방식에는 직불카드가 주로 사용된다!

직불카드 Debit Card는 한국의 체크카드 개념에 해당한다.
대체로 캐나다 어디에서든지 이 직불카드 사용이 가능하다. 이것은 캐나다에서 물건이나 서비스 이용 후 지급 방식으로 직불카드를 많이 이용하기 때문이다. 다만 몇 회 이상 이용이나 무료 서비스 건수가 초과되면 이용 시마다 건당 일정의 수수료가 붙는다.

★ 직불카드 외 지불 방식은 어떻게 될까?

하나. 신용카드 지불

신용카드와 계좌를 통한 개인수표 두 가지 방법이 또 다른 지불 수단이다. 한국에서 만든 Visa, Master 카드도 사용가능하지만 한국 카드사에 수수료를 지급해야 한다.

둘. 개인수표 Personal Cheque 지불

개인수표는 우리나라의 백지수표에 해당한다. 발행되는 체크에 자신이 직접 금액을 적고 서명을 해 금액을 지불하는 수단이 되겠다. 어학연수생의 경우 등록금이나 홈스테이 비용, 숙박업소 렌트 비용같은 고액 금액을 지불할 때 자주 이용된다. 본인 계좌에서 발행된 체크에 비용을 직접 적는 이점이 있지만 금액을 잘못 기입하거나 계좌 잔고의 부족에도 한도 이상의 액수를 적는다면 청구자가 재처리 수수료를 부담하는 수도 있다.

CHAPTER 08. 캐나다 영화관 살펴보기

한국과 캐나다(북미/외국) 영화관의 큰 차이라 하면 콕 집어 지정좌석인지 아닌지가 차이점이라 할 수 있다. 한국의 경우 몇 줄 몇 번째 좌석인지 그 위치가 명확히 표에 기재되어 있으나 캐나다의 경우 표만 구입해 들어가서 어떤 좌석에 앉을 것인지는 관람객의 자유다. 더불어 영화도 마찬가지다. 시간에 맞춰 아무 영화나 골라 선택해 보면 된다! 다만, 늦게 가면 맨 앞줄에서 봐야하는 일이 생길 수 있으므로 시간을 잘 맞춰야 한다.

Advice

> 캐나다 영화관에는 특별한 요일이 있다?!
> 화요일을 제외한 평일에는 영화 시작 후 들어가도 좋은 자리를 잡을 수가 있습니다. 다만, 화요일이나 금토일에는 2~30분 전에 가서 좋은 좌석을 잡는 센스를 발휘하셔야 불편하지 않게 영화 관람을 즐길 수 있습니다. 한국의 지정좌석제처럼 생각하셨다가는 낭패보는 상황과 마주할 수 있습니다.

CHAPTER 09. 캐나다 지역별 맛집을 찾아서

밴쿠버 편

ω 스위스 베이커리 Swiss Bakery
신선하고 입맛을 돋우는 맛있는 빵들이 언제나 가득하다. Bread Pudding과 초콜렛 크로와상 및 다양한 프레즐을 2.55달러에 즐길 수 있다.

· 위치 : 143 E. 3rd Ave. Vancouver BC V5T 1C7
· 영업시간 : 월~금 : 오전 7시~오후 6시
  토 : 오전 8시~오후 5시 / 일 : 영업하지 않음

ω 스시 가든 Sushi Garden
해양 도시인 밴쿠버에서 신선한 회를 즐기고 싶다면 태평양에서 바로 잡은 연어와 참치를 저렴한 가격에 제공하는 이곳을 추천한다. 특히 이곳은 한인이 운영하는 곳으로 스시가 일품이다.

· 위치 : 4269 Lougheed Hwy, Burnaby
· 전화번호 : 604-294-0104

ω Cheesecake etc
1979년부터 오픈해 오랜시간 밴쿠버인들의 발길이 끊이지 않는 역사(?)있는 곳이다. 부드러운 치즈 케익과 함께 주인의 재즈 피아노 연주를 들을 수도 있다. 지나치지 않은 달달한 맛이 일품이다.

· 위치 : 2141 Granville st. Vancouver
· 전화번호 : 604-734-7704
· 영업시간 : 저녁 7시~새벽 1시
· 홈페이지 : http://www.cheesecakeetc.com

토론토 편

ω Lady Mamalade

우리나라의 분식집 규모의 레스토랑이다. 규모는 작지만 캐나다 토론토 베스트 지역에 랭크될 만큼 손님이 많다. 레스토랑이지만 가게 분위기는 거의 카페에 가까우며 지불 수단은 Cash만 받는다는 사실!

· 위치 : 토론토점 〉 898 Queen Street East
　　　　　전화번호 : 647-351-7645
　　　 빅토리아점 〉 608 Johnson Street
　　　　　전화번호 : 250-381-2872
　　　　　홈페이지 : http://www.ladymarmalade.ca/

ω 중식 뷔페 만다린

온타리오 주 전역에 위치하는 이곳은 저렴한 가격의 중식 뷔페 레스토랑이다. 다양한 해산물과 이탈리안은 물론 일식까지 종류도 다양한 여러 국가의 요리도 선보인다.

· 위치 : 에드먼턴 지점 〉 2200 Yonge St
　　　　　전화번호 : 416-486-2222
　　　 노스욕 지점 〉 1027 Finch Ave. West
　　　　　전화번호 : 416-736-6000

ω 아리수 Arisu

한인타운 크리스티에 위치한 곳으로 깔끔한 분위기 속의 친절한 직원의 서비스가 한결 입맛을 돋궈준다. 가격은 비싸지만 고기 생각이 간절할 때는 이곳을 추천한다.

· 위치 : 584 Bloor St. west Toronto, Ontario nw corner of Markham st. & Bloor st W
· 전화번호 : 416-533-8104

캘거리 편

ω 매스케일로 Mascalero
지중해 스타일 요리를 취급하며 적당양의 샐러드와 얇지만 알찬 샌드위치 및 석쇠에 구운 고기, 치즈 등과 다양한 세트로 제공되는 타파(Tapa) 시리즈는 반드시 추천!

· 위치 : 1315 lst St. SW
· 전화번호 : 403-266-3339

ω 볼레로 Bolero
샐러드 바가 준비되어 있어 뷔페식처럼 샐러드를 먹을 수 있도록 마련되어 있다. 그릴과 스테이크가 추천 전문 메뉴이며 직원들의 서비스는 물론이고 고급스러운 분위기와 함께 음식 맛까지 더해져 분위기 있는 식사를 하고 싶은 분들에게 강추!

· 위치 : 6920 Macleod Tr.S.Calgary, AB T2H OL3
· 전화번호 : 403-259-3119

ω 앨버타 푸드 페어 The Alberta Food Fair
다운타운 스티븐 애비뉴에 위치하며 이태리, 멕시코, 인도 등 다양한 국가의 요리를 즐길 수 있는 푸드코트. 17개 종류의 음식 박스에서 원하는 메뉴 선택이 가능하다.

· 위치 : 304 8th Ave. SW & 2nd St.
· 전화번호 : 403-294-3839

몬트리올 편

ω St-Viateur Bagel

가게 안을 들어서면 가득 쌓인 포대를 지나 주스 냉장고와 Smoked Salmon 및 크림 치즈 냉장고가 있는데 이곳에서 베이글과 함께 골라 먹으면 된다. 이 가게에는 4종류의 베이글이 있으며 저렴한 가격에 베이글 장인이 베이글을 만드는 장면도 볼 수 있다.

· 위치 : 263 St-Viateur West, Montreal

ω Une crepe?

불어권 도시 지역 답게 크레페 전문 가게가 즐비하다. 그중에서 이곳은 크레페와 퐁듀를 전문으로 하는 곳으로 주말에도 사람들로 가득하다.

· 위치 : 3, St-Paul Est, Montreal, (Quebec)
· 전화번호 : 514-874-1984

ω Creperie Chez Suzette

작은 규모의 가게지만 세련되고 아늑한 분위기가 만점인 가게. 연어, 치즈, 살라미 등의 런치용과 디저트용 크레페 두 가지가 있다. 크레페 요금은 저렴하지 않지만 에스프레소나 카푸치노 등의 음료가 저렴하기 때문에 커피만을 테이크 아웃해도 가능하다.

· 위치 : 425 Mont-Royal Est
· 전화번호 : 514-849-0836
· 영업시간 : 연중무휴로 오전 8시~오후 10시

빅토리아 편

ω **블루 폭스 Blue Fox Cafe**
오전에 가면 커피가 무한으로 무료 제공되며 각 테이블에는 각국 관광객들이 남긴 메시지를 볼 수 있다. 저렴한 가격 대비 풍부한 브런치 양과 맛이 방문객의 입맛을 만족시킨다. 토스트와 다양한 팬케익, 소시지, 감자튀김, 베이컨이 어우러진 브런치, 퀘사디아, 샐러드, 샌드위치 등도 일품!

· 위치 : 919 Fort St, Victoria
· 전화번호 : 250-380-1683

ω **밥스 플레이스 Barb's place**
씨푸드 요리를 주로 취급하며 버거류와 사이드 메뉴도 준비되어 있다. 흰색 천막 밑의 테이블이나 노상 테이블에서 주문한 음식을 먹게 된다. 피쉬 & 칩스는 간판 메뉴이며 항구 옆에 위치해 갓 잡은 생선으로 요리한 음식이 신선하다!

· 위치 : Fisherman's Wharf, Erie Street, Victoria
· 전화번호 : 250-384-6515
· 홈페이지 : http://www.barbsplace.ca

ω **샘스 델리 Sam's Deli**
빅토리아에서 샌드위치가 맛있기로 소문난 가게다. 아침식사 시간에 더 저렴한 가격으로 해결할 수 있는 메뉴가 많다. 샌드위치 속의 풍부한 속과 둘이 나눠먹어도 부족하지 않은 양이 특징이다.

· 위치 : 805 Government Street at Humboldt
· 전화번호 : 250-382-8424
· 홈페이지 : http://www.samsdeli.com

할리팩스 편

ω KOD King of Donairs

할리팩스에서 유명한 도네어 전문점이다. 할리팩스에서 5개 지점이 있는 체인점으로 도네어를 만드는 법도 친절하게 설명을 들을 수 있다. 가격은 도네  어 크기에 따라 다르며 도네어 외에도 피자 역시도 추천할 만한 메뉴!

· 위치 : 6420 Quinpool rd.
· 전화번호 : 902-421-0000
· 홈페이지 : http://www.kingofdonairs.com

ω 코라 Cora

할리팩스에서 브런치 전문점으로 유명한 곳이다. 노바스코샤 주에 6개의 체인점이 있으며 할리팩스에만 2개의 매장이 있다. 브런치 전문점이지만 오믈렛, 크레페 및 디저트 류까지 다양한 종류를 구비해 두고 있으며 커피가 무료로 무제한 제공된다.

· 위치 : 1535 Dresden Row
· 전화번호 : 902-490-2672

ω 그리스 식당 Athens

이곳에서는 아침식사 뷔페가 준비되어 있으며 10가지 종류에 대한 뷔페식을 즐길 수 있다. 프렌치 토스트, 감자, 베이컨, 햄, 치즈 및 핫케익, 머핀, 과일 칵테일이 구비되어 있다. 라떼 및 케익 등의 디저트 종류도 꽤 종류가 많다.

· 위치 : 6273 Quinpool Road Halifax, NS B3L 1A4
· 전화번호 : 902-422-1595
· 홈페이지 : http://www.athensrestaurant.com/

┌───┐
│ 오타와 편   │
└───┘

ω 피쉬 마켓 레스토랑 The Fish Market Restaurant
바이워드 마켓 옆에 위치하며 과거에는 호텔이었으나 79년부터 레스토랑으로 전환했다. 신선하고 물오른 해산물 요리들은 해산물 매니아들을 만족시킨다. 분위기와 직원들의 서비스도 만족할 수준이며 호텔급 레스토랑에 비해 가격대비도 괜찮은 편이다.

· 위치 : 54 York Street ByWard Market Ottawa, Ontario K1N 5T1, Canada
· 전화번호 : 613-241-3474
· 홈페이지 : http://www.fishmarket.ca/web/

ω 씨푸드 레스토랑 코스모폴리탄 Cosmopolitan Restaurant
씨푸드를 전문적으로 취급하는 레스토랑으로 유명하며 감자튀김과 홍합이 방문객들의 입맛을 사로잡는다. 야외 테라스와 실내로 구분되어 야외에서는 음료를, 실내에서는 식사를 하며 저녁에는 많은 사람들로 인해 예약이 필수적이다.

· 위치 : 700 Sussex Dr Ottawa, ON K1N 1K4, Canada
· 전화번호 : 613-562-1160
· 홈페이지 : http://www.metropolitainbrasserie.com/

이야기가 있는 캐나다 어학연수

– 볼링보다 싼 골프, 만 원으로 즐기는 골프 Pitch and Putt

캐나다와 미국에는 만 원 내외의 비용으로 18홀을 즐길 수 있는 골프장이 많은데, 이를 Pitch and Putt이라 부른다. Pitch and Putt은 9홀에서 18홀로 구성되어 있으며, 가장 긴 홀이 100야드 내외 Par3이므로 부담없이 라운드를 즐기기 제격이다.

캐나다에서 친구들과 2~3시간 볼링을 치려면 개인당 30~40달러 정도 필요한데, Pitch and Putt에서 골프를 칠경우 퍼터와 아이언 1개를 대여하고도 20달러 내외면 된다.

▽ 광역밴쿠버(Surrey) Xcalibur 볼링장 요금표

LANES	Adult	Juniors 17 & Under	Seniors 55 & Over
MONDAY – THURSDAY (11 AM to MIDNIGHT)	$4.00	$3.75	$3.75
FRIDAY (11AM to 1AM)	$5.50	$5.25	$5.25
SATURDAY (10AM to 1AM)	$5.50	$5.25	$5.25
SUNDAYS (11 AM to MIDNIGHT)	$5.50	$5.25	$5.25
HOLIDAYS	$2.00	$2.00	$2.00
RENTAL SHOES	$3.50	$3.50	No Charge
HOURLY RATE Mon – Thurs	$30 per hour per lane – includes shoes		
HOURLY RATE Fri / Sat /Sun	$40 per hour per lane – includes shoes		

한국에서 유행하고 있는 실내골프연습장에서 연습 샷만 날려 본 분들은 만 원에 머리를 올릴 수 있는 좋은 기회를 놓치지 마시고, 핸디가 제법 되는 분들은 Pitch and Putt에서 숏게임을 부담 없이 연습한 다음 100달러 넘는 골프장으로 가서 라운드를 제대로 즐겨보자!

필자는 앨버타 Alberta 주에서 어학연수 중에 같은 반 친구들과 Pitch and Putt에서 처음 골프를 쳤는데, 옆 사진 속 여우가 갑자기 나타나서 그린 바깥 지역에 앉아있는 바람에 한동안 기다렸던 재미있는 기억이 있다.

Pitch and Putt에서는 가족끼리 친구끼리 Par10(?)을 넘겨가며 즐기는 캐나다인들을 종종 볼 수 있는데, 그 중에는 골프채를 처음 만져보는 사람들도 제법 있다. 필자도 Pitch and Putt에서 친구들과 한 홀당 10타를 최대타수로 정해놓고 10

타를 넘기면 다음 홀로 이동하는 룰을 정해놓고 막골프(?)를 즐겼다.

 Pitch and Putt은 대부분 유사한 방식으로 운영되고 있으므로 밴쿠버 스탠리파크에 있는 Pitch and Putt 골프장에 대한 기본정보를 참고하면 자신에게 가까운 지역에 있는 Pitch and Putt을 이용하는데 어려움이 없을 것이다.

운영기간	연중 Open
운영시간	여름: 오전 7시30분 ~ 해질녘 겨울: 오전 9시 ~ 해질녘
1인당 비용	성인 (19~64세) 12.95달러 청소년/65세+ (13~18세) 9.38달러
예약	불필요 - FCFS (first-come, first-served)
주소	Stanley Park Pitch & Putt 2099 Beach Ave, Vancouver, BC V6G 1Z4
홈페이지	http://vancouver.ca/parks/golf/stpp/index.htm
Pro shop 전화번호	604-681-8847 - 골프클럽 대여및 골프공 판매

코스맵

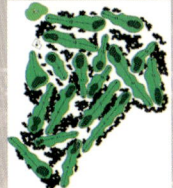

스코어카드

Hole	1	2	3	4	5	6	7	8	9	Out	
Yards	50	70	75	65	100	80	60	75	40	615	
Par	3	3	3	3	3	3	3	3	3	27	
Hole	10	11	12	13	14	15	16	17	18	In	total
Yards	80	60	50	65	95	50	50	60	75	585	1200
Par	3	3	3	3	3	3	3	3	3	27	54

<스코어카드 Score Card>

광역밴쿠버 곳곳에 Pitch and Putt이 있으므로 자신이 거주하는 지역의 Pitch and Putt을 찾고 싶을 때는 구글(www.google.ca)에서 'pitch and putt & Vancouver' 이런 식으로 'pitch and putt' 과 '지역명'을 결합해서 키워드를 입력하면 해당 지역의 pitch and putt 위치를 확인할 수 있다.

 캐나다 어학연수 중에는 Pitch and Putt과 같이 주변에 활짝 열려있는 다양한 문화적 경험을 시도해 보는 적극성이 필요하다.

- 더 즐겁고 활기찬 연수 생활을 이어가려면 정신적인 부분과 육체적인 부분의 조화가 이뤄져야 합니다. 캐나다에 연수를 온 여러분의 주목적은 영어 정복이라는 것이겠습니다만, 365일 좁은 방에서 공부만 하기에는 육신이 쉽게 지칠 수 있습니다. 능률이 오르지 않는 것은 두 말할 나위가 없겠지요.

단언하거대, 공부만큼이나 중요한 것이 바로 직접 보고 듣고 깨닫고 경험하는 여행입니다. 여행도 공부처럼 하십시오. 휴식도 치열하게, 열정적으로 공부하듯 집중해서 즐겁게 노는 법을 익히십시오. 그것이 여러분들의 소기목적 달성과 함께 잊지 못할 귀한 경험을 선사하게 될 겁니다.

공부하듯 여행하기

CHAPTER 01.
북미 대표 여행 포털 사이트로 여행 계획 세우기

CHAPTER 02.
공연, 문화체험은 특별활동+ticketmaster.ca

CHAPTER 03.
자원봉사는 Volunteer.ca

CHAPTER 04.
월별 캐나다 페스티벌

CHAPTER 05.
캐나다 액티비티와 볼거리 및 온천 즐기기

CHAPTER 06.
캐나다 추천 관광지

CHAPTER 01. 북미 대표 여행 포털 사이트로 여행 계획 세우기

현지에서 2~3개월 정도 지나면, 처음 도착해서 느꼈던 이국적 풍경의 설렘은 일상으로 변해있기 일쑤다. 아침부터 오후까지 진행되는 수업에 단조로움을 느껴 별다른 노력 없이 수동적으로 공부하는 일종의 슬럼프를 겪기도 한다. 슬럼프가 길어져서 향수병으로 이어지기 전에 중장거리 여행을 통해 익숙해진 주변을 떠나 또 다른 모습의 캐나다를 발견하고 낯선 환경과 상황에서 부족한 자신의 영어실력을 깨닫는 기회를 얻는 것이 좋다.

여행 계획 및 예산은
북미 3대 여행 포털 사이트를 이용하자!

여행 계획과 예산을 세울 때는 북미 여행포털 사이트를 이용하면 항공권, 렌터카, 숙소를 한 번에 예약할 수 있고 비교 견적이 가능해 비용을 절약할 수 있으므로 북미 3대 여행 포털 사이트 travelocity.com(캐나다.ca), expedia.com(캐나다.ca), orbitz.com 중 Expedia.ca를 통해 항공권과 숙소를 검색하는 방법을 배워보자.

1. 토론토에서 밴쿠버로 7일 동안 여행을 가정해 봅니다. expedia 홈페이지에 접속하면 메인화면 왼쪽에 여행상품 검색창이 큼지막하게 자리잡고 있습니다. 이 검색창에 항공, 호텔, 렌터카를 별도로 혹은 결합해서 선택한 다음 출발지와 도착지 정보, 여행기간 등을 입력합니다.

Advice

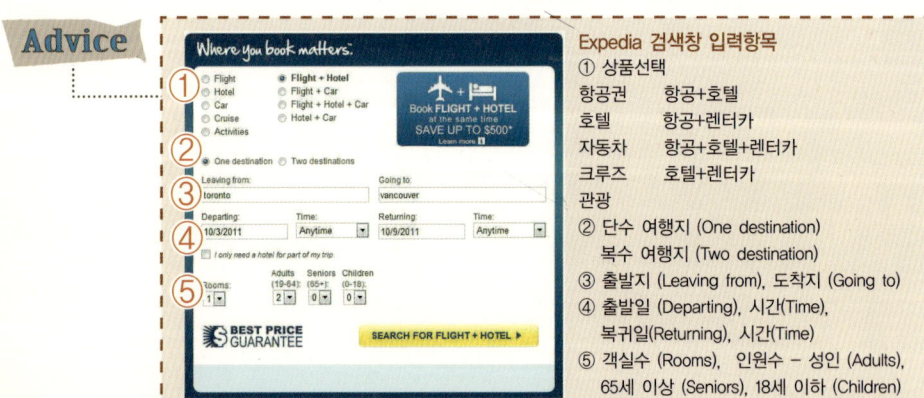

Expedia 검색창 입력항목
① 상품선택
항공권   항공+호텔
호텔   항공+렌터카
자동차   항공+호텔+렌터카
크루즈   호텔+렌터카
관광
② 단수 여행지 (One destination)
   복수 여행지 (Two destination)
③ 출발지 (Leaving from), 도착지 (Going to)
④ 출발일 (Departing), 시간(Time)
   복귀일 (Returning), 시간(Time)
⑤ 객실수 (Rooms), 인원수 – 성인 (Adults),
   65세 이상 (Seniors), 18세 이하 (Children)

2. 검색결과는 Expedia 추천 상품 순으로 나열되며, 고객 평점 순, 가격 순 등 원하는 조건으로 목록을 변경할 수 있습니다. 목록에는 숙소명, 1인당 비용과 총비용, 항공권 내역, 이용자 평점 등이 함께 표시됩니다.

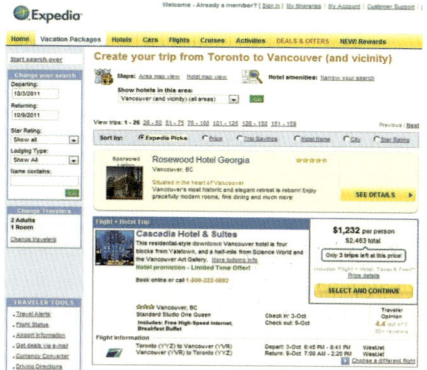

3. 목록에 나열된 상품을 클릭하면, 숙소에 대한 기본적인 정보를 확인할 수 있고 숙소 사진과 위치, 이용자평가, 객실 종류 및 가격(Rooms & Rate) 등의 추가정보도 왼쪽 메뉴를 통해 확인할 수 있습니다.

> **check**
> 객실 업그레이드를 원할 때는 'Rooms & Rate' 메뉴를 통해 선택이 가능합니다.

4. 예약을 원하는 경우 숙소명 옆에 있는 녹색의 예약하기(Continue) 아이콘을 클릭하여 세부내역을 다시 한 번 확인합니다. 예약자 정보를 입력하면 최종 예약내역이 담긴 이메일이 발송됩니다. 예약을 위해서는 VISA나 MASTER 신용카드가 필요합니다.

5. 이전 과정에서 예약하기 버튼을 클릭해 세부내역 페이지를 보면 비용총액, 항공권, 숙소, 렌터카 추가선택 옵션 등의 정보 확인이 가능합니다. 물론 각 항목별로 옵션변경도 가능!

Advice

Promotion을 이용하자!
출발일과 도착일, 숙박+항공 패키지 예약 여부에 따라 Promotion이 추가로 제공되기도 합니다. 다양한 조건과 조합으로 검색해 예약하는 것이 좋으며, 메일링 신청을 해놓으면 Promotion 행사가 진행될 때 좋은 조건의 여행상품 정보를 쉽게 확인할 수 있습니다.

> **memo**
>
> 미드나 영화를 무료로 볼 때는
> www.hulu.com이 제격!

캐나다 어학연수 중에 불법 다운로드 사이트를 통해 한국 TV 프로그램을 빼놓지 않고 열심히 시청하는 학생들이 있는데 이보다는 미국 드라마나 뉴스, 리얼리티쇼 등을 시청하는 것을 권한다.

캐나다 미국에서 인기 있는 TV 프로그램을 합법적으로 무료 시청할 수 있는 사이트가 http://www.hulu.com/이다. 구글의 유튜브에 대항하기 위해 NBC 유니버설과 뉴스코프가 합작해 만든 동영상 사이트로 한국에도 널리 알려진 심슨 가족, 프리즌 브레이크 등의 인기 TV 프로그램과 영화 등을 무료로 제공한다. 현재는 미국과 캐나다 지역에서만 무료 시청이 가능하고 한국에서는 이용할 수 없다.

CHAPTER 02. 공연, 문화체험은 특별활동+ticketmaster.ca

캐나다 어학연수는 영어공부와 함께 북미 영어권 문화체험을 할 수 있는 좋은 기회이며, 어학연수 중 다양한 경로와 방법으로 문화체험 활동이 가능하다. 연수기관에서 매월 진행하는 특별활동(Activity)에 적극적으로 참여하는 것이 가장 기본적인 문화체험 방법인데 GEOS 토론토 캠퍼스를 예로 들어보면, 7월 특별활동 중 7개만 선택하더라도 아래와 같이 다양한 문화체험을 할 수 있다. 연수기관에서 제공하는 월간 특별활동은 자유롭게 선택할 수 있으며, 대부분 단체요금이 적용되어 비용적인 측면에서도 부담을 덜 수 있다.

월간 액티비티에 더해 조금 더 다양한 문화 활동을 원할 때는 ticketmaster.ca가 유용한데 Music, Sports, Arts & Theatre, Family 메뉴로 구성된 ticketmaster에서는 공연, 스포츠, 전시 등 다양한 문화 행사를 위한 정보 확인과 예약이 가능하다.

CHAPTER 03. 자원봉사는 Volunteer.ca

각종 문화예술 행사와 더불어 캐나다 실생활에 밀착된 문화체험은 자원봉사가 제격이다. 자원봉사 정보는 지역 커뮤니티센터 등에서도 찾을 수 있지만 Volunteer.ca에서는 캐나다 전국의 자원봉사 정보와 자원봉사 센터를 검색할 수 있어 유용하다. Volunteer.ca를 통해 밴쿠버 지역 자원봉사 정보를 찾는 방법을 배워보자.

1. [I WANT TO VOLUNTEER] 메뉴-[FIND A VOLUNTEER CENTER]에서 지역을 선택하면 선택한 지역의 봉사센터 목록을 확인할 수 있습니다.

봉사센터 목록

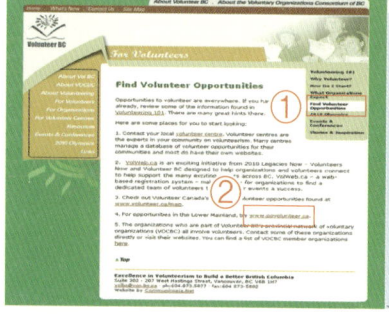

2. 목록에서 밴쿠버 다운타운에 있는 'Volunteer BC'의 홈페이지로 들어가면 자원봉사와 관련 지역 내 정보를 확인할 수 있고, 'Find Volunteer Opportunities' 메뉴를 통해 자원봉사 기관과 단체를 찾는 구체적인 방법이 안내되어 있습니다. 자원봉사 찾기에 안내된 여러 방법 중 www.govolunteer.ca를 클릭합니다.

3. 열린 홈페이지에서 검색하면 자원봉사 기회가 열린 기관과 단체의 목록과 세부내용을 확인할 수 있다. 검색 목록 중 밴쿠버 '스탠리파크 생태협회'를 클릭하면, 이 협회에서 필요로 하는 자원봉사 세부정보가 제시되어 있습니다.

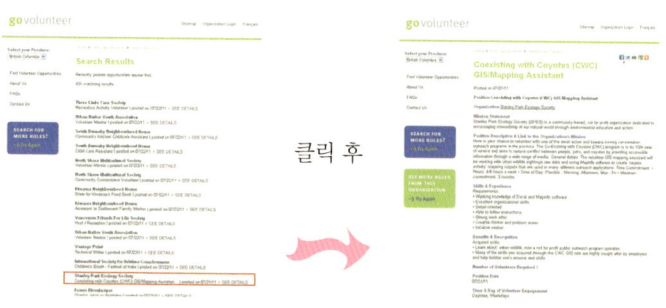

클릭 후

PART 07. 공부하듯 여행하기   155

CHAPTER 04. 월별 캐나다 페스티벌

1월~2월

Okanagan Wine Festival

100여 개의 아름다운 호수로 유명한 오카나간에서는 1월 19일~22일, 5월 4일~7일, 8월 10일~12일, 9월 29일~10월 8일간 매년 4차례에 걸쳐 와인 페스티벌이 열린다. 와인 시음회, 양조장방문, 와인을 주제로 하는 세미나 개최 등 다채로운 행사가 열린다.

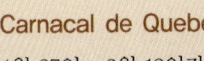

Carnacal de Quebec

1월 27일~ 2월 12일간 열리는 페스티벌로 1894년 퀘벡 주민들의 소규모 마을 축제로부터 시작되었다. 과거의 이 작은 축제가 지금은 퀘벡 주 최고의 행사로 치러지고 있다. 눈사람 모양의 마스코트 본옴(Bon Homme)이 시장에게 통치권을 상징하는 열쇠를 받으며 축제가 시작된다. 개 썰매대회, 빙판골프, 얼음낚시, 눈 마차 시승, 카니발 여왕 선발대회 등 크고 작은 행사들이 17일 동안 다양하게 이어진다. 매년 국내외 30만 명 이상의 관광객들이 축제를 즐기러 찾아온다.

Niagara Grape and Wine Festival

매년 1월, 6월, 9월 달 총 3번에 걸쳐 열리는 와인 페스티벌로 북미 100대 축제 중의 하나에 속한다. 이 페스티벌은 그 규모와 전통을 자랑하며 다양한 퍼레이드와 시음회 등이 펼쳐진다.

Yukon Quest International Sled Dog Race

알래스카부터 유콘까지 약 1600km를 달리는 북미 최고의 개 썰매 경주대회. 완주에만 최소 13일 이상이 소요된다. 우승 상금이 크게 걸려있어 매년 소란을 이룬다. 8마리~14마리 이하 개들과 함께 레이스에 참가할 수 있다. 경기 중에 개를 교체할 수 없고 결승지점에서 최소 6마리의 개가 남아있어야 한다. 2월 중에 가장 추운 날을 선정해서 경기가 개최된다.

Northern Manitoba Trappers Festival

캐나다 내에서 가장 오래된 역사의 겨울 페스티벌. 개 썰매 경주대회, 수공예장식물 전시회, 횃불 퍼레이드, 트래퍼 왕, 모피여왕 선발대회 등 흥미롭고 다양한 이벤트가 준비되어 있다.

Montreal High Light Festival

100 가지 와인과 음식 행사가 함께 열리며 화려한 전구장식과 쇼가 동시에 펼쳐진다. 실력있는 가수들의 라이브 공연들과 콘서트가 페스티벌의 열기를 더해 볼거리와 먹을거리가 가득한 흥미진진한 페스티벌로 거듭난다.

3월~4월

Ice Magic International, Ice Sculpture Competition and Exhibition

세계 각국에서 모인 솜씨 좋은 얼음 조각가들이 루이스 호수 주변에 모여 화려한 얼음조각을 내보인다.

Nunavut Snow Challenge

320km 거리의 얼음 위를 달리는 스노우 모빌 레이싱은 광활한 캐나다 북극 지역을 경험에 그만이다. 시속 100mile 이상 속도와 -20C~-40C의 혹한을 견디는 위험하고 스릴 넘치는 경험을 선사한다.

Stratford Festival of Canada

여름 시즌 내내 펼쳐지는 여름 페스티벌. 온타리오 주의 스트라포드 극장에서 셰익스피어의 작품 외에도 캐나다와 미국, 유명 배우들의 근현대 연극과 콘서트 등의 다양한 고품질 공연감상이 가능하다.

The Charlottetown Festival

몽고메리의 빨강머리 앤의 배경으로 잘 알려진 프린스 에드워드 아일랜드 주에서 벌어지는 페스티벌. 본 축제기간 동안 빨강머리 앤의 뮤지컬 공연과 다양한 음악 및 예술의 향기를 느낄 수 있다.

6월~7월

Formula One Grand Prix

세계적으로 유명한 F1 레이스가 매년 1회씩 몬트리올 Gilles Villeneuve 경기장에서 개최된다. 짜릿한 스릴감과 속도감 넘치는 경기를 보고 싶다면 반드시 페스티벌에 참석하자!

Pride Week

토론토에서 6월 19일~25일까지 개최되며 우리에게는 게이 퍼레이드로 더 익숙하다. 북미에서 두 번째로 큰 규모. 여름 6월 마지막 주 행사에는 국적불문 인종불문의 전 세계에서 모인 게이, 레즈비언 그리고 그들을 지지하는 사람들이 모여 축제를 즐기게 된다. 축제 마지막 날 다운타운에서 펼쳐지는 퍼레이드는 엄청난 규모와 화려함에 어딜 봐야 할지 모를 정도.

Montreal International Jazz Festival

몬트리올에서 6월 29일~7월 9일까지 개최되는 음악 페스티벌. 세계적인 재즈 뮤지션들이 참여하는 음악 축제로 다양한 음악 장르의 가스펠, 블루스, R&B, 힙합, 라틴, 레게 등 음악과 음악을 사랑하는 이들의 축제를 실감할 수 있다.

Nova Scotia International Tattoo

할리팩스에서 6월 말~7월 초까지 개최된다.
2000여명 이상의 예술인들이 전통 음악과 춤의 화려한 볼거리를 제공한다. 캐나다 예술인들을 넘어 세계 각국의 예술가들과 일반인들이 함께 참여하는 행사.

Yukon International Storytelling

화이트호스에서 6월 혹은 7월에 개최되는 페스티벌.
 세계 각국에서 모인 입담 좋은 이야기꾼들이 모국어로 공연하고, 공연내용에 대한 간단한 스토리나 내용은 영어로 번역이 되기도 한다. 주변 공연 무대에서는 서커스 공연이 펼쳐진다.

Red River Exhibition

위니펙에서 6월~7월까지 개최되는 페스티벌.
동물 쇼, 콘서트와 놀이기구 등 다양한 볼거리와 행사로 나들이 가족들이 즐거운 시간을 보내기에 적합한 가족적인 페스티벌이다.

Shakespeare on the Saskatchewan Festival

사스카툰에서 7월 5일~8월 13일까지 개최되는 페스티벌.
사스캐츠완 강을 따라 펼쳐진 거대한 텐트 안에서 셰익스피어 원작의 유명한 연극들을 즐길 수 있다.

Winnipeg Folk Festival

위니펙에서 7월 6일~9일까지 열리는 단기 페스티벌.
지난 30년 동안 7월이 되면 세계에서 몰려든 사람들이 위니펙에서 음악을 즐긴다.
유명 뮤지션들의 음악과 함께 세계 각국 전통 요리를 맛보며 중고 음반 시장도 함께 열린다.

Molson Indy

토론토에서 7월 7일~9일까지 열리는 단기 페스티벌.
 짜릿하고 박진감 넘치는 카레이싱이 열리고 토론토 전역에서 다채로운 행사도 함께 행사기간 내내 펼쳐진다.

Quebec City Summer Festival

퀘벡에서 7월 초순~7월 중순까지 열리는 페스티벌.
30년 이상의 전통 있는 여름 축제로 세계 각국의 신구세대 예술가들의 공연을 볼 수 있다.

Calgary Stampede

캘거리에서 7월 7일~7월 16일까지 열리는 페스티벌.
역마차 경주, 로데오 경기 등 생동감 넘치는 이벤트들이 펼쳐진다. 남녀노소 온 가족을 위한 다양한 행사와 전시회도 준비되어 있다.

Just for Laughs

몬트리올에서 7월 중순~7월 하순까지 열리는 페스티벌.
세계 최대 규모의 코미디 축제로 세계 각국의 2000여명의 유·무명의 예술가들이 공연을 펼쳐 관광객들에게 웃음을 선물한다.

Antigonish Highland Games

7월 14일~7월 16일까지 열리는 페스티벌.
스코틀랜드 전통 Highland 경기를 직접 체험하고 드럼, 파이프연주 등 다양한 음악, 춤, 콘서트 등이 열린다.

Folk on the Rocks Music Festival

옐로나이프에서 7월 14일~16일까지 열리는 페스티벌로 북미 지역 음악인들과 세계에서 초청된 음악인들이 한자리에 모여 축제를 꾸며준다.
포크송, 재즈, 펑크 등 다양한 음악을 선보인다. 개인 콘서트 외에 조인트 형식의 콘서트도 볼 수 있다. 아이들을 위한 공연과 무대도 있어 온 가족이 즐길 수 있는 축제가 된다.

The Midnight Sun Marathon

Arctic Bay 2006년 7월에 열리는 페스티벌.
매해 7월 북극지방 누나부트 주에서 열리는 유일한 마라톤 대회로 5일간 환상적인 모험이 펼쳐진다. 이 행사는 캐나다 고유의 문화를 체험할 수 있는 기회를 제공한다.

Sasktel Saskatchewan Jazz Festival

리자이나와 사스캐츠완에서 6월 하순 ~7월 초순까지 열리는 페스티벌.
재즈 뮤지션들이 10일 동안 펼치는 무대는 규모와 축제의 열의가 느껴진다. 더불어 무료 콘서트를 개최하는 축제는 여름 밤하늘에 감미롭고 열정적인 재즈의 열기를 피워 올린다.

8월~9월

NewFoundland & Labrador Folk Festival

St.John's에서 8월 초순에 열리는 페스티벌로 음악과 춤이 한데 어우러지는 지역 축제다. 뮤지컬, 감미로운 아카펠라, 악기 연주, 춤 등 많은 예술 문화 공연의 향연이 이어진다.

Les Fetes de la Nouvelle-France

퀘벡에서 8월 2일~6일 동안 열리는 페스티벌.
프랑스 정부가 북미에 이주한 것을 기념하여 매년 다른 주제를 가지고 축제를 펼친다. 길거리 공연을 비롯한 연극, 콘서트 등 다양한 문화 행사가 다운타운을 중심으로 가득하다.

Fringe Theatre Event

에드먼턴에서 8월에 열리는 페스티벌.
10일 동안 캐나다에서 가장 오래된 실험 극장인 구스트라스크나 극장 공연이 진국이다. 또한 극장 안팎에서 다양한 볼거리가 준비되어 있다.

Whistler's Celebration of Aboriginal Culture

휘슬러에서 8월에 열리는 페스티벌.
휘슬러 원주민들을 기념하는 축제로 다채로운 먹거리, 볼거리가 제공되고 원주민들의 음악, 미술, 춤, 신화 그리고 교육적인 강의도 함께 경험할 수 있다.

Canada Remembers International Air Show

8월 19일~20일 동안 열리는 단기 페스티벌.

세계 2차 대전 참전 용사들이 함께 참여하는 에어 쇼가 백미다. 1차 세계 대전 당시 항공기부터 최첨단 전투기까지 웅장하고 멋진 비행기들의 위용을 하늘과 지상을 가득 채운다. 이것은 캐나다 No.1 "Outdoor Attraction"을 수상한 최상의 질과 규모를 자랑한다.

Toronto International Film Festival

토론토에서 9월 초순~중순 열리는 페스티벌.

세계 각국의 다채로운 소재 영화들을 볼 수 있는 토론토 국제영화제는 영화제 동안 할리우드 배우 및 감독, 세계 각국의 영화인들을 만날 수 있다. 매년 한국 영화도 초청되어 호평을 받아왔으며 2005년에 이명세 감독의 '형사'가 상영되었다.

Atlantic Balloon Fiesta

9월~매해 노동자의 날 주말에 열리는 페스티벌.

매일 2회씩 30개 이상의 다양한 열기구가 하늘을 수놓는 열기구 축제. 축제 주인공 어린이를 위한 각종 이벤트와 400대에 이르는 멋진 자동차들은 아이들의 시선을 사로잡는다.

P.E.I. International Shellfish Festival

샬롯 타운에서 9월 15일~9월 17일 열리는 페스티벌.
1996년에 시작되어 현재 아틀란틱 캐나다 지역 내에서도 규모가 큰 축제가 되었다. 바닷가재, 굴, 홍합, 대합 등 익숙한 먹거리 외에 다양하고 진기한 해산물들을 맛볼 수 있다. 먹거리 식의 축제가 아닌 다채로운 문화 예술 행사도 겸비해 오감을 만족시켜 준다.

The World Champions of Sand Sculpture

브리티시 컬럼비아, 해리슨 핫 스프링에서 9월 중순~10월 중순에 열리는 페스티벌.
세계 각국의 모래 조각 전문가들이 해리슨 핫 스프링에 모여 솜씨를 자랑한다. 경기에 출전하는 조각가들은 엄정한 심사를 통과해야 참가가 가능하며 모래조각 하나하나가 보는이의 감탄을 자아낸다.

10월~12월

Kitchener-Waterloo Oktoberfest

매년 캐나다 추수감사절 주에 열리는 온타리오의 추수감사절 페스티벌로 독일 이외 지역에서 열리는 옥토버페스트 중 가장 큰 규모다. 맥주, 음악, 춤, 음식이 조화를 이룬 축제의 진수를 보여주는 축제. 이외에 미스 옥토버페스트 선발대회, 퍼레이드 등 다양한 부대 행사가 이어진다.

Harbourfront Reading Series

토론토에서 10월 18일~10월 28일까지 열리는 페스티벌.
국제적인 작가들이 한데 모여 독서와 토론 그리고 사인회 등의 행사를 개최한다.

Canadian Aboriginal Festival

토론토에서 11월 24일~11월 26일간 열리는 페스티벌.
북미 원주민들의 문화와 전통을 돌아보는 축제로 음식, 예술, 음악, 라크로스, 춤 등 다양한 볼거리와 먹거리가 준비되어 있다.

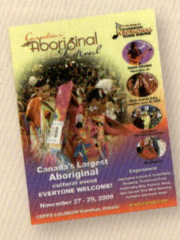

CHAPTER 05. 캐나다 액티비티와 볼거리 및 온천 즐기기

 캐나다 곳곳에는 365일 다양한 문화와 레저가 벌어진다. 때문에 캐나다의 각 주와 준주에서 활발하게 펼쳐지는 박물관과 계절별 축제, 밤의 향연들이 현지인과 관광객들을 불철주야로 즐겁게 한다.
 특히 캐나다 하면 떠오르는 것이 아름다운 천혜의 자연으로 뒤덮인 교외 지역을 중심으로 스키와 자전거, 하이킹 및 캠핑과 다채로운 이색 관광을 들 수 있다. 때문에 캐나다에서 레저 활동은 어학연수에서 빼놓을 수 없는 재미이기도 하다.
 여러분들에게 주어진 시간이 단 하루일지라도 그 하루를 이용해 틀에 박힌 방콕식 공부만이 아니라 생생하고도 박진감 넘치는 귀중한 경험으로 독특한 곳의 여행을 떠나기를 권한다.

> **memo**
> 겨울에 가면 더 빛을 발하는 매력적인 땅 캐나다!

 봄, 여름, 가을, 겨울 중에서 캐나다는 겨울 여행의 중심지로 그 역할을 톡톡히 한다. 캐나다의 대지에 넓게 펼쳐진 아름다운 대자연은 보는 이들의 감탄을 자아낼 만큼의 이색적인 볼거리를 제공한다. 특히 눈이 가득 쌓인 로키 산맥과 그 주변의 침엽수림, 은은하게 반짝이는 빙하와 호수가 관광객들을 매혹시킨다. 여기에 천연 자연을 해치지 않는 자연스러운 인공의 힘이 가미되어 다양한 리조트와 온천과 축제가 준비되어 캐나다 방문의 기쁨을 배가시킨다.
 겨울에 걸 맞는 여행지로 치자면 캐나다만큼 적합한 곳이 없다. 설원을 헤치는 짜릿한 액티비티는 물론이고, 풍부한 볼거리의 축제들과 환상적인 오로라들은 여러분들의 호기심을 자극하기에 충분하다. 이 모든 것들이 겨울 캐나다에서만 맛볼 수 있는 것들이다.

> **memo**
> 스키와 스노보드 마니아들의 천국!
> 스키 리조트를 즐기러 가자!

 여름에 즐기는 서핑의 뜨거운 열정만이 다가 아니다! 겨울의 추위를 녹일 만큼의 짜릿함과 스포츠의 즐거움이 녹아 있는 시즌이 바로 겨울이 캐나다에서 시작된다.
 캐나다의 눈은 건조하고 무겁지 않아서 샴페인 파우더라고 불린다. 샴페인 파우더는 스키를 탈 때 폭신하고 부드러운 느낌을 줘, 보다 높은 속도를 낼 수 있도록 도와 스포츠를 즐기는 분들이 캐나다에서 자주 스키를 타는 데 기여한다. 이런 눈들이 적지 않은 적설량을 이뤄 캐나다에서는 11월~5월까지 각 리조트에서 스키와 보드를 즐기는 데 기여한다.

스포츠 추천 지역

◇ 휘슬러 블랙콤

스키를 타는 분들이라면 누구나 꿈꾸는 멋진 곳이다. 이곳은 각각 100여개의 코스와 200개 이상의 슬로프를 구비하여 스키어들의 로망이라 불린다.

> 휘슬러와 블랙콤을 연결하는 피크 투 피크 곤돌라가 운행되면서 휘슬러와 블랙콤 산 두 곳을 자유롭게 왕래하며 스키를 탈수 있게 되었습니다. 때문에 더욱 많은 스키어들의 이용을 받게 되고 있죠.

◇ 앨버타 밴프의 3대 스키 리조트

앨버타 밴프에서 유명한 스키 리조트 3곳을 꼽는 다면 다음과 같다.
레이크 루이스 마운틴 리조트, 선샤인 빌리지, 마운틴 노퀘이.
위의 세 곳은 캘거리 국제 공항에서 90분 거리에 위치한다.
로키 산맥을 끼고 250개 이상의 코스와 스키 시즌 동안 최적의 환경을 제공해 라이딩에 제격이다. 트라이 에리어 리프트(Tri-Area)권을 이용하면 위의 세 곳 스키장을 자유롭게 이용 가능하며 스키장 운행의 셔틀버스도 무료 이용 가능하다.

하나. 레이크 루이스 마운틴 리조트 Lake Louise Mt. Resort

캐나다에서 가장 큰 스키장으로 샤토 레이크 루이스에서 자동차로 약 10분 정도 거리에 위치한다. 여기에서 바라보는 로키의 경치는 말이 필요 없는 알짜배기 볼거리! 이곳에서 스키용품을 빌릴 때는 본인의 부츠 사이즈를 잘 알아야 한다. 우리나라 신발 크기 기준과 다르기 때문에 애매할 수 있다.

둘. 선샤인 빌리지 Sunshine Village

정상의 높이가 2730m에 이르는 최정상의 위치로 태양 근처에서 찬란하게 빛난다는 의미를 담아 선샤인 빌리지라는 이름이 붙었다. 이곳은 믿을 수 없을 만큼 폭신하며 부드러운 캐나다 눈 특징인 샴페인 파우더가 으뜸이다. 세계에서 가장 빠르다는 8인용 곤돌라와 로키에서 가장 많은 4인용 리프트를 확보해 빠르게 탈 수 있다는 것이 포인트.

셋. 마운틴 노퀘이 Mt Norquay

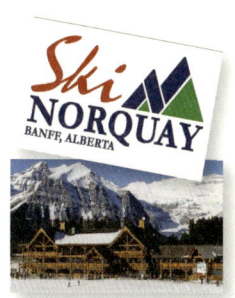

 광활한 지역에서 스키 초심자가 무난하게 탈 수 있는 코스부터 스키 고수들이 경험하고 싶어하는 코스까지 다채로운 레벨의 코스를 구비해 두고 있다. 경사와 미끄러짐이 좋아 스릴 있는 스키를 타고 싶어 하는 이들이 자주 찾는 곳이다. 매주 금요일 로키 산맥에서 유일하게 야간 스키도 즐길 수 있다.

◇ 퀘백 몽 트랑블랑 Mont Tremblant

 4개의 산등성이를 따라서 도합 94개의 슬로프와 고속 곤돌라를 포함해 13개의 리프트가 있다. 코스의 대부분이 스키 상급자와 전문자 용이므로 초보자들에게 권하는 장소는 아니다.

◇ 블루 마운틴 리조트 Blue Mountain Resort

 65년 이상의 전통을 자랑하는 유서(?)있는 리조트다. 이곳은 온타리오 주를 대표하는 스키 리조트로 34개의 슬로프에 13개의 리프트가 갖춰져 있다. 스키어들은 22개의 슬로프에서 10개의 리프트를 통해 늦은 시간까지 야간 스키를 즐기기도 한다.

memo
평범한 스포츠가 싫다면 헬리스키를!

스키의 형태를 갖지만 헬리스키는 다르다! 스키를 즐기는 이들이라면 누구나 꿈꾸는 헬리스키는 헬리콥터를 타고 산 위의 설원에서 스키를 타고 내려오는 짜릿한 스포츠다.

매년 12월~4월까지 브리티시 컬럼비아 주의 휘슬러와 앨버타 주의 밴프에서 즐길 수 있다.

단, 헬리스키는 중상급 스포츠이며 경험 많은 이들에게 권하는 레포츠다. 고난이도의 난이도에 따라 코스가 구분되어 실력에 맞춰 코스 선택이 가능하다. 경험이 없다해도 헬리스키 클래스를 통해 기초를 쌓으며 경험을 만들면 된다.

Advice
자유와 스릴을 느낄 수 있는 헬리스키는 일정한 슬로프가 없습니다. 타는 사람이 직접 길을 만들며 그곳이 슬로프가 되지요. 착륙 가능 지점은 해발 3500m, 낮은 곳은 600m입니다. 눈이 상당히 매끄러우니 조심하셔야 합니다. 더불어 헬리스키에서는 플레이트가 넓은 팻 스키(Fat Ski)를 이용하시는게 좋습니다.
* 헬리스키 업체 – CMH(Canadian Mountain Holiday), 고딕스(Gothics), 실버팁(Silvertip), 부가부(Bugaboo)

memo
아름답고 신비로운 빛의 매혹!
북극의 오로라 Aurora

여러분이 발을 딛고 있는 캐나다의 대지를 극장의 좌석이라고 생각하자. 그리고 겨울철 캐나다의 광활하고 맑은 하늘을 극장의 스크린이라고 가정하자. 여러분의 두 눈에 가득 담기는 넓은 스크린에서는 자연이 만들어내는 가장 아름답고 매혹적인 흥행지수 100점 영화가 상영된다. 캐나다인들은 오로라를 북쪽 하늘에서 춤추듯 내려오는 빛의 커튼이라는 별칭으로 부르며 애칭으로써 북극의 빛이라고도 한다.

오로라의 관측 시간은 겨울의 12월 말부터 2월까지로 시간대는 한밤중인 12시부터 2시 사이가 최적이다. 이는 오로라 관측의 최적지인 노스웨스트 준주의 옐로나이프와 유콘 준주의 화이트호스 두 곳이 오로라 환상대 밑 지점인 북위 62에 위치하기 때문이다.

직접 보지 않고는 그 어떤 반전과 결말도 예측 할 수 없는 장대한 빛의 예술은 여러분에게 감동과 경탄을 선사한다.

Advice
옐로나이프는 오로라 명소로 이곳의 오로라 빌리지는 추천 관광지입니다. 빌리지는 티피Teepee라고 불리는 북미 원주민 전통 방식의 원뿔형 천막집으로 구성되어 있으며 시내에서 떨어져 위치해 오로라 관광에 제격인 장소이지요. 이밖에도 개썰매, 스노모빌, 스노슈잉, 얼음 낚시 등 다양한 액티비티가 가득합니다.

노곤한 몸을 풀어주는 데는 온천 & 호텔의 스파

좋아진 요즘 세상에서 어느 나라를 가도 즐길 수 있는 흔한 것이 바로 온천과 스파지만 캐나다의 온천과 스파는 특별한 무언가가 있다.

드넓게 펼쳐진 아름다운 자연에서 둘러싸여 천연 광천수에 몸을 담그는 것은 어떤 것에도 비할 바가 못 된다. 여기에 프라이빗 온천이나 고급스런 럭셔리 온천 등 개인 취향에 맞춘 선택식 온천이라면 더할 나위가 없다.

브리티시 컬럼비아 주

◇ 에인스워스 온천 Ainsworth Hot Springs Resort

서부 개척 시대 은을 찾아 온 광부들이 발견한 온천. 규모는 작지만 아담하고 정리된 리조트가 방문객들의 피로를 해소시켜 준다. 더불어 말발굽 동굴 Horse Shoe Cave의 온천은 천연 자원으로 이뤄져 뜨거운 온천수와 동굴 속에서 만들어진 종유석들이 절경을 이뤄낸다. 더불어 아름다운 쿠트니 호수의 경관과 함께 온천욕을 즐길 수 있는 실외 온천도 추천! 실외 온천의 경우 수온은 평균 35도로 많은 양의 자연 온천수로 가득 차 있으며 하루에 6번 가량 새 물로 교체된다.

- 위치 : P.O Box 1268 Ainsworth Hot Springs British Columbia, Canada V0G 1A0
- 전화번호 : 250-229-4212

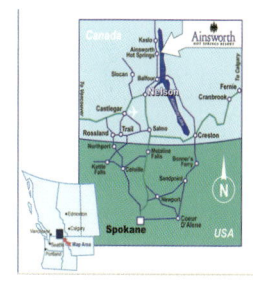

◇ 라듐 온천 Raduium Hot Springs

1840년대 유럽인들이 이주하기 전부터 원주민들이 사용하던 곳. 가파르지 않은 산맥과 울창한 숲의 쿠트니 국립공원 안에 있어 보다 아늑하고 조용한 분위기를 원한다면 이곳을 추천한다. 온천 수온은 평균 39도지만 27도의 온천탕도 마련되어 있으니 염려하지 말자!

- 위치 : PO Box 225 Radium Hot Springs, BC Canada V0A 1M0
- 전화번호 : 250-347-9331

◇ 그라토 스파 Gratto Spa

밴쿠버 아일랜드의 팍스빌에 있는 타이 나 마라 리조트에 위치하는 곳이다. 헝가리식 미네랄 워터풀과 16개의 럭셔리 마사지 룸등 다양한 테마를 갖춘 고급 시설들이 즐비하다. 노화 방지, 전신 진흙 마사지, 커플끼리 즐길 수 있는 그라토 스위트 Grotto Suite 등 다양한 스파 서비스가 갖춰져 있다.

· 위치 : 1155 Resort Drive, Parksville, BC, V9P 2E3
· 전화번호 : 800-663-7373

퀘벡 주

◇ 호텔 클럽 트랑블랑 스파

 호수 위의 스파라는 별칭만큼 산 속 호수 위에 있는 것 같은 느낌을 들게 하는 것이 백미다. 트랑블랑 산의 아름다움을 눈으로 담으며 전문적인 맞춤 트리트먼트를 받는 기분은 여러분을 황제 부럽지 않은 기분에 사로잡히게 해 줄 것이다.

· 위치 : 3045 Chemin de la Chapelle Mont Tremblant, Quebec Canada J8E1E1
· 전화번호 : 819-681-7000

◇ 노벨 호텔 & 스파

예술과 재즈의 도시 몬트리올 시내 중심의 노벨 호텔이 있는 스파.
스파 서비스 외에도 매니큐어와 제모 등 각종 다양한 미용 서비스도 함께 제공한다.

· 위치 : 1740 Rene-Levesque West Montreal, Quebec H3H 1R3 Canada
· 전화번호 : 800-363-6063

앨버타 주

◇ 페어몬트 밴프 스프링스 윌로우 스트림 스파

로키의 아찔한 자연을 즐기는 야외 풀과 실내 헝가리 식의 미네랄 워터 풀등의 시설이 독특하다. 산 속의 청정하고 상쾌한 공기를 느끼며 받는 트리트먼트는 타국 생활로 거칠어진 피부에 활력을 불어넣기 좋은 체험이 된다.

· 위치 : 405 Spray Avenue Banff, Alberta Canada T1L1J4
· 전화번호 : 403-762-2211

◇ 스틸워터 스파

유럽 스타일의 스파가 구비되어 있는 고급 스파. 실내에 배치된 수족관과 작은 병 하나까지 인테리어에 세밀하게 신경쓴 흔적이 엿보인다.

이곳에서 선보이는 스파 프로그램은 강력 추천하는 코스! 한약 성분이 가미된 수증기를 쐬어 피부를 열고, 부드러운 마사지로 얼굴 근육을 이완시켜 피부의 불순물을 제거한다. 약 60분간의 스파 과정 후에 느껴지는 탱탱하고 부드러운 본인의 얼굴 피부에 놀라지 마시라!
한 가지 덧붙여 스파를 받기 전 개인 풀 욕조와 라운지에서 휴식을 취할 수 있다는 것도 최대 장점!

· 위치 : 700 Centre Street SE Calgary, Alberta, Canada T2G 5P6
· 전화번호 : 403-537-4474

memo 다양한 종류의 액티비티를 즐기자!

스노슈잉 Snowshoeing

스노슈잉은 눈 위를 걸을 수 있도록 제작된 신발을 신고 즐기는 운동으로 초보자들도 쉽게 익힐 수 있는 캐나다의 대표적 겨울 액티비티. 스키나 보드로는 접할 수 없는 코스를 다니므로 사슴이나 산토끼 등의 야생 동물들의 출현에 당황하지 말자. 밟을 때마다 부드럽게 소리내는 눈송이와 눈 앞에 펼쳐지는 설경이 그야말로 진국!

스노모빌 Snowmobile

시속 80km 이상으로 설원을 가로지르는 스피드 어드벤처. 특히나 낮에 즐기는 것보다 야간에 즐기는 야간 스노모빌은 그 인기가 높다. 얼어붙은 강을 가로지르며 설원을 누비는 스노모빌은 캐나다의 야생과 더욱 가까이 접할 수 있는 좋은 기회. 더불어 개인 맞춤 투어로 진행하기도 하며 운전이 미숙해도 가능하다!

썰매 체험

캐나다 시베리안 허스키가 끄는 썰매를 타고 시원한 바람과 스릴를 함께 즐겨보자. 보통 썰매는 개썰매가 일반적이어서 허스키(늑대개)와 경주용의 그레이하운드가 끌게된다. 6~8마리 개가 끄는 썰매에 두 명이 탑승하며 한 사람은 앉아서 나머지 한 사람은 뒤에 서서 타게 된다. 시속 30~40km로 실제 탑승자의 체감 속도는 무시할 것이 못 된다.

집트렉 에코튜어 Zip-trek Ecotours

등반용 하네스와 헬멧을 쓰고 나무 사이사이에 설치된 케이블에 도르래로 몸을 이어 시속 80km로 계곡을 건너는 액티비티. 울창한 산림 속에서 활공하는 스릴를 만끽하며 캐나다의 살아 숨쉬는 자연을 느껴보자.

CHAPTER 06. 캐나다 추천 관광지

브리티시 컬럼비아 British Columbia 주에서는?

밴쿠버 편

1. 카필라노 서스펜션 브릿지 Capilano Suspension Bridge

스탠리 파크로부터 연결되는 라이온스 게이트 브릿지를 건너 북쪽으로 길게 이어지는 협곡이다. 이곳에 도착하면 캐나다인들의 생활이 배어있는 공간들이 관광객들에게 펼쳐진다. 더불어 유럽에서 이주한 개척민과 인디언들의 물건이 전시되어 있다.
더 깊숙이 들어가면 나오는 캐필라노 다리는 수십만명의 관광객들이 찾아오는 가장 긴 다리로 조금만 흔들려도 떨어질 것 같은 아찔한 계곡과 스릴로 더욱 유명하다.

2. 스탠리 파크 Stanley Park

천연 원시림의 숲으로 꾸며져 이곳에 들어가면 천연 자연에 파묻힌 자신을 느낄 수 있다. 규모의 방대하기 때문에 빠른 관광을 위해서라면 자전거와 같은 이동 수단을 이용하는 것이 좋다.

3. 개스 타운 Gas Town

개스 타운이라는 이름은 존 디톤이라는 술집 주인의 이름에서 유래했다고 한다. 그 당시 마을 사람들은 수다쟁이 잭이라는 뜻의 개쉬 잭이라고 불렀는데 여기에서 유래한 것이 개스 타운이다. 개스 타운 길을 따라 걸으면 이야기 속 주인공의 동상을 볼 수 있고 15분에 한 번씩 증기를 뿜는 명물, 세계 최초의 증기 시계를 볼 수도 있다.

4. 그라우스 마운틴 Grouse Mountain

계절별로 레저 생활을 제대로 즐길 수 있는 곳이다. 다양한 레포츠가 준비 되어 있으며 15분에 한 대씩 운행하는 케이블 카를 타면 정상에서 밴쿠버 도시 풍경과 태평양의 드넓고 시원한 풍경이 한 눈에 들어온다.

5. 그랜빌 아일랜드 Granville Island

밴쿠버의 중심 시가에서 20분 가량을 이동해야 한다. 본래는 공장과 창고가 즐비하던 곳이었지만 1970년대 개발을 통해 다양한 볼거리와 레스토랑, 샵들이 들어서 발전을 거듭했다.

개성 뚜렷한 물건을 파는 아기자기한 상점과 공예품을 구입할 수 있다. 더불어 뮤지컬과 콘서트 등의 예술 볼거리도 준비되어 있으며 여름에는 재즈 페스티벌과 포크 뮤직 페스티벌이 열린다.

Advice

밴쿠버에서 하이킹 추천 코스를 알아두자!

+스탠리 파크
규모의 방대함으로 자전거를 타고가도 시간이 다소 소요됩니다. 자전거를 타면서 스치듯 지나가는 아름다운 풍경과 시원한 바람들이 환상의 하모니를 자아내죠. 걷는 것은 물론이고 자전거를 타고 돌아본다면 반드시 돌아봐야 할 필수 코스!

+선셋 비치-폴스 크릭-키칠라노 비치 코스
밴쿠버의 아름다운 풍경을 만끽하고 싶은 분들에게 추천!
평화롭고 아름다운이라는 수식을 달고 있는 곳으로 그 사이사이마다 해양 박물관과 그랜빌 아일랜드를 지나는 등 다양한 볼거리들이 널려 있습니다. 마지막 키칠라노 비치에 이르면 근처 야외 수영장에서 하이킹 하면서 흘린 땀과 더위를 식힐 수 있는 장점까지!

+센트럴 밸리 그린웨이
밴쿠버 다운타운과 주변 버나비는 물론 뉴 웨스트 민스터를 연결하는 루트로 주위 도시들의 풍경 감상에 딱입니다.

+퀸 엘리자베스-밴두슨 보태니컬 가든
밴쿠버의 유명한 공원과 가든을 함께 즐기는 코스를 빼놓지 마세요!
자전거 하이킹으로, 상반된 매력을 가진 곳을 한꺼번에 보는 매력은 쉽게 발견할 수 없죠. 자연 속 공원에서 스트레스를 날리고 휴식을 취하는 코스는 여름철에 딱 입니다!

> 빅토리아 편

 빅토리아는 브리티시 컬럼비아 주의 주도로 밴쿠버와 한 시간 거리에 위치한 도시이다. 섬으로 된 곳으로 비행기나 페리를 이용해서 갈 수 있으며 온화한 태평양의 기후가 멋들어진 해양 도시이며 각종 행정기관들이 위치한다.

1. 빅토리아 주의사당 British Columbia Parliament Buildings

 빅토리아 거리의 상징인 주의사당. 이 건물을 건설한 사람은 25세에 설계 작품 공모전에서 당선한 프란시스 라텐브리(Francis Rattenbury)라고 한다. 그는 주의사당 외에도 그 부근에 있는 엠프레스 호텔(Empress Hotel)과 같은 유명한 건축물을 많이 남긴 인물로 빅토리아의 많은 건물들이 그의 손에 만들어졌다.

〈Point만 살펴보기〉
* 의사당은 두 번에 걸쳐서(제 1기 1893~97, 제 2기 1912~16년)건축!
* 초기 예산이 92만 불로 후에는 그 2배가 넘는 100만불 정도가 소비!
* 정원에는 빅토리아 여왕의 청동상이 위치!
* 밤에는 3000개의 조명에 불이 켜지는 멋진 야경과의 하모니가 백미!

2. 엠프레스 호텔 The Empress

1908년에 문을 연 캐나디안 퍼시픽(Canadian Pacific's) 계열의 호텔로 주의사당을 설계한 프란시스 라텐브리(Francis Rattenbury)의 작품이다. 과거 캐나디안 퍼시픽 증기선(Canadian Pacific's steamship) 라인의 종착역 호텔이기도 했다.

〈Point만 살펴보기〉
* 고풍스러운 디자인의 로비의 모습과 19세기부터의 전통 애프터눈 티, 선데이 브런치 등은 추천 메뉴!

3. 밀랍인형 박물관 Royal London Wax Museum

 의사당 길 건너편에 위치하고 있는 건물로 역시 위 두개의 건물을 설계한 프란시스 라텐브리(Francis Rattenbury)의 작품이다. 예전에는 위에 잠시 언급되었던 증기선의 매표소였으며 지금은 밀랍인형 박물관으로 사용되며 여러 분위기의 밀랍인형들이 전시되어 있다.

〈Point만 살펴보기〉
* 세계 유명 인사와 영화나 동화 주인공을 밀랍인형으로!
* 살아숨쉬는 듯한 생생한 밀랍인형!
* 내부가 어둡기 때문에 플래시를 터뜨리면 색상이 바래고 유리에 반사되니... 가급적 사진은 피하기!

4. 언더시 가든 Undersea Gardens

주의사당 앞바다에 있는 바다 위에 세워진 수족관. 게와 불가사리, 작은 상어가 조그만 물고기들과 섞여서 헤엄치는 모습과 함께 언더시 극장의 다이빙 쇼에서는 거대한 문어를 볼 수 있다.

〈Point만 살펴보기〉
*타고 있는 배 밑 유리창으로 바라보는 바닷속 구경!
*수족관으로 캐나다 서쪽 바다의 5000 여종의 바다 생물을 만나보자!

5. 미니어쳐 월드 Miniature World

엠프레스 호텔 뒤쪽에 위치한다. 걸리버가 된 듯한 기분이 드는 멋진 판타지 세계를 체험할 수 있다. 워털루의 전쟁 / 제재소 / 개척촌 / 인형의 집 등 60개 장면을 구성해 놓았다.

〈Point만 살펴보기〉
*아기자기하고 정교한 피규어의 놀라움을 감상하자!
*소인국에 온 거인 같은 느낌으로 스토리 있는 짜임새 있는 테마 구성!
*2시간 투자로 환상적인 동화를 감상하자!

6. 크리스털 가든 Crystal Garden

엠프레스 호텔 뒤쪽 잘 안보이는 위치에 자리한다. 1925년 당시에 유행했던 유럽 스타일을 도입해 건축한 프란시스 라텐브리(Francis Rattenbury)의 작품이다. 개장 초기에 사교장으로 활용하다 막대한 유지비로 1971년에 문을 닫았다. 현재는 온실로 이용중이다. 열대식물과 조류와 동물 및 멸종위기 65종류의 특별 보호 동물들도 볼 수 있다.

〈Point만 살펴보기〉
*카페, 연회장, 수영장, 전시장 등 복합 문화 센터의 진미를 느껴보자!
*유리 천장의 눈부신 햇살과 열대 식물 감상의 묘미를 즐기자!

7. 비컨힐 공원 Beacon Hill Park

비컨 Beacon은 봉화를 의미하는 것으로 바다를 항해하는 배를 위해 봉화를 피운 장소를 기념하기 위해 만들었다고 한다. 엠프레스 호텔 뒤를 지나가는 Douglas St.에서 Thunderbird Park방향으로 5~10분쯤 걸어가면 되는 꽃의 명소. 거리의 초석을 깐 허드슨 만 회사가 이 곳을 공원으로 지정한 1850년대부터 시민들에게 사랑을 받아왔다. 가장 높은 토템폴과 향기로운 장미원, 100년 역사의 크리켓장, 작은 동물원 등이 있다.

〈Point만 살펴보기〉
*따사로운 햇살 아래서 힘들지 않은 하이킹 코스를 둘러보자!
*유명한 여류화가 에밀리 카가 좋아하던 나무들이 자란다!
*항해의 신호로 비컨(봉화)을 붙였다는 꼭대기에서 바다 건너 미국 올림픽 산의 절경을!

check
못 다한 빅토리아 추천 관광지는?
+ 빅토리아 발상지라고 하는 배스천 광장 Bestion Square
+ 골동품 거리인 앤티크 가도 Antique Row
+ BC 주에서 오래된 목조 집으로 19세기를 느껴보는 헬름켄 저택 Helmken House
+ 스코틀랜드인 로버트 댄스뮤어가 세운 화려함과 정교의 미학 크레이그다로크 성 Craigdarroch Castle
+ 셰익스피어의 아내 앤 해서웨이를 만나보는 그녀의 생가 Anne Hathaway's Cottage
+ 엠프레스 선착장과 이너하버 연안의 10여 군데를 연결하는 Victoria Harbour Ferry
+ 흰줄박이 돌고래와 바다표범을 보러 가는 네이쳐 투어.

앨버타 Alberta 주에서는?

밴프 편

　밴프 국립 공원 상공에는 관광 헬리콥터를 띄울 수 없다. 이는 밴프 안에 보존되어 있는 천혜의 자연을 보존하기 위한 배려에서 시작된 것으로 그만큼 밴프에서는 깨끗하고 청정한 자연의 품을 만끽할 수 있다.
　생생하고도 살아 숨 쉬는 천연 자연의 경이로움에 보는 여러분들이 압도되어 버릴지도 모른다. 아래에서 소개하는 곳은 특히나 밴프에 왔다면 어떤 것을 제쳐두고서라도 봐야 하는 것이니 꼭 알아두자.

◇ 레이크 루이스 Lake Luise

　영국 빅토리아 여왕의 딸인 루이스 공주의 방문을 기려 지어진 이름이다. 빅토리아 빙하를 두른 이 호수는 사파이어, 블루, 비취, 옥빛 색을 띠는 형용하기 어려울 정도의 아름다운 빛깔을 자아낸다. 태양 광선과 보는 사람의 위치 및 시간 경과에 따라 호수는 시시각각 색을 달리한다.

〈Point만 살펴보기〉
*세계 3대 보호구역의 청정함을 체험하자!
*곤돌라를 타고 정상에서 두 눈에 담는 아름다운 에메랄드 빛 호수의 경이로움!

Advice
미네완카 호수도 들러보세요!
미네완카는 영혼의 호수라는 의미를 가지며 깊이 있는 운치를 갖고 있습니다. 보트를 타고 1시간 30분 가량을 둘러보게 되며 아늑하고 고요한 자연을 아스라이 느낄 수 있습니다. 이곳으로 야생 동물들을 보는 재미도 쏠쏠합니다. 또 이곳은 낚시터로써도 그 가치가 높아 낚시 매니아들에게 추천!

매니토바 Manitoba 주에서는?

위니펙 편

1. 위니펙 박물관 Winnipeg Art Gallery

박물관 건물은 보는 이들의 시선을 사로잡을 만큼 독특한 외관을 자랑한다. 박물관 건물은 거대한 석회암으로 건축되었다. 내부에는 세계에서 가장 큰 에스키모 족인 이뉴잇의 콜렉션을 소장하고 있으며 현대 예술 작품과 매니토바 역사 예술품들이 전시된다.

〈Point만 살펴보기〉
*삼각뿔 모양의 건물부터 눈길을 사로잡는!
*가이드의 안내에 따라 풍부한 미술 소장품을 품격 있게 감상하자!
*미국과 유럽 작품의 넓은 범위의 컬렉션을 둘러보자!

2. 생 보니파스 St. Bonifance

퀘벡 다음으로 거대한 규모를 자랑하며 다채로운 볼거리와 복합 문화 센터로 가득차 있다. 이곳에서 개최되는 댄스 페스티벌, 정통 프랑스 요리 레스토랑 및 다채로운 박람회는 꼭 봐야할 볼거리로 손꼽힌다.

〈Point만 살펴보기〉
*가장 오래된 프랑스계 마을에서 프로방스를 느껴보자!
*현재 주민들의 생활 모습 속에도 독특한 프랑스의 생활문화가 우러난다!
*매년 2월 Festival du Voyageur 축제로 프렌치 캐나다 인의 전통도 Point!

3. 익스체인지 디스트릭트 Exchange District

위니펙의 역사적인 곳으로 유명하다. 이곳은 캐나다의 국립 역사 지구로 선정되었으며 서부로 가는 위니펙의 관문의 역할을 한다. 이곳에는 다양한 종류의 사무실과 도매상, 은행, 호텔 및 극장이 즐비하며 독특한 테라 코타 컬렉션 및 석상 조각품 들이 많다.

〈Point만 살펴보기〉
*상업과 교역, 패션의 중심지로써의 세련됨을 체험하자!
*신/구의 조화가 멋들어지게 이뤄진 곳의 유럽풍 도시를 느껴보기!

노바스코샤 Nova Scotia 주에서는?

할리팩스 편

1. 패기스 코브 Peggy's Cove

할리팩스에서 약 1시간 거리에 위치하는 곳으로 대서양을 홀로 지키고 서있는 든든한 등대와 깨끗한 공기는 물론 맑은 하늘까지 그 어느 것 하나 지나칠 것이 없다. 무엇보다도 패기스 코브에서는 최고의 장면을 연출하는 일몰이 일품이다.

〈Point만 살펴보기〉
* 청정한 공기와 하늘, 지는 해는 한데 어우러져 지상 최고의 일몰을 연출!
* 정감어린 어촌 마을을 아름다운 배경으로 사진작가들의 발길이 끊이지 않는다!
* 친절하고 아름다운 항구 도시의 진수를 느껴보자!

2. 퍼블릭 가든 Public Garden

아기자기하면서 아름다운 미관을 자랑하는 퍼블릭 가든 Public Garden은 봄이 되면 다양하게 만발하는 꽃과 나무들 및 호수의 향연이 펼쳐진다. 이곳은 할리팩스 주민들의 쉼터로 이용되며 가족과 연인, 친구들끼리 가벼운 산책과 휴식을 즐긴다.

〈Point만 살펴보기〉
* 주말과 일요일에 열리는 다양한 음악 공연과 원주민 축제를 즐기자!
* 아늑하고 아름다운 자연의 품에서 일상의 스트레스를 풀어보자!

3. 대서양 해양 박물관 Maritime Museum of Atlantic

할리팩스의 대표적인 박물관으로 다양한 볼거리가 준비되어 있다. 무엇보다 실제 있었던 타이타닉 침몰에 관련한 유물들과 선박 및 요트들의 모형들 방문객의 시선을 잡는다.

〈Point만 살펴보기〉
* 침몰한 타이타닉의 잊지 못할 기억을 느껴보자!
* 이 밖에 할리팩스 익스플로젼 유물도 눈길을 끈다!

Q **A**

Q. 할리팩스 익스플로젼이란?

A. 2차 세계 대전 중 프랑스 화약 운반선 몽블랑 호가 할리팩스 항으로 향하다 불이 붙습니다. 선원 및 선장들은 모두 바다로 대피하고 불 붙은 몽블랑 호는 할리팩스 항구를 향해 폭발해 엄청난 인명이 다치고 많은 재산이 파괴되었죠. 이를 잊지 않고자 전시해 둔 것이 할리팩스 익스플로젼 코너입니다.

온타리오 Ontario 주에서는?

토론토 편

1. 로열 온타리오 박물관 Royal Ontarion Museum

캐나다에서 가장 큰 규모를 자랑하는 박물관으로 3층 건물에 600만점 이상의 전시물이 소장되어 있다. 과거 자연사/현대미술박물관으로 운영되다가 현재 박물관으로 바뀌었다.

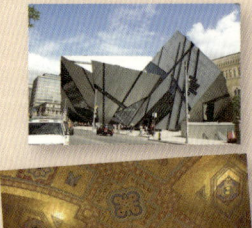

〈Point만 살펴보기〉
* 타 박물관과 다른 번쩍이는 황금색의 넓은 홀 입구 천장!
* 방대한 아시아와 유럽, 자연사와 역사를 아우르는 전시물 양과 규모로 견문을 넓혀보자!

2. 하이 파크 High Park

하이 파크는 건축가 존 하워드가 온타리오 호 근처에 사들인 땅의 지대가 높다는 것으로 하이 파크라고 명명한 것이다. 대지를 자연 상태로 유지하고 주민에게 무료 개방을 조건으로 토론토 정부 관리에 있는 곳이다. 토론토에서 가장 큰 공원으로 자연의 느낌 그대로를 보존하려는 노력이 돋보인다.

〈Point만 살펴보기〉
* 다양한 야생 생물과 희귀 식물들의 군락지를 보자!
* 생태 공간 외에도 문화, 교육, 동물원, 휴식 공간으로써의 복합 공간을 누려보자!
* 여름마다 셰익스피어 작품 공연 드림 인 하이 파크 Dream in High Park 관람도 챙겨보기!

3. 카사 로마 Casa Loma

당대 최고의 부자였던 헨리 팔렛 Henry Pallatt 경이 3년이란 시간을 들여 만든 개인 저택이다. 10년이 채 못 되어 헨리 경이 파산하자 집을 경매로 내놓았으나 관광상품으로 개발해 오늘에 이르렀다. 모두 3층 저택의 구조로 98개의 방과 실내에 정원을 갖추고 있는 독특한 구성을 보인다. 입장료는 비싸지만 후회하지 않을 만큼 방문객에게 다양한 볼거리를 제공한다.

〈Point만 살펴보기〉
*카사 로마는 내부에도 앤틱풍의 고급스런 가구들이!
*커다란 저택의 작은 구석의 벽지나 마루 바닥은 그야말로 섬세한 작품!
*천장의 스테인드 글라스의 화려함에 깜(짝)놀(라)하기!

4. CN 타워 CN Tower

높이는 553.33m로 두바이 버즈칼리파와 중국 광쩌우 타워에 이어 세 번째로 높은 타워이다. 탑의 정상 꼭대기 입장료는 비싸다. 하지만 전망대에서 바라보는 전경 및 밤에 보는 야경은 비싼 값의 값어치를 한다. 단순한 관광 외에도 CN 타워의 즐길거리로 Walking on the edge가 준비되어 있다.

〈Point만 살펴보기〉
*고소공포증도 극복할 만큼 대담한 스릴을 즐기고 싶다면!
*한 눈에 탁 트이는 시원한 전경이 그립다면!
*하늘에 가깝게 닿고 싶은 느낌을 갖고 싶다면!

Q. Walking on the edge는 뭘까?
A. 356m의 높이에서 CN 타워 전망대 창 바깥쪽의 1.5m 난간을 걸어보는 것입니다. 당연히 안전 장비를 착용하지만 번지 점프의 높이에도 좌절하시는 분들이라면 오금이 저려서 도전하기 힘드실 수도 있겠습니다.

프린스 에드워드 Prince Edward Island 주에서는?

1. 컨피더레이션 브릿지 Confederation Bridge

프린스 에드워드 섬과 캐나다 내륙을 이어 주는 다리로 1997년에 완공되었다. 반대편 끝이 보이지 않을 정도로 긴 다리 위를 지나는 느낌은 하늘을 나는 듯한 느낌의 서스펜션 구름다리와는 색다른 느낌을 선사한다. 아름다운 바다 위를 지나는 짜릿함은 그 무엇과도 비교할 수 없을 정도!

〈Point만 살펴보기〉
*지구상의 수많은 사건, 사고를 벗어나 고요한 일상을 느끼며 휴식하기에 딱!

Advice
단, 아름다운 다리 위를 지나는데 드는 비용의 어마어마함을 간과하지 마세요!
섬에서 대륙으로 나갈 때만 요금을 지불하고 섬으로 들어올 때 만은 무료입니다.

2. 그린위치 Greenwich

작은 섬과 동시에 광활한 캐나다에서 가장 작은 주. 소설 빨강머리 앤의 배경이고 소설의 저자인 루시 몽고메리의 고향으로 명성이 높다. 자연의 아름다움이 보존되어 야생 그대로의 모습이 살아있는 그리니치 국립공원이 위치한다.

퀘벡 Quebec 주에서는?

몬트리올 편

1. 도르체스터 광장 Square Dorchester

과거 도미니언 광장 Dominion Square로 불리며 1768년, 1778년, 1795년 두 차례에 걸쳐 캐나다 총독이었던 도르체스터 경을 기념하기 위해 도르체스터 광장으로 지어졌다. 광장 안의 윌리프리드 로리에 경의 동상과 보어 전쟁 기념물, 포효하는 사자상이 광장을 꾸미고 있다. 광장의 북쪽에 몬트리올 여행 안내 센터가 위치하니 이곳을 들러 관광지를 선정해도 좋다.

〈Point만 살펴보기〉
* 오후 5시 선 라이프 빌딩 Sun Life Building의 고운 차임벨 소리와 함께 하루를 마감하자!
* 구식 건축물인 마리아 대성당(로마의 베드로 대성당을 1/3으로 축소한 것!)과 신식 건축물의 신구 하모니를 느껴보자!

2. 몬트리올 현대 미술관 Montreal Museum of Fine Arts

1860년에 개관해 오랜 역사를 이어온 현대 미술관. 신관 건물과 구관 건물이 마주 보고 위치한다. 신관에는 기획 상설 전시가, 구관에서는 근대 미술 작품과 가구 공예, 스테인드 글라스 등의 전시품을 관람할 수 있다. 캐나다에서 유일한 현대 미술관으로 세계 각국에서 5000여점 이상의 작품이 모여 있다.

〈Point만 살펴보기〉
* 미술 박물관 특성이 강해 다양한 견문을 넓혀보자!
* 8개의 관에서 전시되는 갤러리를 감상하자!

3. 노트르담 거리 Rue Notre-Dame

노트르담 성당과 다름 광장을 통과하는 구 시가지 중앙 통로의 역할을 담당하는 노트르담 거리는 화려하기 그지없다. 주변에 들어선 건물 역시 으리으리한 멋을 자아내며 몬트리올 구 시가지 최대 볼거리로 유명한 노트르담 대성당이 위치한다.

〈Point만 살펴보기〉
* 고풍스러운 프렌치 스타일을 캐나다 거리에서 만끽하자!
* 장미가 섬세하게 새겨진 창과 스테인드 글라스의 아름다운 조화의 노트르담 대성당은 꼭!
* 주변에 많은 관광 마차 칼레슈도 잊지 말고 타보기!

4. 자크 카르티에 광장 Place Jacques Cartier

16세기 캐나다를 발견했으며 퀘벡 주에 최초로 들어온 탐험가 자크 카르티에의 이름을 본따 지어졌다. 이 광장에는 분위기 좋은 레스토랑과 가게들이 즐비하며 광장 곳곳에서 거리 공연과 볼거리들이 넘쳐난다. 주말 저녁에는 불꽃놀이가 펼쳐지니 아침부터 저녁까지 볼거리로 충만한 곳!

〈Point만 살펴보기〉
*거리 화가들이 그려주는 초상화도 기념으로!
*골목마다 위치하는 아기자기하고 다양한 기념품과 그림도 한 점 Get!

5. 이튼 센터 Eaton Center

몬트리올에서 유명한 백화점으로 방대한 크기와 규모로 인해 이곳을 전부 쇼핑하기 위해서는 하루도 부족하다. 센터 안에는 180여개의 상점과 레스토랑 및 카페가 있으며 몬트리올 번화가 생 카트린 거리에 위치하며 지하철 맥길과 연결되어 있어 언제나 사람들로 붐빈다.

〈Point만 살펴보기〉
*규모의 거대함으로 시간이 부족하다면 안내데스크에서 쇼핑몰 지도를 입수하자!
*일상 용품의 가격이 저렴하며 일년 내내 할인 판매가 지속된다.
*이튼 센터 주변의 상점가들도 다양한 물품들을 구비!

캘거리 편

1. 글랜보우 박물관 Glenbow Museum

북미 인디언과 에스키모에 대한 것들이 전시되어 있으며 그 중에서도 총기류의 유물이 볼만하다. 캐나다 4대 박물관 중 하나로 뽑히며 인디언들의 생활과 개척시대는 물론 중세~근세에 이르는 유럽인의 생활들도 만나 볼 수 있다.

2. 캘거리 타워 Calgary Tower

캘거리의 상징물로 타워의 맨 꼭대기에서 내려다 보이는 캘거리 도시 풍경이 백미다. 여기에 날씨까지 좋으면 로키 산맥의 웅장한 모습도 볼 수 있다.

〈Point만 살펴보기〉
*한 시간에 한 바퀴씩 회전하는 레스토랑에서 식사하며 자연과 도시의 모습을 한 눈에!
*4번째로 높은 고층 건물로 캘거리를 전경을 담아보자!

3. 스탬피드 공원 Stampede Park

캘거리 다운타운에 위치하는 공원으로 매년 7월 초에는 스탬피드 경마 대회가 개최된다. 경마 대회에서는 열정적인 로데오와 척 웨건 레이스가 펼쳐지고 운동장에서도 다수의 경마가 진행된다.

4. 바운더리 랜치 Boundary Ranch

아름다운 자연으로 둘러싸인 카나나스 키스 계곡 중심부에 위치하는 카우보이 목장.
하루에서 반나절 가량 다채로운 프로그램을 운영해 목장 카우보이들이 선보이는 로데오 쇼 등으로 카우보이 생활양식을 체험할 수 있다.

〈Point만 살펴보기〉
*캠핑, 트레킹, 골프, 낚시, 승마 등 즐길거리로 액티비티 레포츠의 중심지 즐기기!
*레스토랑, 라운지, 기념품 샵 등으로 기념품도 걱정 끝!

5. 헤리티지 공원 Heritage Park Historical Village

캘거리 초기 정착민들의 마을부터 20세기 초 거리 모퉁이까지 고스란히 재현해 놓은 캐나다판 민속촌이다. 검증된 고증으로 복원된 다수의 건물 가운데 실제 운행되던 증기기관차들이 마을을 돌아다니고 아침 식사로 개척 시대 풍의 빵과 케이크가 무료로 제공된다. 전통 복장을 갖춘 주민들이 그 당시의 생활상을 보여주어 과거시대로의 여행을 하기에 좋은 곳!

〈Point만 살펴보기〉
*역사적 가치가 높은 건축물을 그대로 재현한 건축물 볼거리들!
*과거로의 타임슬립 하는 느낌 그대로!

이야기가 있는 캐나다 어학연수

– 선진 시민운동의 본보기, 캐나다 그린피스 "이것이 GMO 제품"

1971년 캐나다 밴쿠버에서 시작된 비정부 환경운동기구 그린피스는 지역에서 시작해 활동무대를 전세계로 넓혀간 풀뿌리 시민운동의 롤모델이라 할 수 있다. 캐나다 그린피스의 유전자조작농산물(이하 GMO) 제품에 대한 활동을 통해 선진 시민운동의 방법론을 배워보는 것도 좋을 것 같다.

캐나다 그린피스는 2004년부터 자국의 소비자들에게 GMO로 만들어진 제품과 해당 제조기업의 리스트를 안내서로 펴내 온·오프라인으로 보급하고 있다.

캐나다 그린피스의 작업은 GMO 관련 정보들이 소비자들에게까지 제대로 전달되지 않고 있는 우리나라에 좋은 본보기가 되는데 캐나다 그린피스가 펴낸 GMO 관련 소비자안내서에는 캐나다에서 생산되는 음식제품과 제조기업이 녹색·노란색·빨간색 목록에 분류돼 있다. 이 목록은 제품 제조 과정에 GMO를 사용하는지 여부에 따라 만들어진 것이다.

> **THE GREEN LIST:** A happy face indicates that the products are not made with any GE or GE derived ingredients. We have confirmed this mostly through written declarations from companies, as well as phone conversations, internet communication and research done by third parties. As organic food does not allow for the use of genetically modified organisms, 100% certified organic products are listed in the Green List.*
>
> **THE YELLOW LIST:** A neutral face is for products made by companies that are committed to removing all GE or GE derived ingredients from their products but have not yet completed the process. Most of these products contain a small percentage of GE ingredients, and the company is actively seeking to replace them with non-GE alternatives. Once a company has successfully completed the transition, its products are moved to the Green list. If no progress is made within 12 months, they are moved to the Red list.
>
> **THE RED LIST:** An unhappy face indicates that the product is likely to contain GE or GE derived ingredients. These ingredients come from the most widely grown GE crops, usually corn, soy, canola or cotton. Companies on this list have confirmed that their products may or are likely to be made with GE ingredients, or have not denied using GE foods when given the opportunity to do so. Companies that refused to respond are also listed in the Red list. When a company commits to removing GE ingredients from its products, it can be moved up to the Yellow list.

'웃는 얼굴'로 표시한 녹색 목록에는 GMO가 들어가지 않은 음식제품과 해당 제조기업이 포함돼 있다. 이 목록은 제품 생산자와 제3자의 공동검증을 거쳐 만들어진 것으로, 유기농산물을 이용하는 제품과 기업들을 알려준다.

'무표정한 얼굴'로 표시한 노란색 목록에는 GMO를 이용하지 않겠다는 약정을 했지만 아직 완전히 그 내용을 이행하지 않고 있는 기업과 생산제품들이 들어있다. 이 목록에 있는 음식제품들은 낮은 함량이지만 GMO를 사용해 만든다. 제조기업은 GMO를 대체할 유기농산물을 찾는 중이다.

'우는 얼굴'로 표시한 빨간색 목록에는 GMO를 이용해 만들어진 음식제품과 해당 제조기업들이 있다. 이 목록에 있는 기업들은 이미 제품 제조과정에 GMO를 사용하는 것이 알려져 있는 곳들이다.

이 목록들은 상황에 따라 바뀐다. 노란색 목록에 있는 기업이 생산과정에 GMO를 완전히 사용하지 않게 되면 녹색 목록으로 올라간다. 반면 이 기업이 1년이 지나도록 GMO를 계속 사용하고 있으면 빨간색 목록으로 내려간다. 또 빨간색 목록에 있는 기업이 GMO를 사용하지 않기로 약속하면 노란색 목록으로 올라간다.

캐나다 그린피스는 관계자는 "캐나다 대부분의 주에서 기업이 GMO 제품에 라벨을 붙여 표시하는 것을 의무가 아닌 권장사항으로 정하고 있기 때문에 이 같은 목록을 만들었다"고 설명하면서 "목록을 통해 소비자들이 GMO 제품 관련 정보를 손쉽게 얻고 직접 제품 구입여부를 판단할 수 있을 것"이라고 말했다.

물리적 반대행사가 아닌 소비자에게 관련 정보에 대한 접근성을 높이는 방식의 시민운동은 수입 농산물이 대규모로 들어오고 있는 우리나라의 상황을 고려할 때 좋은 본보기가 될 수 있을 것이라 생각된다.

캐나다에서의 자신과 영어와의 오랜 싸움을 마치고 귀국한 여러분을 환영합니다! 하지만! 진짜 싸움은 지금부터라는 사실을 잊지 마시기 바랍니다. 3개월이든, 6개월이든, 1년이든 캐나다에서 기간에 상관없이 보람차게 보내고 왔다할지라도 캐나다에서 갖고 있었던 여러분 스스로에 대한 열정과 의지가 귀국한 이후 한국에서 꺼지게 된다면 아무 소용이 없게 되지요. 언어란 것이 그렇습니다. 더 공부하고 더 사용하지 않으면 자기 것이 될 수 없는 특성이 더욱 강한지라, 연수 이후의 향후 관리가 보다 중요합니다. 귀국 전부터 귀국 후까지 확실하게 여러분들의 성공을 책임지기 위해 마련했습니다.

Part 08

귀국 후 영어공부를 위한 알짜배기 학습법

CHAPTER 01.
영어 공부의 습관화 공식

CHAPTER 02.
최고급 영어 컨퍼런스 무료 동영상 TED.com

CHAPTER 03.
CBC, The National 동영상 뉴스로
캐나다 시사상식 넓히기

CHAPTER 04.
영문 잡지 온라인 구독 & 세계 최대 영어책
온라인(중고)서점

CHAPTER 05.
미국 명문대학 동영상 강의를
무료로 수강하는 Academicearth.org

CHAPTER 06.
미드 & 토크쇼로 재미와 영어,
두 마리를 토끼를 잡아라!

CHAPTER 07.
'긍정의 힘'과 '긍정의 생활 영어'
Joelosteen.com

Chapter 01. 영어 공부의 습관화 공식

어학연수는 평생 써먹을 수 있는 영어실력을 쌓는 기회이다. 어학연수를 통해 원어민 수준의 영어실력이 된다는 의미가 아니라 콩글리시와 잉글리시를 구별해내는 최소한의 영어감각과 자신의 영어실력을 유지하고 꾸준하게 발전시켜 나갈 수 있는 기본적인 역량을 쌓게됨을 의미한다.
영어능력을 유지하고 발전시키기 위해서는 어학연수 후 일상 속 영어학습의 습관화가 필요하다.
일상 속 영어학습의 습관화란...

① 출퇴근이나 등하교 등의 이동시간에 일상생활에서 빈번하게 쓰이는 쉬운 표현이 반복되는
생활영어 MP3을 들으며 입으로 따라하는 습관을 들이는 것.
② 드라마나 예능을 '본방사수' 하듯 매일 미드나 미국 버라이어티쇼를 시간을 정해놓고
규칙적으로 보는 습관을 들이는 것.
③ 매일매일 CNN 등의 영어권 뉴스를 매일 보는 습관을 들이는 것.
④ 네이버 등의 포털에 습관적으로 그리고 수시로 접속해서 뉴스를 클릭하듯 CNN이나 AP뉴스
홈페이지를 수시로 들락거리는 습관을 들이는 것.

드라마나 뉴스는 귀에 들어오는 좋은 표현들을 노트에 정리하며 시청하는 것이 좋다. 이런 습관들이 완전하게 익숙해지면, 일일 드라마를 보거나, 9시 뉴스를 보는 것이 번거롭거나 힘든 일이 아니듯 일상 속 영어학습이 어렵지 않게 자리 잡게 된다. 반대로 어학연수 후 귀국해서 처음부터 영어학습의 습관화를 시작하지 않으면 영어학습의 습관화는 점점 어려워지게 된다.

어학연수 후 영어공부 습관화를 아래 소개될 학습 자료를 활용하여 공식으로 만들어 보면,

영어공부 습관화 = 이동 중 생활영어 MP3 & 영어권 뉴스 따라하기(Shadowing)

+ 한국 드라마를 시청하듯 매일매일 미드/리얼리티쇼 시청 (영어표현 노트정리)
+ 관심분야 잡지 구독 & 영어책 독서
+ TED.com 영어강연 & Academicearth.org 대학강의 수강 (수강노트 정리)
+ 긍정의 생활영어 joelosteen.com 동영상 설교 시청 (영어표현 노트정리)

Chapter 02. 최고급 영어 컨퍼런스 무료 동영상 TED.com

TED는 Technology, Entertainment, Design 약자이다. '공유할 가치가 있는 아이디어(Ideas Worth Spreading)'를 모토로 1984년 창설된 TED에서는 빌 클린턴, 앨 고어, 빌 게이츠 등 세계적인 저명 인사들과 혁신적인 지식인들의 강연이 펼쳐지는데, 입장권 가격이 6,000달러에 달하며, 1년 전에 등록 신청을 해야하고 '내가 TED에 참석해야 하는 이유'를 설득력 있게 제시해야 참석할 수 있다.

TED.com에서는 세계 최고의 컨퍼런스 TED의 모든 강연 동영상을 무료로 볼 수 있을 뿐만 아니라 한글 또는 영어 자막까지 제공된다. TED.com의 수준 높은 영어강연은 실력향상을 위한 훌륭한 영어학습 도구이므로 다양한 주제의 강연을 꾸준하게 시청하면 어학연수에서 갈고 닦은 영어실력을 한 차원 높일 수 있다.

Chapter 03.
CBC, The National 동영상 뉴스로 캐나다 시사상식 넓히기

일상생활 속에서 처음 만나는 사람과 대화를 나눌 때 최근 뉴스를 소재로 이야기를 했던 경험이 있을 것이다. 처음 만나는 외국인과 대화를 나눌 때도 마찬가지인데 평소 영어뉴스를 꾸준히 시청해서 영어권 시사상식을 쌓아두면 이야기를 풀어가는데 도움이 될 것이다.

캐나다 공영방송 CBC는 홈페이지(www.cbc.ca)를 통해 캐나다 전국뉴스 The National 동영상을 제공하므로 한국에서도 캐나다 최신 뉴스를 통해 캐나다 시상식을 넓히는 데 문제가 없다.

Chapter 04.
영문 잡지 온라인 구독 & 세계 최대 영어책 온라인(중고)서점

관심 주제의 영문 주간지나 잡지를 정기구독하는 것은 영어공부의 지루함을 덜어내고 효율성을 높일 수 있는 좋은 방법이다. 국내 서점에서 영문 주간지나 잡지를 구입하기에는 비용이 조금 부담스러운데 Zinoi.com에서는 외국에서 발간되는 영문 주간지 및 잡지를 컴퓨터에서 구독할 수 있는 유료 서비스를 제공하고 있다. art, automotive, entertainment, home, lifestyle, men, news, science & tech, sports, travel, women 등 다양한 분야의 잡지를 오프라인과 비교해 최소 30%에서 최대 80%까지 할인된 가격에 구독할 수 있다.

영문 잡지와 더불어 관심 분야의 영어책을 읽는 것은 해당 분야의 영어수준을 높일 수 있는 방법이므로 저렴한 가격에 영어책을 구매할 수 있는 온라인 서점을 소개하겠다. Abebooks.com은 미국, 캐나다, 영국 등 영어권 국가에 있는 중소형 서점들이 입주해있는 세계 최대 온라인 (중고)서점으로 중고책 뿐만 아니라 새 책도 할인된 가격에 살 수 있으며, 저자의 친필 서명이 있는 소장용 책이 올라오기도 한다.

원하는 책을 찾을 때는 홈페이지 상단 중앙에 자리잡고 있는 검색창에 저자, 책제목, 키워드, ISBN 번호 등을 입력하면 되는데, 여러 종류의 책들을 검색해 보면 1달러에 판매하는 중고책들도 많다. 실제 구입을 해서 배송을 받아보면 책상태도 설명되어 있는 것과 동일하고 배송기간도 잘 지켜진다. 경영학개론, 거시경제학 등의 교재는 개정판에 따라 내용이 다를 수 있으므로 구매 전에 Edition을 잘 확인하자.

▼ Abebooks.com

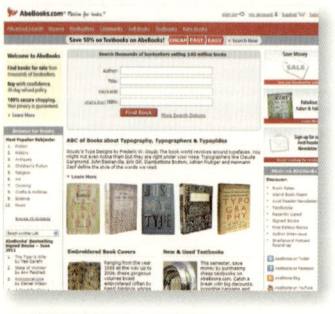

▼ 1달러에 판매하고 있는 거시경제학 중고책

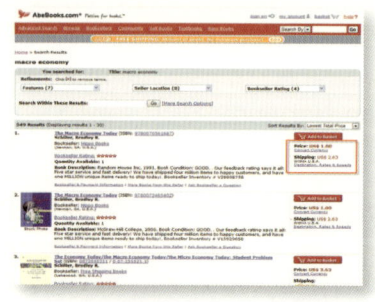

◀ 앨런 그린스펀 전 미국 연방준비제도 이사회 의장이 친필 서명한 그의 자서전 격동의 시대(The Age of Tuburlance)가 160달러에 판매되고 있다.

Chapter 05.
미국 명문대학 동영상 강의를 무료로 수강하는 Academicearth.org

어학연수 영어와 대학의 아카데믹한 영어는 일정한 수준 차이가 있기 때문에 많은 연수기관에서는 일반영어뿐만 아니라 북미대학 진학준비 프로그램을 별도로 개설하고 있다. 어학연수 후 귀국해서 아카데믹한 영어를 부담스럽지 않은 정도로 맛보고 싶을 때 적합한 사이트가 Academicearth.org이다.

Academicearth.org에서는 Berkeley, Columbia, Harvard, Khan Academy, Maryland, Michigan, MIT, Norwich, NYU, Princeton, Stanford, UCLA, UNSW, USC, Yale 이 모든 대학의 동영상 강의를 무료로 제공하고 있으며, 관심 분야의 강의를 쉽게 찾을 수 있도록 주제별, 대학별, 강사별로 메뉴가 구분되어 있다. '정의란 무엇인가?' 란 책으로 유명한 하버드 대학 마이클 샌들 교수의 'Justice' 강의도 올라와 있어 언제든지 수강이 가능하다.

처음에는 영어로 진행되는 대학 강의가 어렵고 낯설겠지만 모르는 단어와 내용을 꼼꼼히 찾아가면서 반복 수강을 하면 대학 강의의 묘미를 발견할 수 있을 것이다.

▼ Academicearth.org

▼ [academicearth.org] 하버드대학,
마이클 샌들 교수의 Justice 강의

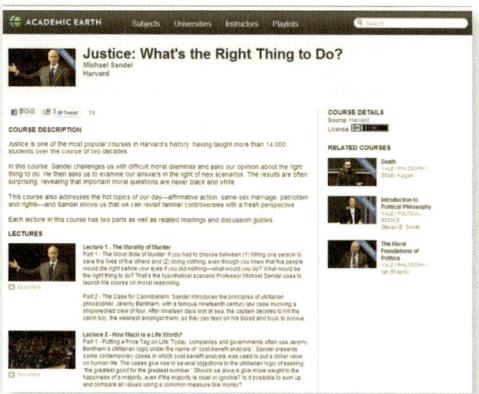

Chapter 06.
미드 & 토크쇼로 재미와 영어, 두 마리를 토끼를 잡아라!

미국 드라마(=미드)와 토크쇼는 영어공부를 재미있게 할 수 있는 좋은 학습재료이다. 미드는 일상의 다양한 상황을 묘사하기 때문에 생활영어 표현을 풍부하게 할 수 있고 토크쇼는 주로 이슈가 되는 내용이나 인물, 사전 등을 다루기 때문에 다양한 대화 소재를 얻을 수 있다. 필자 역시 시즌 1부터 10까지 이어진 프렌즈(Friends)를 보면서 다양한 생활영어 표현을 익혔던 경험이 있다. 미드를 볼 때 자막이 있으면 자연스럽게 귀가 닫히게 되므로 자막없이 보는 것이 좋다.

캐나다와 미국 방송사에서는 홈페이지를 통해 미드와 토크쇼를 볼 수 있도록 동영상을 제공하고 있지만 저작권의 문제로 북미지역에서만 시청이 가능한 경우가 대부분인데, 한국에서도 시청이 가능한 프로그램 'The Daily Show' 를 소개하겠다.

아래 글은 메트로폴리스 유학연구소 홈페이지(www.metropolice100.com)에 연재하고 있는 '재원이의 미국문화 따라잡기' 를 발췌해 인용한 내용입니다.

⭐ The Daily Show 쇼로 시사 상식과 영어 두 마리 토끼를 잡자!

The Daily Show(이하 데일리 쇼)는 1996년부터 방영되기 시작, 중간에 호스트 교체를 거쳐 현재까지 존 스튜어트(Jon Stewart)에 의해 이끌어져 나가고 있는 "fake news" 형식의 방송 프로그램이다. 이것은 비교적 늦은 시간에 방영되는데 현재의 시사 문제에 대한 풍자나 비꼼의 형식으로 쇼를 만들어 나가기 때문에, 주요 시사 현황을 재미있게 하루에 단 30분을 투자하여 한 번에 섭렵할 수 있는 장점이 있다.
이를 바탕으로 데일리 쇼에 대해 간략하게 요점만 정리하면 다음과 같다.

하나. 데일리 쇼는 딱딱하기 쉬운 시사를 재미있고 쉽게 풀어 놓는다.
쇼 전반적으로 정치적 견해는 중도에서 진보 정도로, 대체적으로 민주당에서 실시하려고 하는 정책에 찬성을 하나, 오바마 대통령의 임기 중반에 이른 시점까지 초반에 약속했던 공약의 상당부분, 가령 이라크 철군 문제나 관타나모 수용소 폐소 문제, 군내 DADT 폐지 등을 제대로 이루어 내지 못한 것은 충실히 풍자한다.
대학 문화에 있어서는 보고 다음날 학교에 와서 쇼 내용을 같이 이야기 하는 정도는 아니고, 다들 저녁에 재미로 보는 듯 하다.

+ 내용은 대체로 미국 정치에 대한 내용을 풍자!
+ 해외 화제에 대해서도 풍자하며, 한반도 관련 문제 다뤘다는 사실!

 대포동 미사일(Bad Korea Move), 노무현 대통령 탄핵 소추(Indecision 2004 Without Borders – South Korea), 평양에서 최근에 열린 열병식(Rally Dos and Don'ts) 등.

둘. 데일리 쇼는 한국 공식 홈페이지(www.thedailyshow.co)를 통하여 시청이 가능!
한국 시간으로 화요일~금요일까지 매일 오후 늦게 업로드가 되곤 한다. 한국에서 이렇게 인터넷으로 시청이 가능한 쇼가 많지 않다는 점을 보면 내용으로나 방송되는 양으로나 영어 공부에 제격인 프로그램이다. 캐나다에서는 코미디 네트워크 홈페이지를 통하여 시청이 가능하다.

다른 쇼는 없나? The Colbert Report도 추천!

이어서 방영되는 The Colbert Report(이하 콜베어 르포)는 데일리 쇼보다는 가벼운 톤의 프로그램이다. 이는 2005년부터 스티븐 콜베어 (Stephen Colbert)에 의해 진행되고 있는 시사 풍자 프로그램이다. 호스트 스티븐 콜베어는 원래 데일리 쇼에서 "통신원" (Correspondent) 역할로 쇼의 일부 주제를 다루었으나, 2005년, 콜베어 르포가 독립된 별개의 프로그램으로 재편성되면서 독립된 쇼의 호스트가 되었다.

데일리 쇼가 지극히 중도/진보의 입장에서 사회의 잘잘못을 꼬집는다면, 콜베어 르포는 정 반대로 보수의 입장을 표명하며 보수를 비꼰다! 굉장히 지능적인 안티라고 볼 수 있겠다. 그렇다면 The Colbert Report는?

하나. 미국 문화에 무시할 수 없는 영향을 끼친다?!

2006년 메리암-웹스터 사에 의해 "올해의 단어" 로 선정되기도 했던 truthiness 라는 단어가 콜베어 르포의 The Wørd 섹션에서 탄생한 단어다. 메리암-웹스터 사전에 따르면 truthiness는(책 따위가 아닌, 감으로 짐작할 수 있는 진실)라는 의미로, 한마디로 배 째고 진실인 척 말하는 것(실제 진위여부와 관계없이)을 뜻한다. 당시 부시 대통령 임기에 감으로 때려 맞추는 듯한 일 처리가 많았던 것을 기억해보면 (가령 알카에다를 잡는 데 난데없이 이라크를 침공한 일 따위, 혹은 9/11테러가 미국 정부의 자작극이라는 음모론 따위) 어떤 의미가 있을 지 쉽게 상상이 된다.

둘. 기이한 행동으로 굉장히 유명하다.

가령 비 (가수 비. 그 "월드 스타" 라는 성가신 수식어가 붙는 그 비가 맞다)를 지속적으로 "풍자" 하다가 비가 콜베어 르포에 출연, 콜베어와 DDR 기계로 댄스 배틀을 한 적이 있다. 이 연속된 사건들은 한국 언론에서도 회자된 바 있는데, 이에 역으로 프로그램 중에 야후 코리아/중앙일보에서 가져온 뉴스와 한글을 소재로 진행한 적도 있다.

셋. 미국의 보수와 애국심에 대한 것이 중점이 된 프로그램 성향이 강하다!

한국과 관련된 이야기는 오히려 데일리 쇼 보다 더 적게 나오며, 북한을 풍자하는 내용은 훨씬 더 많이 나온다. 작년엔 이라크 옛 대통령 궁에서 방송을 한 적도 있고, 오바마 대통령의 이라크 철군 소식이 있었을 때는 미군 출신 방청객을 데리고 와서 조 바이든 부통령이 핫도그를 서빙하기도 했다.

넷. 콜베어 르포도 한국 공식 홈페이지(www.colbertnation.com)를 통하여 시청이 가능!
한국 시간으로 화요일~금요일까지 매일 오후 늦게 업로드가 되곤 한다. 캐나다에서는 코메디 네트워크 홈페이지를 통하여 시청이 가능하다.

Chapter 07.
'긍정의 힘' 과 '긍정의 생활 영어' Joelosteen.com

　Joelosteen.com에서는 '긍정의 힘' 이란 책으로 널리 알려진 텍사스 휴스턴의 Lakewood 교회를 담임하고 계시는 조엘 오스틴 목사님의 동영상 설교가 매주 업데이트된다. 말씀을 우리의 일상에 적용하는데 중점을 두고 전하시는 조엘 오스틴 목사님의 설교는 기독교인이 아니더라도 긍정적 사고와 긍정적 생활영어(?)를 익히는데 도움이 된다.

　조엘 오스틴 목사님의 설교가 긍정적으로 생각하면 일이 잘된다는 기복적인 것이라는 비판이 있지만, '긍정의 힘' 은 성경의 말씀을 믿고 의지하는 '하나님에 대한 신뢰(have faith in GOD)' 라는 것이 설교의 핵심이다. 매주 업데이트 되는 동영상 설교의 메시지를 직접 확인해 보자.

부록

내게 맞는 어학원은
어떤 프로그램들이 있을까?

사설어학연수기관 및 프로그램 상세 소개

★ 학비와 개강일 등 변하기 쉬운 유동적인 사항은 메트로폴리스 유학연구소 홈페이지
(http://www.metropolis100.com)에서 확인하세요.

1. GEOS

Campus : 밴쿠버, 빅토리아, 캘거리, 몬트리올, 오타와, 토론토

GEOS 캐나다 캠퍼스 주소

Campus	주소
밴쿠버	1199 West Pender Street, Suite 298, Vancouver, BC, Canada V6E 2R1
빅토리아	Douglas Street, Victoria, BC, Canada V8W 2E7
캘거리	260-717 7th Ave. S.W., Calgary, AB, Canada T2P 0Z3
몬트리올	800-1350 Sherbrooke Street W, Montreal, QC, Canada H3G 1J1
오타와	207 Queen Street, Suite 100, Ottawa, ON, Canada K1P 6E5
토론토	59 Adelaide Street East, Toronto, ON, Canada M5C 1K6
홈페이지	http://geos.net

간략하게 보는 GEOS 프로그램

어학연수 프로그램	기간
일반영어 프로그램 General English	4주+
공인영어 프로그램 TOEFL Preparation	4주-12주
영어 교사 연수 프로그램	4주, 8주
TESOL Teaching English to Speakers of Other languages TEC Teaching English to Children	4주

GEOS 일반영어 프로그램

1. 레벨 체계

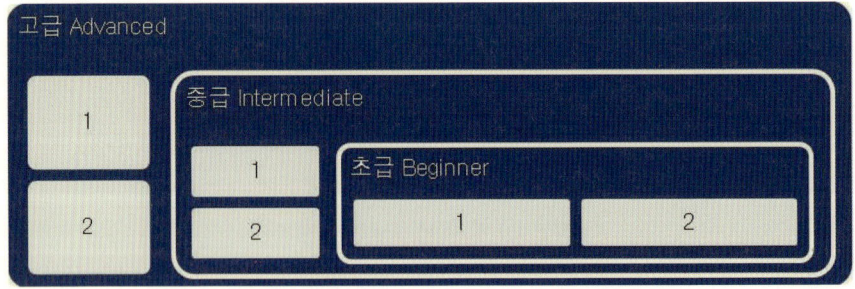

198 우리는 지금 캐나다로 간다!

2. GEOS 일반영어 프로그램 수업시간표

교시	수업시간	월	화	수	목	금	구분
1-2	09:00-11:00	Integrated Skills Class					Intensive
3-4	12:00-14:00	Active Listening Class					
5-6	14:30-16:00	Elective Class					Super Intensive

3. GEOS 일반영어 프로그램 오전/오후 공통 수업 내용

Integrated Skills Class	− Learning grammar and vocabulary in the context of an article, textbook, or conversation − Use a variety of activities (such as role plays, debates, and discussion) to practice English − Do practical reading and writing tasks
Active Listening Class	− Practice English conversational management style, and pronunciation − Learn North American slang and idioms − Practice new idioms using listening tasks and role plays − Learn how to discuss many topics and how to express opinions and ideas

오후 선택수업 목록

GEOS Elective Course	− TOEFL iBT Preparation − TOEIC Preparation − IELTS Preparation − Academic Writing − Business English/French − Pronunciation − Power Speaking

GEOS 공인영어 프로그램

1. GEOS TOEFL Preparation 프로그램 수업시간표

교시	수업시간	월	화	수	목	금	구분
1-2	09:00-11:00	Reading and Writing					Intensive
3-4	12:00-14:00	Listening and Speaking					

2. GEOS TOEFL Preparation 프로그램 수업 내용

Reading and Writing	− Skimming and Scanning − Identify main ideas − Organizing information − Structure and vocabulary
Listening and Speaking	− Note-taking − Recognizing speakers' attitude − Make inferences − Analyze and express opinions

부록 199

GEOS 영어교사연수 프로그램

1. GEOS TESOL 프로그램 수업 내용

	월	화	수	목	금
1주차	Introduction –GTKY Activities Chapter 1 –Teacher roles –Teaching styles	Chapter 2 –Language Teaching –Methodologies	Chapters 3 & 4 –Classroom Activities –Your learners	Chapter 5 –Toolkit 1: Classroom Management	Chapter 6 –Lesson Planning –ARC *Assignment
2주차	Observations of GEOS teachers –Stolen Goods –Feedback	Chapter 16 –Tools, techniques, and activities	Chapter 14 –Error correction –Teaching different types of classes	Chapter 10 & 13 –Language Analysis –Phonology	Mid-term Exam
3주차	Chapter 11 –Teaching Vocabulary –Demo prep –Demo/Feedback	Chapter 12 –Teaching grammar –Demo prep –Demo/Feedback	Chapter 8 –Reading and Listening classes –Demo Prep –Demo/Feedback	Reading & Listening Demo cont'd –Demo/Feedback	Chapter 9 –Writing Class –Demo Prep –Demo/Feedback
4주차	Chapter 7 –Speaking classes –Demo Prep –Demo/Feedback	The Internet –Pros/Cons –Searching for ESL Websites –Demo/Feedback	Final Lesson –Lesson Planning –Model Lesson	Final Lesson –Lesson Planning –Model Lesson	Self-Assessment and Feedback Final Exam
5–6주차	Practicum				

2. GEOS TEC 프로그램 수업 내용

기간	수업내용
1주차	Introduction to English Language Teaching – The Young Language Learner – Teaching Tools – Teaching Listening & Speaking
2주차	Lesson Activities – Teaching Reading & Listening – Story-Telling – Learner Styles and Learner Levels – Classroom Management – Presentation
3주차	Classroom management – Lesson Planning and Flow of Activities – Music & Songs – Arts & Crafts – Classroom Environment – Presentation
4주차	Lesson Planning – Teaching Phonics – Storybook Assignment – Assessment and Feedback
5주차	Practicum – Optional Practicum at a local pre-school (to be arranged by GEOS)

2. KGIC

Campus : 밴쿠버, 토론토, 빅토리아, 써리, 할리팩스

KGIC 캐나다 캠퍼스 주소

Campus	주소
밴쿠버	#201 - 1400 Robson St. Vancouver, BC Canada V6G 1B9 4thfloor1188W.GeorgiaStreet,Vancouver,BC,CanadaV6E4A2(KGIBC) 728 Granville Street, Vancouver, BC, Canada V6Z 1E4 (KGIBC)
써리	#200 - 10524 King George Hwy. Surrey, BC Canada V3T 2X2
빅토리아	Douglas Street, Victoria, BC, Canada V8W 2E7
토론토	#700 - 150 Eglinton Avenue East, Toronto, ON Canada M4P 1E8
할리팩스	400-1791 Barrington St. Halifax, NS, Canada B3J 3K9
홈페이지	http://www.kgic.ca, http://www.kgibc.ca (KGIBC)

간략하게 보는 KGIC 프로그램

어학연수 프로그램	기간
일반영어 (English Essentials)	4주+
비즈니스영어 (Business English)	4주, 8주
비즈니스영어 (Business Management)	25주
비즈니스영어 (Hotel Management)	36주
영어교사연수 TESOL (Teaching English to Speakers of Other languages)	12주
영어교사연수 (TESOL-A)	12주
영어교사연수 (TESOL-C)	12주
집중영어 (Power speaking and Modern Media)	8주
집중영어 (Interpreting and Translation - Korean)	8주

KGIC 일반영어 프로그램

1. 레벨 체계

2. KGIC 일반영어 프로그램 Foundation~레벨3 수업시간표

교시	수업시간	월	화	수	목	금
1	09:00-10:10	Grammar				
2	10:20-11:30	Reading & Writing				
3	11:40-12:30	Listening				
4	13:30-15:00	Communications & Pronunciation (금요일 Pronunciation & Accent Reduction)				
5	15:10-16:00	English Lounge (Beginner-Intermediate Students)				

KGIC 일반영어 프로그램 레벨4~레벨6 수업시간표

교시	수업시간	월	화	수	목	금
1	09:00-10:10	Career World Grammar				
2	10:20-11:30	Career World Reading & Writing				
3	11:40-12:30	Career World Listening				
4	13:30-15:00	Career World Communications (금요일 Career World Accent Reduction)				
5	15:10-16:00	Speak like a pro				

KGIC 비즈니스영어 프로그램

비즈니스영어에는 Business English, Business Management, Hotel Management가 마련되어 있다.

1. KGIC Business English 프로그램 수업구성

기간	수업 주제
1주	Building a Business Career
2주	Communicating Effectively Through Technology
3주	Writing with Clarity
4주	Managing Projects, Teams, and Time
5주	Coveying Persuasive Messages
6주	Presenting with Confidence
7주	Understanding Financial Terms and Reports
8주	Behaving Ethically in Business

2. KGIC Business Management 프로그램 수업구성

수강기간	수업 주제
3주	International Business
3주	Human Resource Management
3주	International Finance
3주	Globalization and Cultural Awareness
3주	International Marketing
3주	International Management
3주	Business Development and Entrepreneurial Skills

3. KGIC Hotel Management 프로그램 수업구성

구분	수업주제	수강기간	발급증서
1	Introduction to Hospitality	8주	Hospitality Operations AHLA Educational Institute Certificate
2	Front Office Procedures		
3	Housekeeping Management		
4	Food and Beverage	6주	
5	Convention Management		
6	Sales and Marketing	6주	
7	Hospitality Supervision		
8	Leadership and Management		
9	Bars and Beverage Management	6주	Advanced Hotel Management AHLA Educational Institute Diploma
10	Hospitality Accounting		
11	Human Resources	6주	
12	International Hotels		
	HOTEL MANAGEMENT PRACTICUM	4주	

KGIC 영어교사연수 프로그램

영어교사연수 프로그램에는 TESOL, TESOL-A과 TESOL-C의 종류가 마련되어 있다.

1. KGIC TESOL, TESOL-A 프로그램 수업구성

수업주제
- Introduction to Teaching English / Preparing to Teach I - Teaching Reading - Teaching Speaking - Teaching Listening - Teaching Grammar - Teaching Pronunciation - Teaching Writing - Preparing to Teach II

2. KGIC TESOL-C 프로그램 수업구성

수업주제
- Child Development - Discipline and Behavior Management - Total Physical Response - Activity Based Lessons - Games and Instructions - Songs, Rhymes, Chants, Drama - Storytime and Reading - Fun with Phonics

KGIC 집중영어 프로그램

1. KGIC PMM (Power speaking and Modern Media) 프로그램 수업구성

기간	수업내용
1	Powerspeaking & Introduction to Media
2	Popular Culture
3	News & Journalism
4	Television
5	Power Speaking & Stereotypes
6	Advertising
7	Music
8	Film & Documentaries

KGIC PMM 프로그램 블로그 주소

Campus	PMM 블로그 주소
밴쿠버	http://www.kgic.ca/blog/pmmrobson
써리	http://www.kgic.ca/blog/pmmsurrey
빅토리아	http://www.kgic.ca/blog/pmmvictoria
토론토	http://www.kgic.ca/blog/pmmtoronto

2. KGIC IT-K (Interpreting and Translation - Korean) 프로그램 수업구성

+ Fundamentals of Translation and Interpretation

+ Vocabulary Expansion

+ Listening and Speaking for Interpretation

+ Reading and Writing for Translation

+ Simulation Exercises

3. LSC

Campus : 밴쿠버, 토론토, 캘거리, 몬트리올

LSC 캐나다 캠퍼스 주소

지역	주소 / 전화번호
밴쿠버	570 Dunsmuir Street, Suite 200, Vancouver, B.C. V6B 1Y1
캘거리	140 4th Avenue SW, Suite 300, Calgary, Alberta T2P 3N3
토론토	124 Eglinton Avenue West, Suite 400, Toronto, Ontario M4R
몬트리올	1610 St. Catherine Street West, Suite 401, Montreal, Quebec H3H 2S2
홈페이지	www.lsc-canada.com

간략하게 보는 LSC 프로그램

어학연수 프로그램	기간
일반영어 (General English)	4주+
비즈니스영어 (Business English)	8주(+4주)
공인영어 시험준비 (Cambridge Preparation)	4주, 8주, 12주
영어교사연수 CELTA (Certificate in English Language Teaching to Adults)	4주

LSC 일반영어 프로그램

1. 레벨 체계

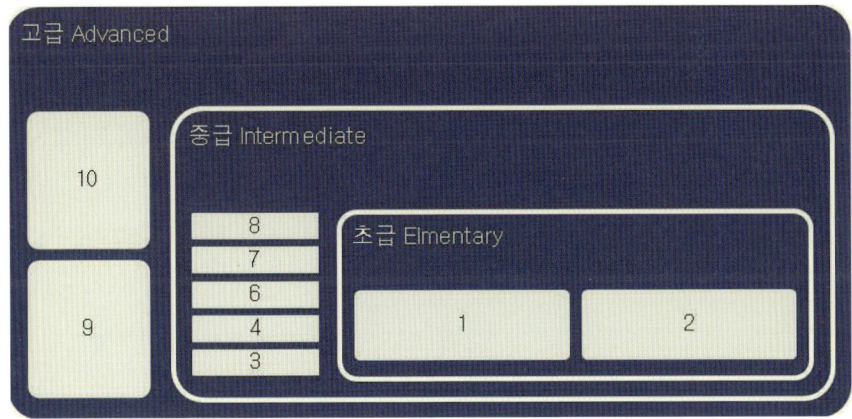

2. LSC 일반영어 프로그램 수업시간표

교시	수업시간	월	화	수	목	금	구분
1	09:00-10:50			Integrated Studies			A
2	11:20-13:10			Integrated Studies			B
3	14:10-15:20			Skills Studies			C
4	15:35-16:40			Skills Studies			D

〉 20=A+B, 25=A+B+C, 30=A+B+C+D

LSC 비즈니스영어 프로그램

LSC 비즈니스영어 프로그램 수업구성

	프로그램	수강레벨	수강기간	구분
공통	International Business English	9-10	4주	A&B
	Workplace Readiness	9-10	4주	C&D
선택	International Business English	5-6	4주	A&B
	Skilled Studies	5-6	4주	C&D
	General English	9-10	4주	A&A
	TOEFL Preparation	9-10	4주	A&B
	Skilled Studies	9-10	4주	C&D
	TOEIC Preparation	9-10	4주	C&D

LSC 공인영어 프로그램

LSC Cambridge Preparation 프로그램 학비 및 개강일

개설 캠퍼스	프로그램	수강기간	개강일	수업료	
				M, T, V	C
V	FCE/CAE	8주	1월17일	2,360달러	2,128달러
		4주	2월14일	1,180달러	1,064달러
[FCE] C, M, T, V	FCE/CAE/CPE	12주	3월21일	3,540달러	3,192달러
[CAE] C, T, V	FCE/CAE	8주	4월18일	2,360달러	2,128달러
[CPE] T, V		4주	5월16일	1,180달러	1,064달러
V	FCE/CAE	8주	7월4일	2,360달러	2,128달러
		4주	8월2일	1,180달러	1,064달러
[FCE] C, M, T, V	FCE/CAE/CPE	12주	9월12일	3,540달러	3,192달러
[CAE] C, T, V	FCE/CAE	8주	10월11일	2,360달러	2,128달러
[CPE] T, V		4주	11월7일	1,180달러	1,064달러

〉 등록비 110달러 미포함
〉 수업자료비 70달러 미포함
〉 C: 캘거리 캠퍼스, M: 몬트리올 캠퍼스, T: 토론토 캠퍼스, V: 밴쿠버 캠퍼스

LSC 영어교사연수 프로그램

LSC CELTA (Certificate in English Language Teaching to Adults) 프로그램 수업구성

	수업내용
Unit 1	○ LEARNERS AND TEACHERS AND THE TEACHING AND LEARNING CONTEXT 1.1 Cultural, linguistic and educational backgrounds 1.2 Motivations for learning English as an adult 1.3 Learning and teaching styles 1.4 Context for learning and teaching English 1.5 Varieties of English 1.6 Multilingualism and the role of first languages
Unit 2	○ LANGUAGE ANALYSIS AND AWARENESS 2.1 Basic concepts and terminology used in ELT for describing form and meaning in language and language use 2.2 Grammar – Grammatical frameworks: rules and conventions relating to words, sentences, paragraphs and texts 2.3 Lexis: What it means to "know" a word; semantic relationships between words 2.4 Phonology: The formation and description of English phonemes; features of connected speech 2.5 The practical significance of similarities and differences between languages 2.6 Reference materials for language awareness 2.7 Key strategies and approaches for developing learners' language knowledge
Unit 3	○ LANGUAGE SKILLS: READING, LISTENING, SPEAKING AND WRITING 3.1 Reading 3.1.1 Basic concepts and terminology used for describing reading skills 3.1.2 Purposes of reading 3.1.3 Decoding meaning 3.1.4 Potential barriers to reading 3.2 Listening 3.2.1 Basic concepts and terminology used for describing listening skills 3.2.2 Purposes of listening 3.2.3 Features of listening texts 3.2.4 Potential barriers to listening 3.3 Speaking 3.3.1 Basic concepts and terminology used for describing speaking skills 3.3.2 Features of spoken English 3.3.3 Language functions 3.3.4 Paralinguistic features 3.3.5 Phonemic systems 3.4 Writing 3.4.1 Basic concepts and terminology used for describing writing skills 3.4.2 Sub-skills and features of written texts 3.4.3 Stages of teaching writing 3.4.4 Beginner literacy 3.4.5 English spelling and punctuation 3.5 Key strategies and approaches for developing learners' receptive and productive skills

	수업내용
Unit 4	O PLANNING AND RESOURCES FOR DIFFERENT TEACHING CONTEXTS 4.1 Principles of planning for effective teaching of adult learners of English 4.2 Lesson planning for effective teaching of adult learners of English 4.3 Evaluation of lesson planning 4.4 The selection, adaptation and evaluation of materials and resources in planning (including computer and other technology based resources) 4.5 Knowledge of commercially produced resources and non-published materials and classroom resources for teaching English to adults
Unit 5	O DEVELOPING TEACHING SKILLS AND PROFESSIONALISM 5.1 The effective organization of the classroom 5.2 Classroom presence and control 5.3 Teacher and learner language 5.4 The use of teaching materials and resources 5.5 Practical skills for teaching at a range of levels 5.6 The monitoring and evaluation of adult learners 5.7 Evaluation of the teaching/learning process 5.8 Professional development: responsibilities 5.9 Professional development: support systems

4. IH

Campus : 밴쿠버, 휘슬러, 캘거리, 토론토

IH 캐나다 캠퍼스 주소

캠퍼스	주소
밴쿠버	200-1215　WEST BROADWAY, VANCOUVER, BC, Canada V6H 1G7
휘슬러	202 - 4295 Blackcomb Way,　Whistler, BC, Canada V0N 1B4
토론토	469　Jarvis Street, Toronto, ON, Canada, M4Y 2G8
캘거리	1009 - 7th Avenue SW, Calgary, AB,　Canada T2P 1A8
홈페이지	http://ihnorthamerica.com

간략하게 보는 IH 프로그램

어학연수 프로그램	기간
일반영어 (General English)	4주+
영어교사연수 TESOL (Teaching English to Speakers of Other languages)	8주, 10주
영어교사연수 TESL (Teaching English as a Second Language)	4주
북미대학 진학준비 UFP (University Foundation Program)	24주

IH 일반영어 프로그램

1. 레벨 체계 (휘슬러 캠퍼스)

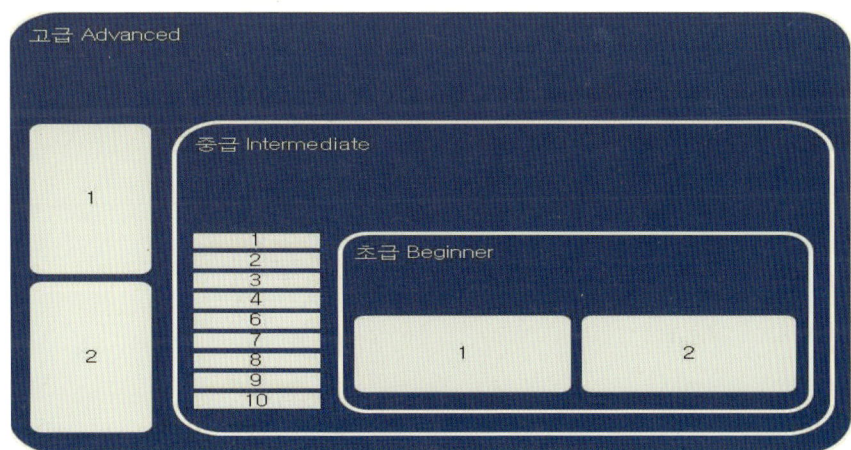

2. IH 밴쿠버 캠퍼스 일반영어 프로그램 수업시간표

교시	수업시간	구분	월	화	수	목	금	구분
1-3	08:50-11:40	A,B & C	General English Integrated Skills					Intensive
4	12:30-13:20	D	Oral/Aural Skills					
5-6	13:30-15:20	E & F	Elective Choices					
7	15:30-16:20	G	Electives					Intensive Plus

부록　209

3. IH 일반영어 프로그램 오후 선택수업 목록

구분	선택수업 프로그램
E & F	- Grammar and Writing - Academic Writing - Pronunciation - City Talk - TOEFL/IELTS Oral - Global Issues - Current Event - Grammar - Vocabulary for Business/TOEIC - Vocabulary & Speaking - English through drama - English through song - Idiomatic English - English Through Media - Listening Skills - Reading Skills - Survival English
G	- Guided Fluency - Accent Reduction - Writing & Accuracy

IH 영어교사연수 프로그램

1. IH TESOL 프로그램 (밴쿠버 캠퍼스) 수업구성

기간	프로그램
1-2주차	TESOL Foundation Course
3-6주차	IH Certificate in TESL
7-8주차	IH Vancouver Certificate for Young learners
9-10주차	IH Course for the Cambridge ESOL Teaching Knowledge Test(TKT) or IH Certificate in Business English Teaching

2. IH TESL 프로그램 수업구성

기간	구분	수업내용
1주차	1	Introduction to the course Issues in ELT Basic Classroom Techniques
	2	Foreign language lesson and analysis Classroom management
	3	Language Analysis – Parts of speech; form and function Visualaids and boardwork
	4	Presenting language Concept checking
	5	Restricted practice activities Lesson and unit planning
2주차	6	Language Analysis – Tense & Aspect Phonology 1– Segmental phonology
	7	Teaching contexts and cultural awareness Introduction to methodology
	8	Receptive Skills 1 – Teaching Listening Phonology 2 – Segmental phonology
	9	Error correction Applied Second language Acquistion
	10	Drama and Improvisation Workshop Teaching Vocabulary – meaning
3주차	11	Receptive Skills 2– Teaching Reading Teaching vocabulary – Techniques and Lexical Approach
	12	Receptive Skills 1– Writing; process versus product Introduction to Content and Language Integrates Learning (CLIL)
	13	Language Analysis 3– Futurity Material Analysis & Development
	14	Productive Skills 2 – Teaching Speaking; fluency activities Using computers and the Internet in teaching
	15	Phonology 3 – Intonation Teaching with limited resources workshop
4주차	16	Curriculum development Language Analysis 4 – Conditionals & Hypotheticals
	17	Teaching & Assessment Using Authentic Materials workshop
	18	Introduction to Business English teaching Games & Actives in the classroom Workshop
	19	Introduction to younger learners Music and song in the classroom Workshop
	20	Professional conduct and practices in ESL Course review and wrap up

1. IH 밴쿠버 캠퍼스 UFP 수업구성

	UFP 1 (8주)
주제	− People, Places, special events, current events
독해	− Read and respond to short texts − Build vocabulary
작문	− Improve grammar, vocabulary and sentence structure − Write simple narrative and descriptive paragraphs on familiar topics
회화	− Expand functional English − Sustain communication on familiar topics − Develop group work skills
청취	− Listen to a variety of conversations and short monologues − Introduce note taking skills
	UFP 2 (8주)
주제	− Computers, Business, the Environment, Biology, Natural disasters
독해	− Read and respond to simplified academic texts − Build vocabulary
작문	− Develop paragraph writing skills − Write process, definition, comparison/contrast, and description paragraphs − Introduce essay writing
회화	− Make short presentations − Develop group work skills
청취	− Listen to short lectures on familiar subjects − Introduce note taking skills − Listen to conversations and discussions on academic oriented topics
	UFP 3 (8주)
주제	− Computers, Business, Science, Chemistry
독해	− Read authentic and academic oriented material, business reports, journals − Improve inferencing, critical thinking − Learn about tone, style
작문	− Develop essay writing skills − Write cause-effect, comparison/contrast, argumentative essays or reports − Learn and apply research skills
회화	− Improve presentation skills − Lead a seminar and group discussion
청취	− Listen to longer academic oriented lectures and improve note taking skills − Listen to authentic materials from TV, the radioListen to conversations and discussions on academic oriented topics

5. ILSC (International Language School of Canada)
Campus : 밴쿠버, 토론토, 몬트리올

ILCS 캐나다 캠퍼스 주소

캠퍼스	주소
밴쿠버	555 Richards Street, Vancouver, B.C. Canada V6B 2Z5
토론토	443 University Avenue, Toronto, Ontario, Canada M5G 2H6
몬트리올	1009 - 7th Avenue SW, Calgary, AB, Canada T2P 1A8
홈페이지	http://www.ilsc.ca

간략하게 보는 ILCS 프로그램

어학연수 프로그램	기간
일반영어 (General English)	4주+
비즈니스영어 SEC (Speaking Excellence Certificate)	8주, 12주
영어교사연수 TYLP (Teaching Young Learners Preparation)	4주
집중영어 SEC (Speaking Excellence Certificate)	8주, 12주
북미대학 진학준비 CUP (College and University Pathway Certificate Program)	8주, 12주

ILCS 일반영어 프로그램

1. 레벨 체계

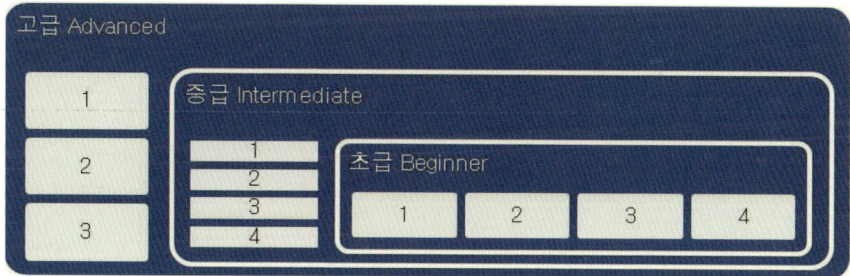

2. 수업 시간표

ILSC 일반영어 프로그램 Full-time 수업시간표

교시	수업시간	월	화	수	목	금
1-3	09:00-12:00			3 Hour Course		
4-5	13:00-14:30			1.5 Hour Course 1		

ILSC 일반영어 프로그램 Full-time Intensive 수업시간표

교시	수업시간	월	화	수	목	금
1-3	09:00-12:00			3 Hour Course		
4-5	13:00-14:30			1.5 Hour Course 1		
6-7	14:45-16:00			1.5 Hour Course 2		

교시	수업시간	월	화	수	목	금
1-3	09:00-12:00			3 Hour Course		
4-7	13:00-16:00			3 Hour Course		

ILSC 일반영어 프로그램 '3시간 코스' 프로그램 목록

수강 캠퍼스	분류	프로그램	초급 1	초급 2	초급 3	초급 4	중급 1	중급 2	중급 3	중급 4	고급 1	고급 2	고급 3
V T M	Communication	English Communication	■	■	■	■	■	■	■	■	■	■	■
V		Speaking Dynamics									■		
V		Speaking Excellence									■		
V M		Discussion Circle							■	■	■	■	■
V T M	Academic & Test Preparation	Academic Preparation					■	■	■	■	■	■	■
V T M		TOEFL Preparation							■	■	■	■	■
V T M		TOEIC Preparation							■	■	■	■	■
V		IELTS Preparation							■	■	■	■	■
V T M	Business Business English	Business English		■	■	■	■	■	■	■	■	■	■
V T M		International Business Practices Level I							■	■	■	■	■
V T		International Business Practices Level II – Import & Export									■	■	■
V		JOBS 1 – Job Opportunities and Business Success							■	■	■		
V		JOBS 2 – Job Opportunities and Business Success									■	■	■
V T M		Business Management & Human Resources									■	■	■
V T		Marketing									■	■	■
V T		Small Business – Global Entrepreneurship							■	■	■	■	■
V T		Advertising & Design									■	■	■
V T		E-Business & Web Design									■	■	■
V T M		Global Social Issues							■	■	■	■	■
V T		International Current Events									■	■	■
V T		Journalism									■	■	■
V		People & Places Through Time							■	■	■	■	■
V		Creative English – Storytelling					■	■	■				
V		Creative English – Writing to Speaking							■	■	■	■	■
V M		English Through Acting/ Drama							■	■	■	■	■
V M		English Through Filmmaking							■	■	■	■	■

(*V=밴쿠버, T=토론토, M=몬트리올)

ILSC 일반영어 프로그램 '1.5시간 코스' 프로그램 목록

수강 캠퍼스	프로그램	수강 레벨									
		초급				중급				고급		
		1	2	3	4	1	2	3	4	1	2	3
V T M	Conversation	■	■	■	■	■	■	■	■	■	■	■
V T M	Listening	■	■	■	■	■	■	■	■	■	■	■
V T	Listening for Professionals									■	■	
V T M	Pronunciation	■	■	■	■	■	■	■	■	■	■	■
V T M	Public Speaking							■	■	■	■	
V T M	Vocabulary	■	■	■	■	■	■	■	■	■	■	■
V T M	Grammar	■	■	■	■	■	■	■	■	■	■	■
V T M	Reading	■	■	■	■	■	■	■	■	■	■	■
V T M	Writing					■	■	■	■	■	■	■
V	TOEFL Speaking Skills									■	■	
V T M	Business Culture							■	■	■	■	
V T M	Business Presentation Skills							■	■	■	■	
V T M	Business Writing							■	■	■	■	
V T	Business Interview Skills							■	■	■	■	
V T M	Event & Convention Management							■	■	■	■	
V T	English for Travel & Hospitality					■	■	■	■			
V	Canadian Studies									■	■	
T M	English Through Film & Video						■	■	■	■		
V T M	English Through Yoga					■	■	■	■			
V T M	English Through Art					■	■	■	■			
T	English Through Comedy							■	■			
T M	Street Talk						■	■	■			

(*V=밴쿠버, T=토론토, M=몬트리올)

ILCS 비즈니스영어

ILSC JOBS (Job Opportunities and Business Success) 프로그램 수업구성

기간		프로그램
1-4주	오전	JOBS1 INTERMEDIATE 4-ADVANCED
	오후	BUSINESS WRITING SKILLS BUSINESS PRESENTATION AND MEETING SKILLS
5-8주	오전	JOBS2 INTERMEDIATE 4-ADVANCED
	오후	BUSINESS INTERVIEW SKILLS BUSINESS ENGLISH CAMBRIDGE LISTENING FOR PROFESSIONALS (2과목 선택)

ILCS 영어교사연수 프로그램

ILSC TYPL (Teaching Young Learners Preparation) 프로그램 수업구성

기간	프로그램
1주	- Introductions and Course Overview - Ice Breakers and Cooperative Learning - Unit Planning and Lesson Planning - Topic Based and Authentic Learning - Second Language Teaching Tools - ESL Learner Levels - Storytelling and Resources - Teaching Vocabulary, Speaking and Listening - Peer Presentations
2주	- Child Development - Teaching Methodologies For Children and Learning Styles - Proactive Classroom Management and Positive Discipline - Music and Songs in the ESL Classroom - Teaching Reading and Writing - Peer Presentations
3주	- Error Correction, Assessment, Evaluation - Using ESL Games - Practicum Preparation - Final Peer Presentation Final Course Exam
4주	- Practicum - Final Practicum Exam - Graduation!

ILCS 집중영어 프로그램

ILSC SEC (Speaking Excellence Certificate) 프로그램 수업구성

기간		프로그램
1-4주	오전	Academic Preparation Intermediate 4
	오후	Speaking Dynamics
5-8주	오전	International Current Events
	오후	Speaking Excellence
9-12주	오전	Discussion Circle
	오후	Listening for Professionals Vocabulary Proficiency

ILCS 북미대학 진학준비 프로그램

ILSC CUP (College and University Pathway) 프로그램 수업구성

기간		프로그램
1-4주	오전	Academic Preparation Intermediate 4
	오후	Reading Competency Academic Vocabulary Competency or Grammar Proficiency
5-8주	오전	Academic Preparation - Advanced 1
	오후	iBT TOEFL Speaking or Writing Competency University Preparation
9-12주	오전	Academic Preparation - Advanced 2
	오후	Accent Reduction University Preparation 2

6. GV (Global Village English Centres)
   Campus : 밴쿠버, 토론토, 캘거리, 토론토

GV 캐나다 캠퍼스 주소

캠퍼스	주소
밴쿠버	888 Cambie Street, Vancouver, BC, V5Y 3T2, Canada Suite 550, 220 Cambie Street, Vancouver, BC, V6B 2M9, Canada
빅토리아	Suite 200, 1290 Broad Street, Victoria, BC, V8W 2A5, Canada
캘거리	Suite 200, 515 1st Street SE. Calgary, AB, T2G 2G6, Canada
토론토	Suite 202, 180 Bloor Street West, Toronto, ON, M5S 2V6, Canada
홈페이지	www.gvenglish.com

간략하게 보는 GV 프로그램

어학연수 프로그램	기간
일반영어 (General English)	4주+
비즈니스영어 (Business English)	12주
공인영어 시험준비 (TOEFL Preparation)	12주
공인영어 시험준비 (Cambridge FCE, CAE, CPE)	8주, 9주, 12주
영어교사연수 TESOL (Teaching English to Speakers of Other languages)	8주

GV 일반영어 프로그램

1. 레벨 체계

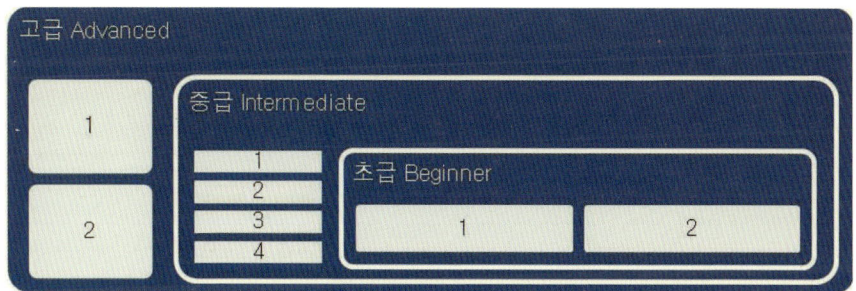

2. GV 일반영어 프로그램 수업시간표

교시	수업시간	월	화	수	목	금	구분
1	08:45-10:25			Interactive Communication			Standard
2	10:40-12:20			Interactive Communication			
3	13:05-14:10			GV Option 1			Intensive
4	14:25-15:30			GV Option 2			Super Intensive

3. GV 일반영어 프로그램 오후 선택수업 목록

GV Options	− Accent on Pronunciation − Vocabulary + Conversation − Listening + Conversation − Focus on Writing − English for the Working World − Casual English − Customer Service + Workplace English − Cambridge Bridge Program − English through Music − English through Photography

GV 비즈니스영어 프로그램

1. Business English 프로그램 수업구성 (밴쿠버 캠퍼스)

	Session 1 1월19일-2월13일 3월11일-6월5일 8월31일-9월25일 12월21일-1월15일	Session 2 2월16일-3월13일 6월8일-7월3일 9월28일-10월23일	Session 3 3월16일-4월9일 7월6일-7월31일 10월26일-11월20일	Session 4 4월14일-5월8일 8월4일-8월28일 11월23일-12월18일
1교시	Globalization & International Business	Management & Corporate Culture	Entrepreneurship & Franchising	Business Ethics & Corporate Responsibility
2교시	Business Writing Basics using MS Word	Meetings & Interpersonal Skills	Presentation Skills using MS Power Point	Telephone Skills for Business
3교시 선택수업	Marketing & Advertising	Accounting Basics	Economics & Business News	Banking & Investment
	Employment Preparation	Advanced Business Writing	Employment Preparation	Advanced Business Writing
4교시 선택수업	Tourism & Travel Skills	Business English Overview	Sales & Customer Service	Business English Overview
	Presentation Skills using Power Point	Telephone Skills for Business	The Business of Technology	Meetings & Interpersonal skills

GV 비즈니스영어 프로그램 수업구성 (토론토 캠퍼스)

	Session 1 Theme: Management	Session 2 Theme: Doing Business Across the Globe	Session 3 Theme: The Individual in Business
1교시	Management and Corporate Culture	International Business	Entrepreneurship and Franchising
	Management and Corporate Culture	Business Ethics and Corporate Responsibility	Marketing and Advertising
2교시	BEC Vantage Preparation	BEC Vantage Preparation	BEC Vantage Preparation
	Sales and Customer Service	Etiquette and Intercultural Communication in Business	Employment
3교시 선택수업	Business Writing	Tourism	Telephone Skills
	Developing a Presentation	Presentation Skills	Making a Presentation

GV 비즈니스영어 프로그램 수업구성 (캘거리 캠퍼스)

	Session 1	Session 2	Session 3
1교시	Introduction to Business	Business Communication	Promotion and Marketing
	Careers and Organizations	Management and Leadership	Advertising for Business
2교시	Globalization and International Trade	Problem Solving and Decision Making	Money and Finance
	Business Ethics	Business Meetings and Negotiating	Entrepreneurship and Starting a Business
3교시 선택수업	Business and the Environment	Business Etiquette and Telephone Skills	Interviews and Employment Preparation
	Business Trips and Travel	Cambridge BULATS	Presentation Skills

GV 비즈니스영어 프로그램 수업구성 (빅토리아 캠퍼스)

	Session 1	Session 2	Session 3
1교시	Management	Business and the 21st Century	Globalization
	Human Resources & Corporate Culture	Stock Market	International Business
2교시	Business Meetings	Financing	Understanding Basic Budgets
	Business Travel and Tourism	Marketing and Advertising	Business News
3교시 선택수업	Presentation Skills	Business Writing	Etiquette and Interpersonal Skills
	Communication Skills	Employment Preparation	Telephone Skills

2. GV 비즈니스영어 프로그램 수업내용

+ Globalization & International Business
+ Business Writing Basics
+ Economics & Business News
+ Marketing & Advertising
+ Banking & Investment
+ Accounting Basics
+ Management & Corporate Culture
+ Business Etiquette & Interpersonal Skills
+ Employment Preparation
+ Business English Cambridge English Preparation, Level 2 (Vantage)
+ Advanced Business Writing
+ Human Resources Management
+ Entrepreneurship & Franchising
+ Presentation Skills
+ Sales & Customer Service
+ Business Ethics & Corporate Responsibility
+ Telephone Skills for Business

GV 공인영어 시험 준비 프로그램

TOEFL Preparation, Cambride Preparation이 준비되어 있으며 GV TOEFL Preparation 프로그램 수업구성은 다음과 같다.

교시	Session 1	Session 2	Session 3
1&2	- Academic Foundations - Accurate Note Taking - Effective Writing: Sentences and Paragraphs - Short Presentations - Vocabulary Enhancement	- Introduction to Research Methods - Effective Writing: The Short Essay/Report - Critical Thinking - Vocabulary Enhancement	- Developing Research Methods - Effective Writing: The Research Paper - Seminar Leading and Long Presentations - Vocabulary Enhancement
3	Introducing TOEFL Skills	Developing TOEFL Skills	Mastering TOEFL Skills

GV 영어교사연수 프로그램

GV TESOL (Teaching English to Speakers of Other Languages) 프로그램 수업구성

	수업주제	수업활동
1주	Classroom management	Video observations
2주	Teaching, reading, listening	Teaching practicum, Tkt practice
3주	Teaching writing, speaking	Teaching practicum, Tkt practice
4주	Teaching vocabulary	Teaching practicum, Tkt practice
5주	Teaching grammar/functions	Teaching practicum, Tkt practice
6주	Teaching phonology	Teaching practicum, Tkt practice
7주	ESL resources	Teaching practicum, Tkt Practice
8주	Reviewing Methodologies	Peer Presentations, Graduation, Teaching Practicum, Official Tkt Exam

7. PGIC (Pacific Gateway International College)

Campus : 밴쿠버, 토론토, 빅토리아

PGIC 캐나다 캠퍼스 주소

캠퍼스	주소
밴쿠버	3rd Floor, 1155 Robson Street, Vancouver, British Columbia, Canada, V6E 1B5
빅토리아	3rd Floor, 1012 Douglas Street, Victoria, British Columbia, Canada, V8W 2C3
토론토	9th Floor, 80 Bloor Street West, Toronto, Ontario, Canada M5S 2V1
홈페이지	http://www.pacificgateway.net

간략하게 보는 PGIC 프로그램

어학연수 프로그램	기간
일반영어 (English Communication)	4주+
비즈니스영어 (Business English)	12주
공인영어 시험 준비 (Cambridge Preparation)	12주
집중영어 (Power Speaking)	12주

PGIC 일반영어 프로그램

1. 레벨 체계

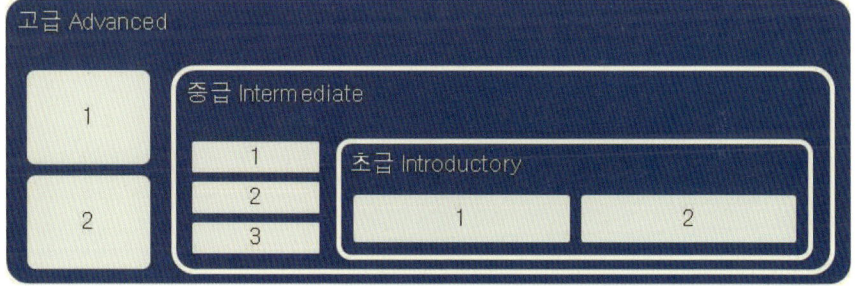

2. PGIC 일반영어 프로그램 수업시간표

교시	수업시간	월	화	수	목	금	구분
1	09:00-10:20	Morning Programs					Full-time
2	10:40-12:00	Morning Programs					
3	13:00-14:10	AP1	AP2	AP1	AP2		
4	14:30-15:40	AP1	AP2	AP1	AP2		
5	16:00-17:00	Extra Language Workshops or Canadian Conversation Club					Free Class

〉 AP: Afternoon Program

3. PGIC 일반영어 프로그램 오전 수업 프로그램 수업내용

English Communication	– Grammar points – Language skills – Presentations – Listening – Reading

PGIC 일반영어 프로그램 오후 선택수업 프로그램 목록

프로그램	수강레벨					
	1	2	3	4	5	6-7
Basic Survival English	O	O				
Introduction to Life Skills			O			
Assertiveness Skills			O	O	O	O
Cafe Training Skills			O	O		
Common Errors & Vocabulary Building			O	O	O	
Discussion Skills			O	O	O	
Paragraph Writing Skills				O	O	O
Essay Writing Skills					O	O
Power Listening Skills			O	O	O	O
Pronunciation				O	O	O
TOEIC® Listening & Reading			O	O	O	O
TOEIC® Speaking & Writing					O	O
TESL for Young Learners Program				O		
Job Search Skills				O	O	
Thinking & Problem Solving Skills				O	O	
Presentation Skills				O	O	O
Writing Skills				O		
Microsoft Office Specialist Core Level				O	O	O
Microsoft Office Specialist Expert Level				O	O	O
TOEFL®					O	O
Current Events					O	O
Business Writing Skills					O	O
Business Negotiation Skills						O
Reading Mastery			O	O	O	O
Reading Skills					O	O
Social Issues						O

4. PGIC 일반영어 프로그램 오후 무료 워크샵 소개

+ Accent Reduction Workshop
+ Grammar Workshop
+ Language Correction Workshop
+ Canadian Conversation Club
+ Reading Workshop
+ Film Workshop

PGIC 비즈니스영어 프로그램

1. PGIC 비즈니스영어 프로그램 수업내용

레벨	1개월	2개월	3개월
4	− Building Relationships − Culture and Entertainment − Presentation − Power Listening − Pronunciation	− Telephone Language − Cross-Cultural Communication − Meetings − Thinking Skill − Presentation skill	− Problem Solving − Handing Complains − Effective Negotiation − Thinking Skill − Presentation skill
5	− Positive First Impressions − Receiving Visitors − Written Communication − Describing you Company − Discussion Skills − Business Negotiations	− International Trade − Marketing − Sales and Negotiation − Processes and Operations − Presentation Skills − Business Writing	− Telephone Etiquette − Summaries/Note-Taking Report − Meetings − Researching and Applying for Jobs − Presentation Skill − Business Writing
6	− Presentations − Headhunting − Team Building − Management/Employee relations − Pronuncation − Business Negotiation	− Brand Management − Advertising − Negotiation − Presentation Skills − Business Writing	− Meetings − Entrepreneurships − Corporate Strategy/Culture − Presentation Skills − Business Writing

2. PGIC 비즈니스영어 프로그램 오후 선택 프로그램 목록

프로그램	수강레벨					
	1	2	3	4	5	6-7
Basic Survival English	O	O				
Introduction to Life Skills			O			
Assertiveness Skills			O	O	O	O
Cafe Training Skills			O	O		
Common Errors & Vocabulary Building			O	O	O	
Discussion Skills			O	O	O	
Paragraph Writing Skills				O	O	O
Essay Writing Skills					O	O
Power Listening Skills			O	O	O	O
Pronunciation			O	O	O	O
TOEIC□ Listening & Reading			O	O	O	O
TOEIC□ Speaking & Writing					O	O
TESL for Young Learners Program				O		
Job Search Skills				O	O	
Thinking & Problem Solving Skills				O	O	
Presentation Skills				O	O	O
Writing Skills				O		
Microsoft Office Specialist Core Level				O	O	O
Microsoft Office Specialist Expert Level				O	O	O
TOEFL					O	O
Current Events					O	O
Business Writing Skills					O	O
Business Negotiation Skills						O
Reading Mastery			O	O	O	O
Reading Skills					O	O
Social Issues						O

8. SGIC (ST. George International College)
Campus : 밴쿠버, 토론토

SGIC 캐나다 주소

캠퍼스	주소
밴쿠버	150 Dundas St. West, Suite 200 Toronto, ON Canada M5G 1C6
토론토	605 Robson St. Suite 200 Vancouver, BC Canada V6B 5J3
홈페이지	http://sgiccanada.com

간략하게 보는 SGIC 프로그램

어학연수 프로그램	기간
일반영어 (General English)	4주+
비즈니스영어 ((Business English Diploma Program)	8주
영어 교사 연수 (Cambridge TKT Preparation)	8주
한-영 통번역 (English for Professionals, Korea-English)	4주, 8주
북미대학 진학 준비 (University / College Pathway Program)	12주

SGIC 일반영어 프로그램

1. 레벨 체계

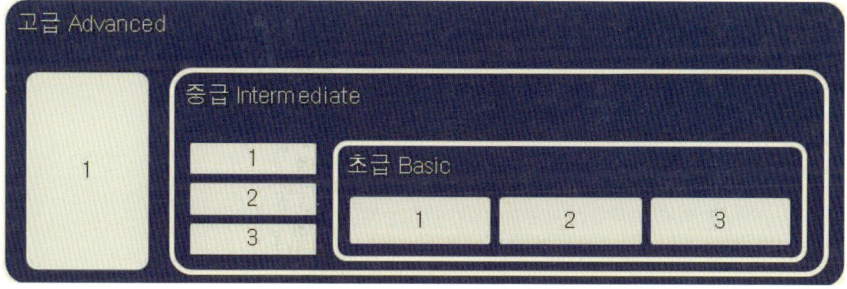

2. SGIC 일반영어 프로그램 수업시간표

교시	수업시간	월	화	수	목	금	구분
1	09:00-10:10	Basic (Integrated Skills) Intermediate (Focus on Grammar & Writing) Advanced (Academic Writing)					Full Time Intensive
2	10:20-11:30	Basic (Integrated Skills) Intermediate (Focus on Listening & Speaking) Advanced (Presentation Skills)					
3	12:15-13:25	Basic (Survivors Speaking) Intermediate (Dynamic Conversation) Advanced (News & Media Studies)					
4	13:35-14:40	Basic (Specialization-Pronunciation, Reading, Vocabulary) Intermediate (Reading & Discussion) Advanced (Journalism & Film Studies)					
5	15:00-16:00	Conversation Club 5:1					Full Time Plus

SGIC 비즈니스영어 프로그램

SGIC BEDP (Business English Diploma Program) 프로그램 수업구성
- Effective Telephone Etiquette
- Negotiation Styles & Practice
- Business Writing: resume, cover letter, emails, letters
- In-depth Presentation Preparation and Delivery
- Job Interview Skills
- Social English

SGIC 영어교사연수 프로그램

Cambridge TKT (Cambridge Teaching Knowledge Test Preparation) 시험구성

Module 1	○ Language and background to language learning and teaching - describing language and language skills - background to language learning - background to language teaching
Module 2	○ Planning lessons and use of resources for language teaching - planning and preparing a lesson or sequence of lessons - selection and use of resources and materials
Module 3	○ Managing the teaching and learning process - teachers' and learners' language in the classroom - classroom management

SGIC 집중영어 프로그램

SGIC EFP, K-E 프로그램 (English for Professionals, Korea-English) 수업구성
- Common English Phrase Translation
- Journal Translation
- Idiomatic Expressions and Slang
- Reading Comprehension
- Basic Translation Techniques
- Article Translation
- News Script Translation / Dictation
- Subtitling / Non-fiction Translation
- Skit Script Translation

SGIC 북미대학 진학 준비 프로그램

1. SGIC UCPP (University / College Pathway Program) 프로그램 1-8주 수업시간표

	월	화	수	목	금
09:00-10:10		Learning English for Academic Purposes			
10:20-11:30					
12:15-13:25		Advanced Academic Writing			
13:35-14:40		Presentation / Seminar & Speaking Skills			

SGIC UCPP (University / College Pathway Program) 프로그램 9-12주 수업시간표

	월	화	수	목	금
09:00-10:10		Extended Research & Writing Skills			
10:20-11:30					
12:15-13:25		Critical Thinking Skills			
13:35-14:40		Canadian College Culture			

2. SGIC UCPP (University / College Pathway Program) 프로그램 수업내용

1-8주	− English for Academic Purposes − Academic Advanced Writing Course − Presentation / Seminar & Advanced Speaking Skills
9-12주	− Research & Writing Course Objective − Critical Thinking Skills Course Objectives − Canadian Culture Studies

9. WTC (Western Town College)
Campus : 밴쿠버, 토론토

WTC 캐나다 주소

캠퍼스	주소
밴쿠버	626 W.Pender St, Vancouver, BC, Canada V6B 1V9
토론토	23 Toronto St, Toronto, ON, Canada M5C 2R1
홈페이지	http://www.wtccanada.com

간략하게 보는 WTC 프로그램

어학연수 프로그램	기간
일반영어 (English Communication)	4주+
비즈니스영어 (International Business)	12주
비즈니스영어 (Global Marketing & Trade)	12주
비즈니스영어 (Business Communications)	12주
비즈니스영어 (Hospitality Management)	12주
영어교사연수 TYC (Teaching Young Children)	4주
영어교사연수 TESOL (Teaching English to Speakers of Other languages)	12주

WTC 일반영어 프로그램

1. 레벨 체계

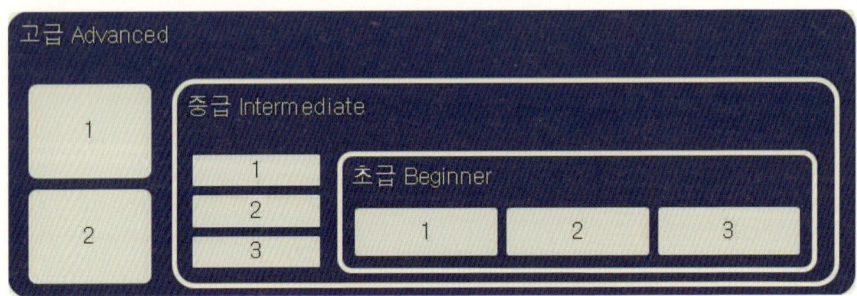

2. WTC 일반영어 프로그램 수업시간표

교시	수업시간	월	화	수	목	금	구분
1	09:00-10:20	Grammar (Reading and Writing)					Full-time
2	10:40-12:00	Grammar (Listening and Speaking)					
3	13:00-14:20	First Elective					
4	14:40-16:00	14:40-16:00					
5	16:10-17:00	Conversation Club					Optional

3. WTC 일반영어 프로그램 오후 선택수업 프로그램 목록

프로그램	1	2	3	4	5	6	7	8
Pronunciation and Speaking	O	O						
Listen up	O	O						
Survival English	O	O						
Vocabulary			O	O	O	O		
Integrated English			O	O	O	O		
Speaking Skills			O	O				
Listening and Discussion			O	O				
Pronunciation and Listening					O	O		
Street Speak					O	O		
All In One							O	
Advanced Conversation							O	O
University Preparation Program							O	O
News and Media							O	O
Power Talk					O			
Grammar for Test Preparation						O		

WTC 비즈니스영어 프로그램

1. WTC International Business 프로그램 수업구성

구분		수업주제
Business Speaking	1	• Language of meetings • Business report • Interviewing skills • Emotional intelligence
	2	• Marketing and Advertising-products , services and people • Business presentation-preparing and organizing business presentation • Workplace Etiquette-introduction, meeting people in formal and cross cultural contexts • Networking Skills
	3	• Telephone Skills recognize and practice proper greetings , messages, appointments, etc • Business Writing Proper format and composition of memos, emails, formal business letters • Customer service identifying customers needs
	4	• Marketing and Advertising-products , services and people • Business presentation-preparing and organizing business presentation • Workplace Etiquette-introduction, meeting people in formal and cross cultural contexts • Networking Skills
	5	• Telephone Skills recognize and practice proper greetings , messages, appointments, etc • Business Writing Proper format and composition of memos, emails, formal business letters • Customer service identifying customers needs

구분		수업주제
Trade & Marketing	1	• The global economy • Why go global? • International marketing • Making the decision to trade • Preparation to export/import • The international business • Plan international Trade • Finance • International Logistics& Distribution
	2	• The principles of marketing • The characteristics of international marketing • The international marketing plan • The market entry strategy • Cultural differences and international marketing • Political, legal and regulatory considerations • Marketing the right
	3	• Importance of financing in international trade • Dealing with financing risks in international trade • Cash flow planning and management
	4	• An introduction to cultural differences in international business • Common cultural issues and pitfalls • International business communication
	5	• An introduction to logistics and distribution • Logistics management distribution decision • Supply chain: from producer to customer • Inventory and warehousing export procedures and order processing
	6	• An introduction to market research • How market research applies to international marketing goals • The role of research and the types of research methodology • Primary, secondary and the costs and benefits of methodology choice • Research planning

2. WTC Global Marketing & Trade 프로그램 수업구성

구분	주제
1	• International trade 　- The Global Economy 　- International Marketing and Research 　- The International Business Plan 　- International Trade Finance 　- International Logistics and　Distribution 　- Overview of International Marketing and trade
2	• International marketing research 　- The Characteristics of　International Marketing 　- The International Marketing Plan 　- Cultural Differences and International Marketing 　- Pricing and International Markets 　- The Role of Research in International Marketing
3	• Financing international trade & logistics and distribution 　- The Importance of Financing in International Trade 　- The Financing Proposal and Its Presentation 　- The Role of Logistics Management 　- Transportation Management & Analysis 　- Export Procedures and Order Processing 　- Trade Documentation

3. WTC Business Communications 프로그램 수업구성

코스	주제	학습활동
• International Business Communication Course • Intensive Business Talk Course	• Globalization • Brands • Travel • Advertising • Employment • Trade • Innovation • Organization • Money • Ethics • Change • Strategy • Cultures • Leadership • Competition • Quality	• Discussions • Reading • Listening • Speaking • Writing • Case Studies

4. WTC Hospitality Management 프로그램 수업주제

+ Intro to The Hospitality Industry
+ Food and Beverage Services
+ Food and Beverage Management
+ Front Office Procedure
+ Hospitality Supervision
+ Marketing in the Hospitality Industry
+ Hotel / Motel Security Management
+ Convention Management
+ Basic Financial Accounting
+ Human Resource Management
+ Hospitality Housekeeping

WTC 영어교사연수 프로그램

1. TYC (Teaching Young Children) 프로그램 수업구성

1주	Themes : Colors and the Body • Orientation • Teaching Speaking • Teaching Listening • Demo Lesson • Student Practice • Teaching Phonics of Demo Lesson • Teaching Tools • Human Development • Lesson Planning(ESA)
2주	Themes: Colors and the Body • Teaching Reading • Teaching Writing • Demo Lesson • Peer Teach Consultation • Student Practice • Error Correction • Assessment for the ESL Student • Storytelling + Teacher Resources • Classroom Management • Music & Movement
3주	• Methodologies Teaching ESL in your home country • Final Student Practice Lessons • Final Exam • Practicum debriefing and Preparation • Using games in the ESL Classroom • Starting and Ending Classes • Prep time for the final presentation • Arts and Crafts • Final Exam Review
4주차	현장학습

2. TESOL (Teaching English to Speakers of Other Languages) 프로그램 수업구성

	수업주제
1주	• Teachers and Learners • Public Speaking; Classroom Management
2주	• Theories of Language Acquisition • Lesson Planning
3주	• Methodology • Teaching Vocabulary
4주	• Teaching Grammar • Treaching Pronunciation
5주	• Teaching the Productive Skills (Speaking) • Teaching the Receptive Skills (Listening)
6주	• Teaching the Productive Skills (Speaking, Writing) • Teaching the Receptive Skills (Listening, Readning)
7주	• Teaching the Productive Skills (Writing) • Teaching the Receptive Skills (Reading)
8주	• Final Exam and Presentation
9주	현장실습 (선택사항)

10. Tamwood (Tamwood Language School)
Campus : 밴쿠버, 휘슬러

Tamwood 캐나다 캠퍼스 주소

캠퍼스	주소
밴쿠버	3rd. Floor, 909 Burrard Street Vancouver, BC V6Z-2N2 Canada
휘슬러	301 - 4204 Village Square, Whistler BC, V0N 1B4 Canada
홈페이지	http://www.tamwood.com

간략하게 보는 Tamwood 프로그램

어학연수 프로그램	기간
일반영어 (General English)	4주+
비즈니스영어 (Business English)	4주
공인영어 시험 준비 (TOEFL Preparation)	4주, 8주, 12주
공인영어 시험 준비 (Cambridge Preparation)	8주, 10주, 12주

Tamwood 일반영어 프로그램

1. 레벨 체계

2. Tamwood 일반영어 프로그램 수업시간표

교시	수업시간	월	화	수	목	금	구분
1-3	09:00-12:00	Essential English Skills					Full-time
4	13:00-13:50	Elective Class					
5	14:00-14:50	Elective Class					Semi Intensive
6	15:00-15:50	English for Real Life					Intensive

Tamwood 일반영어 프로그램 오후 선택수업 목록

밴쿠버 캠퍼스 선택수업	4교시 (13:00-13:50) 레벨 2 : Essential Skills 레벨 3-7 : Listening & Speaking Grammar Reading & Writing 5교시 (14:00-14:50) 레벨 3-7 : Pronunciation Vocabulary in Context Conversation 레벨 4-7 : Business English Customer Service English Levels

Tamwood 비즈니스영어 프로그램

Tamwood 비즈니스 영어 프로그램 International Business English 수업시간표

교시	수업시간	수업내용
1-3	09:00-12:00	Business Writing and Communication Skills
4	13:00-13:50	Business Concepts
5	14:00-14:50	General English Elective

Tamwood 비즈니스영어 프로그램 수업내용

+ Business Writing Skills
+ Business Communication Skills
+ Business Concepts

Tamwood 공인영어 시험 준비 프로그램

1. Tamwood TOEFL Preparation 프로그램 수업내용

+ Reading Skills
+ Listening Skills
+ Oral Skills
+ Writing Skills
+ Vocabulary and Reference
+ Study Procedures

2. Tamwood Cambridge Preparation 프로그램 수업구성

	오전	오후
월	Go over Writing exercises from Friday Computer Lab Focused practice Use of English	Sample Paper: Writing Homework: Reading exercise
화	Review reading homework Vocabulary, Idioms and Collocations One to one teacher writing consultation	Sample Paper: Reading Homework: Editing exercise
수	Review editing homework Grammar Writing techniques and formats	Sample Paper: Use of English Homework: Speaking Test
목	Compare speaking test homework Conversation and turn taking techniques Use of English	Sample Paper: Listening
금	Review Vocabulary homework Listening exercise Exam taking	Sample Paper: Speaking

어학연수 AIO컨설팅

어학연수를 등록하시는 모든 수속회원에게 무료로 제공됩니다.

성공어학연수를 준비하세요.

출국에서 귀국까지 어학연수의 전 과정을 책임지는 메트로폴리스의 어학연수 종합관리 서비스로 성공적인 어학연수를 준비하실 수 있습니다.

AIO컨설팅 서비스 구성

1. 어학연수 전 영어공부 설계/관리
출국 1-3개월 전 PAGODA, YBM, 이익훈, Hackers 등 국내 주요 어학원의 On&Off 수강설계를 하고 매월 정기 학습컨설팅을 통해 성취도를 점검하여 어학연수 준비학습을 체계적으로 관리해드립니다.

2. 1:1 맞춤형 어학연수 설계
개개인의 진로계획을 기준으로 어학연수 프로그램의 목적과 목표를 설정하고 예산까지 종합적으로 고려하여 개인별로 최적화된 어학연수를 설계해드립니다.

3. 학생비자수속 및 출국준비
어학연수에 필요한 학생비자 신청을 무료로 대행해드리며 1.여권 2.항공권 3.유학생보험 4.유학생휴대폰 5.국제전화 선불카드 6.유학생계좌 7.국제운전면허증 8.국제학생증 9.유스호스텔회원증 10.짐꾸리기 11.출국 오리엔테이션 등 완벽한 출국준비를 책임집니다.

4. 출국 후 학사/생활관리
현지 공항마중서비스를 통해 안전하게 숙소로 이동을 하고 홈스테이 입주실태를 확인하여 안정적인 현지 정착을 점검합니다. 매월 성취도 관리를 통한 Level-up, 선택수업 수강설계, Activity 등 학사/생활관리 원격컨설팅이 정기적으로 이뤄집니다.

5. 귀국 후 영어공부 지원
어학연수를 마치고 귀국하여 영어실력 유지 및 지속적인 향상을 위한 Self-study 컨설팅과 영어학습자료가 제공되며, 온/오프 모임을 통해 귀국 어학연수생 커뮤니티를 지원합니다.

글로벌 인재양성 ThinkTank

www.METROPOLIS100.com
대표전화 1599-1887 | 팩스 02-6008-1543 | 이메일 hq@metropolis100.com

성공어학연수 가이드
캐나다 맞짱뜨기 - 우리는 지금 캐나다로 간다!

1판 1쇄 인쇄 2011년 11월 10일
1판 1쇄 발행 2011년 11월 15일

저　　자 양우영
발 행 인 이미옥
발 행 처 디지털북스
정　　가 12,000원

| 저자 합의 |
| 인지 생략 |

등 록 일 1999년 9월 3일
등록번호 220-90-18139
주　　소 서울 광진구 능동 253-21 (우편번호 143-849)
전화번호 (02)447-3157~8
팩스번호 (02)447-3159

www.ithinkbook.co.kr

ISBN 978-89-956910-9-0　　I-11-02
Copyright ⓒ 2011 Digital Books Publishing Co.,Ltd

* 사용시 유의사항

- METROPOLIS 유학연구소 캐나다 학생비자 발급대행 서비스에만 사용이 가능합니다.
- 온라인 또는 오프라인을 통해 학생비자 무료수속 신청을 하실 수 있습니다.
- METROPOLIS 유학연구소에서 발행한 다른 상품권과 중복 사용이 불가합니다.
- 메트로폴리스 유학연구소 홈페이지(www.metropolis100.com)에 방문하시면 유학에 관한 더욱 많은 자료를 보실 수 있습니다.